Dana Andersen

Ich erinnere mich, dass ich träume

Von meinem Weg durch die Trauer und dem Erwachen meiner Seele

Verlag Zeitenwandel

Impressum

1. Auflage

Umschlaggestaltung: Dana Andersen, Soenke Hollstein
Lektorat: Heidi Goch-Lange

Herausgeber: Verlag Zeitenwandel
Druck: tredition GmbH, Halenreie 40-44,
22359 Hamburg

ISBN Taschenbuch: 978-3-9823272-0-4
E-Book: 978-3-9823272-1-1

Rechtlicher Hinweis

Bibliografische Information der Deutschen Nationalbibliothek: Die Deutsche Nationalbibliothek verzeichnet diese Publikation in der Deutschen Nationalbibliografie; detaillierte bibliografische Daten sind im Internet über http://dnb.d-nb.de abrufbar.

Aus Datenschutzgründen und zur Wahrung der Privatsphäre erfolgt die Veröffentlichung unter einem Pseudonym und es wurden alle im Buch erwähnten Namen von Personen und Institutionen geändert und Charaktere etwas verändert dargestellt.

Für Volker

Und meine Seele breitete ihre Flügel aus,
flog über stille Seen, Felder und Wälder
dem Licht entgegen.

Inhalt

Prolog 8

Die dunkle Nacht der Seele

Glückliche Welt 17
Der Tod 20
Erster Tagebucheintrag 24
Volker 26
Tröstende Worte 28
Du fehlst mir so sehr 33
Verzweiflung 37
Zeitsprung 46
Der Anfang ist gemacht 50
Vatertag 52
Vorwärtsschauen 57
Selbstgespräch 58
Sinnsuche 62
Lichtblick 69

Du bist überall dort, wo auch ich bin

Die Macht der Gedanken 73
Kurze Auszeit von der Trauer 79
Das magische Buch 80
Zeitsprung 82
Ich höre dich! 89
Rückschlag 90

Die Heilige Beziehung ... 92
Welches Buch? ... 97
Wer liebt eigentlich seine Arbeit? ... 98
Endlich bist du da! ... 102
Alles ist gut ... 107

Die Reise ins ich

Die rote oder die blaue Pille? ... 111
Ich will kein Opfer sein ... 122
Die Trennung als Illusion ... 123
Schon wieder verlassen ... 135
Eine Vision ... 140
Der Schatten offenbart sich ... 142
Filou ... 149
Was will ich eigentlich? ... 154
Reiki ... 158
Die Energie fließt ... 161
Reiki-Erfahrungen ... 165
Neujahrsgedanken ... 170
Der Spiegel ... 172

Versuche dir einfach die Wahrheit vorzustellen: Den Tod gibt es nicht

Klartraum ... 177
Warum bin ich hier? ... 178
Das Richtige kommt auf mich zu ... 183
Endlich Gewissheit ... 186
Volkers Botschaft ... 187

Abschiedsbrief 193
Das Tor zwischen Himmel und Erde 196
Beobachterrolle 199
Ein Jahr … 205

Die Welt ist in mir

Lektorin nicht gesucht, aber gefunden 209
Wie manifestiere ich Hugh Jackmann? 219
Logik anstatt Liebe? 221
Geistführer-Reading 224
Klangschalen-Abend 226
Was ist Liebe? 236
Sonderurlaub 242
Wissenschaftliche Bestätigung 245
Die Befreiung des Sonnenkindes 249
Ein besonderer Tag 260
Urlaub am Meer 265
Epilog 273
Danksagung 276
Literaturempfehlungen 277
Über mich 278

Prolog

Es ist ein sonniger Samstagvormittag im November 2016 und ich sitze gemeinsam mit vierzig weiblichen und immerhin zwei männlichen Teilnehmern im Veranstaltungsraum eines luxuriösen Hamburger Hotels. Das Thema meines gebuchten Seminares lautet: Der Weg ins eigene Wissen. Verbinde dich mit deinen geistigen Begleitern.

Ich habe keinerlei Erwartungen und nicht den blassesten Schimmer, was mich erwartet. Das Einzige, was ich sicher weiß ist, dass ich heute genau hier, an diesem Ort und auf dieser Veranstaltung sein soll.

Bin ich schon mal auf einem medialen Seminar gewesen? Nein. Warum bin ich mir dann so sicher, ausgerechnet jetzt und hier damit anzufangen zu müssen? Genau das ist es ja … neuerdings weiß ich so etwas einfach. Woher? Keine Ahnung, aber da ist seit einigen Monaten diese neue, innere Stimme in mir präsent, deren Ruf zu folgen sich bisher immer als richtig erwiesen hat. Sie ist nicht immer da diese neue, intuitive Wahrnehmung, aber immer öfter.

Der Vortrag der sympathischen Referentin bestätigt alles, was ich in den letzten Monaten für mich entdeckt habe. Der Tag ist aufregend, so erfrischend anders und die Gespräche in den Pausen sind interessant und bereichernd. Eine Teilnehmerin erzählt mir, sie gehöre zum Seelenverbund der Krieger, es gäbe auch Verbünde der Priester und … die anderen habe ich vergessen. Ah okay, definitiv gut zu wissen, wenn einem ein Krieger über den Weg läuft!

Die nächste berichtet, sie werde demnächst eine mediale Ausbildung machen. Die für sie richtige Schule, habe sie über einen Muskelfunktionstest ermittelt. >>Ich wusste gar nicht, dass es solche Schulen gibt<<, erwidere ich erstaunt. >>Ja, nur wenige und die sind leider ziemlich teuer<<, antwortet sie. Sehr spannend. Ich fühle mich wie auf einem anderen Planeten und genieße es.

>>Vierzig Jahre lang habe ich nur für andere funktioniert<<, erzählt mir eine weitere Teilnehmerin, >>erst für meine Eltern, dann für meinen Ehemann und später auch für meine Kinder. Selbst nachdem mir das bewusst geworden ist, brauchte ich noch lange, um herauszufinden, was ich mir eigentlich für mich selbst wünsche. Dann habe ich allen Mut zusammen genommen und mein Leben komplett umgekrempelt. Jetzt geht es mir richtig gut und ich übe endlich einen Beruf aus, der mich erfüllt und mir Freude bringt.<<

>>Den hätte ich auch gerne<<, denke ich und etwas in mir beginnt zu grübeln. Mein Job befriedigt mich definitiv nicht so wirklich und streckenweise machte er mich sogar ziemlich unglücklich, das weiß ich schon seit zwanzig Jahren. Leider hat es mir immer an Ideen gemangelt, womit ich stattdessen mein Geld verdienen könnte.

Weiß ich denn, was ich mir wünsche? Oder funktioniere ich in bestimmten Bereichen meines Lebens auch nur?

Am Nachmittag bahnt sich der Höhepunkt der Veranstaltung an, diskutiert wird die Frage: Wie schaffe ich es, mein Energieniveau, meine Lebenskraft und Lebensfreude auf Dauer hoch zu halten bzw. wiederherzustellen, selbst in schwierigen Situationen?

Wie erlange und erhalte ich mir meinen inneren Frieden, egal was kommt? Essentielle Fragen …

Wie gehe ich damit um, wenn zum Beispiel der Mensch, den ich am liebsten mag, genau das zu mir sagt, was mir am meisten weh tut. Oder wenn ich keine Anerkennung von meinem Chef oder Ehemann oder meiner Schwiegermutter oder sonst wem bekomme, obwohl ich sie mir doch so sehr wünsche. Oder wie komme ich klar in den gefürchtesten Situationen, in denen sehr herausfordernde oder gar unvorstellbar schlimme Umstände mich in die Knie zwingen.

Was tue ich, wenn das Leben mir die Freundschaft kündigt? Woher nehme ich die Kraft, um weitermachen zu können?

Genau das sind die bedeutsamen Fragen, an denen ich vor kurzem fast zerbrochen wäre, inzwischen aber das Licht am Horizont sehe.

Die Stimmung ist zum Zerreißen gespannt und es scheint, als rückten alle Teilnehmer ein Stückchen nach vorne, um ja nichts zu verpassen. Und in die erwartungsfrohe Stille hinein flüstert die Referentin andächtig: >> … das muss jeder für sich selbst herausfinden.<<

Solidarische Schnappatmung!

Oh! Jetzt wird`s interessant, denke ich und stelle erstaunt fest, dass ich genau weiß, was sie meint und eine wohlige Ruhe breitet sich in meinem Inneren aus. Ich bin bereits auf dem richtigen Weg, das spüre ich, denn die Stimmung im Raum verrät mir, dass ich mich mit meinem Verständnis in der Minderheit befinde. Eine auf Kampf gebürstete, ältere Dame meldet sich mühsam beherrscht zu Wort:

>>Dafür hätte ich nicht herzukommen brauchen!<<

Die Referentin bleibt cool und tiefenentspannt und offenbart, dass sie diese Reaktion bewusst provoziert hat. Sie entfacht eine Diskussion, in der gefühlt jede dritte Teilnehmerin berichtet, wie, wann, wo und mit welchen Tricks sie mit unangenehmen, Kraft raubenden Situationen und Herausforderungen umgeht. Eine richtige, langfristige Musterlösung ist nach meinem Empfinden aber nicht dabei.
Selbstverständlich bietet die Referentin dann doch noch einen Vorschlag an, und in einer Meditation werden wir zu unserem Ort des inneren Friedens geführt, an dem jeder bei Bedarf seine Energietanks wieder auffüllen kann. Die zuvor aufgeheizte Stimmung ist vergessen und der Tag endet in einer friedvollen Atmosphäre. Alle Teilnehmer verabschieden sich begeistert und seelisch bereichert.

Während meiner anderthalb stündigen Autorückfahrt durch die Nacht überlege ich, inwieweit mich dieses Seminar voran gebracht hat. Es war interessant, nett, unterhaltsam und vieles, was ich in den letzten Monaten herausgefunden habe, hat sich bestätigt. Ich bin mit meiner Suche nicht allein und das ist beruhigend, und dennoch bin ich davon überzeugt, dass jeder suchende Mensch seinen eigenen, persönlichen Weg der Bewusstwerdung selbst finden und gehen muss. Die ersten unsicheren Schritte ins Unbekannte habe ich bereits hinter mir. Ein Ziel ist jedoch nicht in Sicht und mein Weg fühlt sich oft steinig und uneben an … aber ich gehe ihn, immer weiter und weiter … denn er fühlt sich richtig und gut an … und alternativlos …
Für diese Erkenntnis, mich bereits auf dem richtigen Weg zu

befinden und vorerst keine weiteren Seminare zu brauchen, habe ich also den heutigen Tag in Hamburg verbracht?!

>>Dafür ziemlich teuer, kann ich nur sagen! Das kann doch nicht der Grund meiner Eingebung gewesen sein, ich war mir doch so sicher … <<, konstatiere ich im Stillen.

Warum also dann? Was ist heute noch Besonderes passiert?

Zwei Begegnungen kommen mir sofort in den Sinn:

Eine nette, ältere Dame erzählte mir, dass bei ihr vor vielen Jahren eine unheilbare Krankheit diagnostiziert wurde. Die Schulmedizin konnte ihr nicht helfen, aber sie heilte sich ihrer Ansicht nach selbst, mit Reiki, einer alternativen, energetischen Heilmethode zur Aktivierung der Selbstheilungskräfte. Außerdem beschäftigte sie sich in dieser, für sie sehr schweren Zeit mit dem Studium des Buches *Ein Kurs in Wundern,* was ihren Blick auf das Leben und ihre Krankheit grundlegend veränderte. Diese Frau war fest davon überzeugt, dass das Studium dieses Buches, und ihr damit einhergehender Bewusstseinswandel, ihre Heilung wesentlich und positiv beeinflusst haben.

>>Was für ein Zufall!<<, denke ich erstaunt, denn vier Tage zuvor habe auch ich meine Ausbildung in den Ersten Reiki-Grad absolviert und sogar *Ein Kurs in Wundern* lese ich seit kurzem! Man benötigt in der Regel etwa einundeinhalb Jahre für das sogenannte Studium dieses spirituellen Lehrwerkes.

Aber es gibt keine Zufälle! Das Leben gibt uns immer die richtigen Hinweise und Wegweiser, die wir brauchen … wir müssen sie nur sehen. Ja, ich bin auf dem richtigen Weg und freue mich sehr über diese Bestätigung.

Das zweite bemerkenswerte Vorkommnis ereignete sich beim Mittagessen: Fast alle Anwesenden hatten bereits mehrere oder sogar alle Tages- und Wochenseminare zum Thema Lebenshilfe und Spiritualität beim selben Anbieter absolviert, nur ich war der Neuling und sorgte insofern für Interesse. Mein erster Versuch, meine Anwesenheit mit dem Satz: >>Ich wusste einfach, dass ich herkommen muss<<, zu erklären, befriedigte die anderen nicht so wirklich, und deshalb rückte ich nun doch damit heraus, dass die Trauer um den Tod meines Mannes der eigentliche Grund meines Interesses an spirituellen und medialen Themen sei. Mitfühlendes Schweigen.

Zum Ende der Pause, als wir nur noch zu zweit sind, spricht mich meine Sitznachbarin, eine sympathische, attraktive, junge Frau namens Sandra an: >>Ich war eben völlig perplex, als du von deinem Mann erzählt hast. Denn mein Ehemann ist genauso plötzlich gestorben, auch bei einem Autounfall. Das ist jetzt sechs Jahre her.<<

Da treffen sich zwei Frauen bei einer Veranstaltung in der Fremde, die beide das gleiche, traumatische Schicksal teilen … Zufall? Wohl kaum.

Sandra hat zwei Kinder, die damals noch sehr klein waren. Sie brauchte lange, um ins Leben zurückzufinden und konnte sehr lange nur noch für und aufgrund ihrer Kinder funktionieren. Sie habe ihre Hilfe durch die besagten Lebenshilfe-Seminare, sowie den dazugehörigen CDs und Büchern bekommen und inzwischen eine persönliche Entwicklung gemacht, die ohne den Tod ihres Mannes nicht möglich gewesen wäre, sagt sie; Erfolg im Beruf sowie das Selbstvertrauen, ihr Familienleben nun allein stemmen zu können. Einen neuen Lebenspartner

habe sie nicht und sie wisse auch nicht, ob sie es überhaupt schon möchte. Aber sie könne im Nachhinein das Positive in ihrem persönlichen Schicksalsschlag sehen, erzählt sie anrührend.
>>Ich verstehe, was du meinst, aber soweit bin ich noch nicht<<, antworte ich.
Als ich ihr ein wenig von meinen Erlebnissen der letzten Monate und dem Umgang mit meiner Trauer erzähle, hat sie Tränen in den Augen. Ich empfinde eine tiefe Verbundenheit und spüre, dass sie ihren Mann genauso sehr geliebt hat wie ich meinen Volker. Plötzlich nehme ich einen Widerspruch zwischen ihren positiven Worten und ihren traurigen Augen wahr. Vielleicht ist sie immer noch auf der Suche nach Erlösung, trotz ihrer bewundernswerten persönlichen Entwicklung? Schließlich war sie heute hier, zwischen all den Suchenden. Ich erinnere mich an ihre Fragen im Seminar zum Thema >>Lebensaufgabe<<.
Was ist meine Lebensaufgabe? Warum bin ich hier? Was ist der Sinn und Zweck meines Daseins auf der Erde?
Die wichtigsten Fragen überhaupt. Sie konnten angesichts der großen Teilnehmerzahl natürlich nur sehr allgemein und unpersönlich behandelt werden.

Ein Gedankengewitter zieht in meinem Kopf auf und ich versuche, die Geistesblitze einzufangen und ihre Funken zu entzünden: Kann es sein, dass ich bereits nach sieben Monaten mehr Frieden und Antworten gefunden habe als Sandra nach sechs Jahren? Kann ich meinen Schmerz bereits mit anderen Augen betrachten? Konnte ich diese, durch meinen unbegreiflichen Verlust entstandene, unendlich tiefe, verzweifelte, einsame und unerträgliche Leere in mir bereits

mit etwas Neuem füllen? Und dann ist sie da, die Erkenntnis: Ich war nicht bei dem Seminar, um Hilfe zu bekommen, sondern um Hilfe zu geben!
Eine Gänsehaut überzieht plötzlich meinen ganzen Körper - ich liege also richtig!
Gerade passiert etwas ganz Besonders!
Hilfe geben? Ja, es ist eine Botschaft für mich: Ich darf und soll meine Erfahrungen der letzten und auch kommenden Monate weitergeben, um Menschen Mut zu machen. Menschen, die das Schicksal über die Grenzen des Vorstellbaren hinaus getragen und dort alleine zurückgelassen hat … genau wie mich.
Aber vielleicht auch Menschen, die unglücklich sind, ohne von einem schmerzhaften Trauma betroffen zu sein, die aber dennoch spüren, dass ihnen etwas Wichtiges im Leben fehlt … Menschen die merken, dass sie eben nur noch funktionieren.
Ich sehe auf eine Gesellschaft, die auf der Suche ist … nach dem Sinn des Lebens? Glückseligkeit? Erfüllung? Frieden? Liebevolle Beziehungen?
Und ausgerechnet ich soll da helfen können? Da ist sie wieder diese Stimme mit ihren eigenartigen, spontanen und verrückten Eingebungen, und doch fühlt sie sich gut an, so warm im Herzen.
Sie sagt: >>Die Trauer hat dich aufgeweckt. Du wolltest das Geschehene verstehen und bist dabei, die Wahrheit zu finden. Geh diesen Weg weiter. Suche weiter, verstehe und teile dein Wissen. Habe den Mut und die Kraft, deine Gefühlswelt zu offenbaren. Ermutige andere, sich ebenfalls auf die Suche zu begeben!<<
>>Ich soll meine Geschichte, die ich selbst noch nicht verstehe an

die Öffentlichkeit bringen? Das ist doch lächerlich<<, kritisiert mein Verstand. >>Deshalb bist du hier und du weißt das, es ist deine Aufgabe<<, antwortet die Stimme meines Herzens.
Vielleicht fange ich einfach mal an, und schaue, ob etwas Sinnvolles dabei herauskommt, das ist doch ein guter Kompromiss. Und wenn das Schreiben mich in der Gegenwart eingeholt hat, sehe ich weiter. Und nur mal rein hypothetisch: Was ich erlebt habe, ließe sich leicht recherchieren, denn ich habe ja alles bereits in meinen Tagebüchern festgehalten!
Keine drei Tage habe ich es ertragen, nicht mehr mit Volker sprechen zu können und deshalb angefangen, ihm zu schreiben. Es hat mir gut getan, die quälenden Gedanken aus meinem Kopf heraus aufs Papier zu transportieren und die Endlosschleife der Grübeleien auf diese Weise kappen zu können.
Aber das Ganze noch einmal durchleben?
Will ich das überhaupt?
Den tiefsten Schmerz wieder ausgraben? Mich erneut den traurigen Erinnerungen der ersten Monate nach Volkers Tod aussetzen? Mein Innerstes nach außen geben? Meine intimsten Gedanken, Empfindungen und Gefühle offenlegen?
>>Definitiv nein! Das tut dir weh und macht dich angreifbar. Wer seine Gefühle und Wunden zeigt, wird verletzt, das weiß doch jedes Kind!<<, sagt mein Verstand.
>>Heile mich und so viele Seelen wie du nur kannst<<, fleht mein Herz.

Die dunkle Nacht der Seele

Glückliche Welt

Ein zauberhafter Frühlingssonntag im April 2016 hat uns nach draußen gelockt. Wir radeln gut gelaunt mit unseren Mountainbikes durch die umliegenden Wälder und lassen das vergangene Osterwochenende Revue passieren.
Unser Osterritual bestand in den letzten fünfzehn Jahren darin, am Karfreitag oder Samstag, je nach Wetterlage, mit Jona aus dem Wald Moos zu holen, daraus auf unserem Grundstück Nester zu bauen, die dann am Ostersonntag durch den Osterhasen mit Schokoladeneiern und Geschenken bestückt wurden. Der arme Osterhase musste dazu immer schon um 4.30 Uhr aufstehen, weil Jona leider vierzehn Lebensjahre lang ein absoluter Frühaufsteher war. Daher wurden die Ostereier von Jahr zu Jahr immer gründlicher und auch außerhalb der Nester versteckt, sonst hätte es ja keinen Spaß gemacht. Meistens ist uns, also dem Osterhasen, beim Geschenke auspacken erst aufgefallen, dass etwas fehlt und wir mussten stundenlang ums Haus irren, um die vermissten Geschenke zu suchen. Wie viele nicht entdeckte Schokohasen im Laufe der Jahre in unserem Garten vermoderten oder Vögel und Mäuse beglückten, möchte ich gar nicht wissen.
Und im Wald erst! Denn bereits beim Moos holen hatte der Osterhase stets Süßigkeiten verloren. Und da Jonas Glaube an dieses Fabelwesen möglichst lange unerschütterlich erhalten

bleiben sollte, haben wir selbstverständlich immer vorab die Eier im Wald versteckt.
Diese anschließend wiederzufinden, war nun wirklich eine Herausforderung und nicht unbedingt idiotensicher. Trotz aller Bemühungen hat Jona die Realität dann doch ziemlich früh und entspannt zur Kenntnis genommen, auf das Osterritual aber dennoch bestanden und es war immer ein Mordsgaudi für uns drei. Dieses Jahr war dem Kinde das Nester bauen dann doch zu peinlich, mit sechszehn Jahren will man eben nicht mehr in aller Herrgottsfrühe aufstehen, um unentdeckt zu bleiben. Stattdessen oder immerhin haben wir nur noch am Samstag im Wald Ostereier und Schokohasen um die Wette gesucht und uns köstlich amüsiert. Es war ein wunderschöner Vormittag. Wir hatten unglaublich viel Spaß.

Während Volker und ich weiterradeln, wechselt das Thema auf unsere Urlaubsplanung für dieses Jahr. Wir beschließen, für den Sommer erst kurzfristig zu buchen, weil Jona wahrscheinlich das erste Mal nicht mit uns, sondern eventuell mit Freunden in den Urlaub fahren will. Jona kann sich nicht so richtig entscheiden oder will uns nur nicht mit der direkten Ansage >>Ich möchte nicht mehr mit euch in den Urlaub fahren, das ist uncool<< verletzen, vermutlich eher letzteres. Unser Gespräch verweilt bei unserem feinfühligen Kind und wieder einmal können wir es nicht fassen, wie groß Jona auf einmal geworden ist, wie wunderbar und selbstständig, und wir sind wie immer unglaublich stolz. Also planen wir ein bisschen unsere künftige Freizeit zu zweit und uns fällt eine Menge ein. Sport ist unser gemeinsames Hobby, wir gehen gerne ins Kino oder in Rock-Konzerte und beschließen, anstatt zu dritt demnächst zu zweit Bogen schießen zu gehen. Wir können uns sogar inzwischen vorstellen, zu zweit wegzufahren, ohne ein schlechtes Gewissen zu haben. Jona steht für uns immer an erster Stelle, aber glucken wollen wir auch nicht. >>Weißt du was, ich mache mir überhaupt keine Sorgen mehr<<, sage ich zu Volker. Sorgen machen war bis vor etwa einem halben Jahr mein Hobby, bis ich angefangen habe, mich mit meinen chronischen Ängsten auseinander zu setzen. Ich hatte beispielsweise lange Zeit Bedenken, ob wir Jona ein Studium finanziell ermöglichen können, falls studieren überhaupt ansteht. Typisch ich, das Problem besteht noch gar nicht, aber besser schon mal Sorgen machen. Mein Berufsalltag bietet mir auch immer ein großes Potential für schlaflose Nächte. Volker ist dann stets der Gegenpol, der mich beruhigt und wieder runtergeholt. Doch seit ich mich mit meinen unnützen Grübeleien und der Magie der positiven Gedankenkraft beschäftige, bin ich viel entspannter. Volker steht kurz vor einer beruflichen Beförderung und ich gehe fest davon aus, meine Arbeitszeit früher oder später aufstocken zu können, eine positive finanzielle Entwicklung ist also in Sicht. >>Wir sind Glückskinder. Alles wird gut<<, rufe ich freudestrahlend und aus tiefster Überzeugung, im Windschatten meines Mannes radelnd. Drei Tage später stirbt Volker bei einem Verkehrsunfall.

Der Tod

Der Kaffee ist durchgelaufen, Volker müsste jeden Moment von der Arbeit kommen und da höre ich auch schon sein Auto auf den Hof fahren. >>Hey Schatz, du siehst fertig aus<<, lautet meine liebevolle Begrüßung. Es war sein erster Arbeitstag nach dem zweiwöchigen Oster-Urlaub. Ich bekomme wie immer einen zärtlichen Begrüßungskuss und Volker nimmt mich in den Arm. Er drückt mich fest an sich.

Ganz lange, er will mich gar nicht wieder loslassen …

Er küsst mich nochmal, aber auf den Kopf, wie ein kleines Kind, das Trost braucht. Er hält mich immer noch fest.

Irritiert löse ich mich aus seiner Umarmung. >>Hey, alles in Ordnung?<< frage ich besorgt, denn ich habe das Gefühl, Volker steht irgendwie neben sich. >>War total stressig heute<<, lautet seine Antwort.

Wir trinken Kaffee und erzählen wie jeden Abend nach der Arbeit. Jona kommt dazu und stibitzt sich von Volker ein Brötchen. Wir erzählen und lachen zu dritt.

>>Willst du noch eine Runde Rad fahren?<<, schlage ich vor, denn Sport ist Volkers bestes und alt bewährtes Heilmittel zum Runterkommen.

>>Ach lass uns erst einmal aufs Sofa gehen<<, antwortet er und das tun wir. Wir liegen auf dem Sofa und kuscheln. Ich liege an Volkers Seite, in seinem Arm, was eher selten am Ende eines stressigen Arbeitswochentages vorkommt.

>>Hab keine Lust mehr zum Rad fahren, ist gerade so schön<<, sprach der Mann und schlief ein.

Eine halbe Stunde später klingelt das Telefon.

Es ist Volkers Chef, ein Container steht offen und Volker muss nochmal in die zwanzig Kilometer entfernte Firma fahren, um ihn abzuschließen. Es ist 20.00 Uhr und ich bin ärgerlich. Kann das nicht jemand vor Ort machen? Anscheinend nicht.

>>Fahr vorsichtig<<, sage ich. Zögernd steht Volker im Wohnzimmer. Er ist anders als sonst. Er wirkt ... unsicher, verwirrt, traurig?!

Ich bin erneut irritiert. Wir umarmen ums und Volker geht. Eine Unruhe überkommt mich.

Ich schaue ständig zur Uhr und kann mich nicht auf den Film konzentrieren, der gerade im Fernsehen läuft.

Um 20.45 Uhr schaue zum wiederholten Male auf die Uhr, dreißig Minuten hin und zurück, Volker kann also noch nicht wieder da sein. Trotzdem bin ich aufgewühlt und unruhig. Mein Gedanke wird von dem Geheule der Sirene unseres Dorfes unterbrochen: Einsatz der freiwilligen Feuerwehr.

Unfall!

Genau in diesem Moment weiß ich es: Etwas Furchtbares ist passiert! Volker ist verunglückt.

Freunde sagen später: >>Das konntest du unmöglich wissen, die Feuerwehr hätte überall im Landkreis einen Einsatz haben können und Volker war noch nicht einmal über der Zeit<<, aber dennoch weiß ich es, genau in diesem Moment.

Ich breche kurz und heftig in Tränen aus.

>>Reiß dich zusammen, du spinnst<<, ermahne ich mich.

Kurz nach 21.00 Uhr kommt Jona runter: >>Ist Papa noch nicht wieder da?<<

>>Nein, das ist ja wie ein Déja vue<<, sage ich bemüht scherzhaft und Jona weiß sofort, was ich meine.

Vor einem halben Jahr ist Volker eines Sommer-Sonntagabends mit dem Rennrad losgeradelt und war verschollen.

So ab 22.00 Uhr, als es bereits stockdunkel war, geriet ich langsam aber sicher in Wallung. Um 22.30 Uhr war ich so richtig sauer. Volkers Handy war an, aber die zwei Häkchen leider nur grau. Meine diversen Anrufe wurden nicht angenommen. Ab 23.00 Uhr begann ich mir ernsthaft Sorgen zu machen und stellte mir Volker vom Auto angefahren und blutend im Straßengraben liegend vor.

>>Ich fahre jetzt los, Papa suchen<<, sagte ich damals zu Jona, >>Und wenn er sich meldet, kannst du ihm schon mal ausrichten, dass er sich warm anziehen kann!<<

Um 24.00 Uhr kehrte ich erfolglos und nun doch ziemlich besorgt Heim. Nachdem ich bereits Volkers Kumpel Micha, bei dem er auf der Hinfahrt eventuell kurz reinschauen wollte, erfolglos aus dem Bett geklingelt und mich beim nächst gelegenen Krankenhaus nach einer Notfalleinlieferung erkundigt hatte, versuchte ich gerade den Polizeibeamten der Notrufzentrale zu überreden, Volkers Handy zu orten. Der wollte aber nichts unternehmen und als ich ihm zum wiederholten Male versicherte, dass mein Mann sicher verletzt sein müsse, erschienen endlich die erlösenden Worte auf meinem Handy: Volker schreibt …

>>Ja! Ein Lebenszeichen!<<, schreie ich erleichtert in den Telefonhörer.

>>Sehen Sie, hab ich doch gesagt<<, hörte ich den Polizisten noch sagen, bevor ich schnell das Gespräch wegdrückte und gespannt auf das Display starrte, und fassungslos folgende

WhatsApp las: >>Bin noch bei Micha, quatschen. Komme gleich. Micha bringt mich rum.<< Wie bitte?
Ich wählte Volkers Nummer, faltete ihn heulend zusammen und pfefferte anschließend das Telefon in die Ecke. Blöde Idee, denn so musste ich bis 1.00 Uhr nachts auf die Erklärung warten. Gut für Volker, denn bis dahin war mein hysterischer Anfall abgeklungen und ich einfach nur noch froh, dass ihm nichts passiert war. Er war zur Firma geradelt, wollte kurz was am Computer regeln und ist … eingeschlafen! Die Scheinwerfer von Michas Auto, der sich nach meinem Anruf ebenfalls Sorgen gemacht hatte und zur Firma fuhr, weckten Volker auf, beichtete er schuldbewusst. Unfassbar, aber für jeden, der Volker kannte, absolut glaubhaft. Mein Mann war bekannt dafür bei jeder Gelegenheit, auch gerne bei Feiern, einzuschlafen. Ebenso regelmäßig abends ab 21.00 Uhr auf dem Sofa, besonders in letzter Zeit.

Die Wahrscheinlichkeit, dass nach fünf Stunden Abwesenheit mit dem Rennrad bei Dunkelheit etwas Schlimmes passiert ist, dürfte wohl deutlich höher sein, als bei einer zeitlich völlig im Rahmen liegenden Abwesenheit mit dem Auto. Dennoch war ich bei der Rennradgeschichte ganz lange nur ärgerlich und später erst besorgt, aber an diesem Abend des 6. April 2016 wusste ich sofort, dass etwas schlimmes passiert war.
>>Volker hat mich verlassen! Ich spüre es.<<
Genauso wie ich damals wusste, dass wir zusammen gehören, als wir uns kennen lernten. Wir hatten genau ein Date, am 27.09.1992, und damit war für uns beide alles klar. Seit diesem Tag waren wir unzertrennlich, ohne jemals zu zweifeln. Wir

heirateten am 27.09.1996. Das Datum fanden wir romantisch. Na gut, ich fand es romantisch.
Ich ziehe mich an, packe mein Portemonnaie in die Jackentasche und warte. Ich warte auf einen Anruf aus dem Krankenhaus, auf die Polizei, darauf, dass mir endlich jemand sagt, was los ist. Um 23.00 Uhr wähle ich den Notruf und frage, ob es einen Unfall im Landkreis gegeben hat, weil ich meinen Mann vermisse. Ich werde weiterverbunden zur Polizei und bekomme die entsetzliche Ahnung bestätigt: >>Es tut mir sehr leid, Ihr Mann ist bei einem Verkehrsunfall tödlich verunglückt. Die Kollegen sind auf dem Weg zu Ihnen.<<

Erster Tagebucheintrag

Ich bin so wütend auf dich!
Wie soll ich ohne dich sein?
Wie je wieder ein normales Leben haben?
Du fehlst mir so sehr … es tut so unendlich weh …
Ich rieche an deinen Hemden und Pullis und hoffe sehnlichst, aus diesem Albtraum aufzuwachen.
Unerträglich, dass du mich nie wieder in den Arm nimmst, wir nicht mehr abends erzählen, wenn wir von der Arbeit kommen. Unvorstellbar, dass du nicht mehr schlafend neben mir auf dem Sofa oder im Bett liegst, mich morgens nicht mehr mit einem Kaffee und einem >>Guten Morgen, Schatz<< weckst, mir keine lieben WhatsApp-Nachrichten mehr schickst, mir nicht mehr sagst, wie gut ich aussehe, egal ob dick oder dünn, mir nie wieder das Gefühl vermittelst, dass ich alles richtig mache

… unerträglich, dass du mich nie wieder aufheiterst, wenn ich Sorgen habe; unvorstellbar, dass wir nie mehr zusammen frühstücken oder gemeinsam Rad fahren können … dass du mich nie wieder hältst und mich küsst …

Ich kann einfach nicht glauben, dass du nicht wiederkommst!

Ich weiß aber, dass du trotzdem noch da bist, mich liebst und mich hörst.

Ich sehe dich jetzt vor mir, ich spüre dich … du bist da …

Ich denke an die vielen, schönen Momente der letzten Tage und Wochen, als meine Welt noch heil war: an unseren letzten gemeinsamen, kurzen Abend, an unseren wunderschönen Ostersamstag, an Ostermontag, als wir zu dritt Karten gespielt haben, wie häufig an den Wochenenden. Du hast mir vor ein paar Tagen einen Rosenstrauß mitgebracht, einfach so …

Ich denke an unseren Schützen-Tanzabend vor drei Wochen, der eigentlich doof war, wir uns aber gesagt haben: >>Dann machen wir ihn uns halt schön<<, und als einzige aus unserer Clique den ganzen Abend tanzten. >>Du siehst umwerfend aus<<, hast du mir damals liebevoll ins Ohr geflüstert.

Wer sagt denn jetzt zu mir: >>Du bist die schönste Frau des Abends<<, oder: >>Du bist die Beste! Die beste Mutter der Welt, die beste Köchin … Ich liebe dich …<<

Du warst in letzter Zeit so ganz besonders liebevoll und zärtlich und hast mich oft in den Arm genommen und geküsst. Manchmal auch auf den Kopf … wie ein Trost im Voraus.

Du warst still in letzter Zeit … und müde.

Hast du es gespürt?

Ich habe dich gefragt, ob dich etwas bedrückt, gerade erst

am Wochenende. Naja, der übliche Arbeitsstress eben, hast du geantwortet. Ich denke, du hast es ganz tief in dir drinnen gespürt, unbewusst. Ich bin sehr froh und dankbar, dass wir bis zum letzten Tag so glücklich zusammen waren, zu dritt und auch zu zweit. Wir haben uns immer alles verziehen.
>>Wir schaffen das, Mama<<, hat Jona weinend gesagt, an diesem schrecklichen Morgen. Wie soll ein Kind verstehen, dass es seinen Vater nie wieder sieht?
Auf meinen Satz: >>Papa war ein so toller Vater<<, bekomme ich die Antwort: >>Ich habe ja noch die beste Mutter.<<
Nach dem Pastorengespräch kommt Jona abends spät zu mir und sagt: >>Schläfst du schon, Mama? Ich wollte dir noch sagen, dass du das heute Nachmittag ganz toll gemacht hast.<<
Jona versucht stark zu sein, ich muss aufpassen, ich darf mich auf keinen Fall hängen lassen, sonst übernimmt Jona die fürsorgliche Rolle. Ich schaffe es, das verspreche ich dir!
Bleib bei uns, bleib bei mir und sag mir, was ich tun soll! Bitte hilf mir!

Volker

Vor dem Gespräch mit der Pastorin überkommt mich eine unglaubliche Sorge, dass ich es nicht schaffe, ihr zu vermitteln, was für ein besonderer Mensch Volker war. Also schreibe ich es auf, damit ich nichts Wichtiges vergesse. Heraus kommt unbeabsichtigt eine kleine Rede, die die Pastorin genauso bei der Beerdigung vorliest:
Als ich an meinem ersten Abend ohne Volker ins Bett gehen

wollte, sah ich, dass meine berühmte >>Kaffeemaschine am Bett<< noch nicht gefüllt war. Das hatte Volker immer getan, um mich jeden Morgen mit einem Kaffee und einem >>Guten Morgen Schatz!<< zu wecken … fast vierundzwanzig Jahre lang. Ich weiß nicht einmal, wie ich den Wecker stellen soll.

Bevor ich mir am nächsten Morgen, meinem ersten Morgen ohne Volker, den Kaffee dann selbst einschenken musste, stand schon unsere Katze Filou schimpfend am Bett, weil sie noch nichts zu fressen hatte. Nachts steht jetzt auch niemand mehr auf, um sie rauszulassen. Sie muss künftig wohl eher vor einem fliegenden Kissen in Deckung gehen und die Katzenklappe benutzen. Das sind nur zwei kleine Beispiele dafür, was dieses ganz Besondere an Volker ausgemachte:

Einfach gerne und mit Liebe für andere da sein, ohne darüber nachzudenken … machen, helfen, kümmern … alles ganz selbstverständlich.

Volker kam von einem zehnstündigen Arbeitstag nach Hause, hat sein Brötchen gegessen und einen Kaffee getrunken, sich meine Sorgen und mein Tagesgeschehen angehört, mit Jona getobt und gekuschelt, Frisbee oder Fußball gespielt, bis spät in die Nacht mit Jona Zimmermöbel zusammengebaut und bei Hausaufgaben geholfen. Er ist spontan mit den Kindern ins Badeland gefahren und hat sein Kind nachts zu jeder Zeit von Partys abgeholt. >>Ich muss mich erst einmal ausruhen<< oder >>heute nicht<<, gab es nicht für Volker. Dass es Jona und mir gut geht, stellte er über alles, das Glück unserer kleinen Familie war sein höchstes Gut. Schwiegereltern helfen, für Freunde da sein, für die Firma … immer gerne, ohne mit der Wimper zu zucken. Volker hat einfach gemacht, ohne drüber nachzudenken.

Er hat sich daran erfreut, wenn er für andere da sein konnte und es allen gut ging. Volker war aufmerksam, witzig, zärtlich, sensibel, verständnisvoll und so vieles mehr. Er wurde niemals laut, konnte Probleme mit einer bewundernswerten Ruhe klären und ansprechen. Er hat nie geschimpft und sich nie wirklich über etwas aufgeregt.
Aber das weitere ganz Besondere an Volker war, dass er jeden Menschen einfach so akzeptiert und geachtet hat, wie er ist.
>>Am meisten liebe ich dich, weil du mich immer so nimmst, wie ich bin. Mit all meinen Macken und Fehlern<<, habe ich oft gesagt und auf unzählige seiner Geburtstags- und Weihnachtskarten geschrieben.
Und wenn ich mir selbst Fehler vorwarf, hat Volker gemacht, dass es mir besser ging und immer gesagt: >>Das ist doch nicht schlimm!<< Er konnte Kummer und Sorgen wegzaubern, einfach so. Wegen dieser Gabe sind Menschen so gern mit ihm zusammen gewesen. Und auch Jona trägt all diese positiven Eigenschaften von Volker in sich.

Tröstende Worte

Wie viel Herzenswärme und Licht Volker in die Welt getragen hat, sehe ich an der überwältigenden Anteilnahme vieler Menschen, von denen ich einige nicht einmal kenne. Jeder einzelne Besuch, jede Teilnahme an der Beerdigung und jeder Brief bedeutet mir unendlich viel.
Liebevolle Worte und Gesten sind unglaublich tröstend und überlebenswichtig, daher möchte etwas von der erhaltenen

Herzenskommunikation weitergeben:
Liebe Dana,
es tut mir so unendlich leid, mir fehlen die Worte. Unfassbar ist Euer Verlust und unbeschreiblich Euer Schmerz. Mein tiefes Mitgefühl und meine Gedanken sind bei Euch in diesen schweren Stunden und all denen, die noch kommen. Es gibt keine Erklärung, warum Gott Euren lieben Volker schon so früh holen musste. Ich bin mir ganz sicher, dass Volker Euch auf Eurem Weg zurück ins Leben begleiten wird und Euch von >>da oben<< die nötige Kraft dafür gibt. Für mich ist er uns allen vorausgegangen und wenn all die Aufgaben, die ein jeder hier zu erledigen hat, bewältigt wurden, dann werden die lieben Seelen wieder zueinander finden. Ich wünsche Euch unendlich viel Kraft und Trost in dieser schweren Zeit und für die Zukunft. Meine Gedanken sind bei Euch. Wenn ich etwas für Euch tun kann, lasst es mich wissen!
Ich umarme Euch

***

Er war ein toller Mensch, wir sind stolz, dass wir Volker kennen lernen durften!

***

Wenn ein geliebter Mensch geht, füllen sich die Herzen vieler mit tiefer Trauer. Ich kann mich noch gut daran erinnern, wie Volker einmal für uns gegrillt oder wie oft er sich am Telefon nach Dir erkundigt hat. Dabei konnte ich immer spüren, was für ein liebevoller Mann und Vater er war. Ich wünsche Euch die Kraft gemeinsam Abschied nehmen und nach vorn schauen zu können.
In tiefer Verbundenheit (von einer Arbeitskollegin)

***

Jona, dein Vater war ein so wunderbarer Mensch, der, da bin ich sicher, seine Spuren hinterlassen wird. Wo er im Augenblick auch sein mag, er wird immer seine schützende Hand über Dich halten und in Deinem Herzen bleiben.
Alles Liebe wünsche ich Dir

***

Liebe Dana,
der plötzliche Tod von Volker hat mich sehr betroffen gemacht. Ich konnte es gar nicht glauben. Ich habe Volker sehr gemocht, vor allem seine unbekümmerte und entspannte Art. Ich kann mich nicht daran erinnern, ihn einmal verärgert oder missmutig erlebt zu haben. Er war einfach ein liebenswerter Mensch. Auch ihr als Familie wart so sehr entspannt, das habe ich immer bewundert. Es tut mir so leid, dass er jetzt nicht mehr da ist.

***

Wir werden diesen wunderbaren Menschen nie vergessen.
(es stand nur dieser eine Satz in der Karte und er sagt alles aus und geht mir so unendlich tief ins Herz…)

***

Liebe Frau Andersen,
mit tiefer Bestürzung und aufrichtiger Anteilnahme haben wir vom plötzlichen Tod Ihres Mannes erfahren und möchten Ihnen hiermit unser Beileid aussprechen. Selbst für uns ist es unfassbar. Wir haben ihn immer als offenen, sehr sympathischen und liebenswerten Menschen erlebt.
Wir wünschen Ihnen in den Tagen des Abschieds viel Trost und die Kraft, diesen schweren Schicksalsschlag zu überwinden.
(von einem Kunden der Firma)

Ich bin viele Tage und Wochen lang tief berührt und möchte etwas von dem Mitgefühl und der Wärme, die mich erreicht hat, zurückgeben und überlege lange, wie ich meine tief empfundene Dankbarkeit in Worte fassen kann und schalte folgende Zeitungsanzeige:

Liebe Freunde, Verwandte, Kollegen, liebe Menschen, die ihr uns alle so sehr beisteht mit euren tröstenden Worten, Gedanken, Gebeten und Zeichen der Wertschätzung und Verbundenheit. Eure Anteilnahme hat uns zutiefst berührt, sehr geholfen, und gibt uns das Gefühl, nicht alleine zu sein. Herzlichen Dank dafür. Ein besonderer Dank gilt den Lieben, die ganz nah, und immer noch gerne bei uns sind, aushalten, uns trösten und unterstützen.
Im Namen der Familie
Dana Andersen

Vielen Menschen habe ich persönlich geantwortet, jeden Brief anderes formuliert und immer mit Gedanken gefüllt, die mich im jeweiligen Moment bewegten. Was genau, wusste ich schon am nächsten Tag nicht mehr. Eine dieser persönlichen Danksagungen erhielt Marianne, eine alte Freundin, deren Malkurse ich vor vielen Jahren besuchte. Ihre tröstende Beileidsbekundung hatte mich sehr stark angesprochen, vielleicht gerade, weil wir uns seit Jahren nicht gesehen hatten und unser Kontakt nie über die von mir besuchten Malkurse hinausging. Ihre Antwort trifft mich mitten ins Herz:

Liebe Dana,
danke für die wunderschöne Karte und Dein Vertrauen. Deine Worte haben mich sehr berührt. Sie zeugen von Deinem seelischen Tiefgang und dem starken Wunsch, zu verstehen, was sich in Dein Leben hinein bewegt (nicht nur hinaus). Du scheinst in gutem Kontakt zu Deinem inneren Selbst zu sein und eine tiefe seelische Verbindung zur Seele Deines Mannes zu haben. Sonst könntest Du nicht spüren, was sich Dir mitteilen wollte und will. Sicher hat das Malen Deine innere Landschaft weitgemacht, sodass Du ein friedenbringendes Verständnis für Dein (neues) Leben entwickeln kannst.
Im Buddhismus ist das Thema >>Leben - Tod - Leben nach dem Tod<< etwas Selbstverständliches. Man sagt, dass jede Seele ungefähr sechs Monate vor dem Körpertod davon weiß und sich entsprechend verhält, z.B. besonders liebevoll ist, Vorkehrungen trifft, Ungeklärtes bereinigt etc. Für mich ist das ein sehr tröstlicher Gedanke ... als würde sich der Betroffene für seine >>Wanderung<< rüsten – nicht leiden in seiner Seele. Du berichtest ja auch von dem Geschenk des liebevollen Miteinanders, das Dir neben dem Schmerz Raum lässt für Dankbarkeit. Liebe Dana, sicher würde es Dir eine große Hilfe sein, während Deiner Trauerarbeit Gefühle, Gedanken, Nachtträume etc. zu Papier zu bringen. Mir hat das jedenfalls über lange Phasen des Umbruchs enorm geholfen ... mehr als Gespräche. Denn beim Schreiben hat man mehr Ruhe und Zeit auf die innere Stimme zu hören, Gedanken auszuweiten, und nicht sofort in Resonanz mit dem Gegenüber sein zu müssen. Wenn Dir aber irgendwann nach einem Austausch ist, ich habe viel Zeit. Ein Anruf von Dir und wir machen einen Termin aus.

Ich wünsche Dir für das Seiende und Kommende Zuversicht und die Gewissheit, dass alles, was in Dein Leben tritt, auch zu Deinem Leben gehört. Gott alleine weiß, was unsere Seele wachsen lässt.
Gott segne Dich und Jona. Mögen meine Gedanken Dich stärken.
Sei lieb umarmt von Marianne

Diese wundervollen Zeilen ziehen mich magisch in ihren Bann, nichts konnte mich bisher mehr trösten und hoffen lassen. Sobald ich mich irgendwie in der Lage sehe, werde ich Marianne besuchen.

Du fehlst mir so sehr

Vor vierzehn Tagen war meine Welt noch in Ordnung. Unvorstellbar, dass es erst zwei Wochen her ist. Die Zeit existiert nicht mehr. Danke für den Stoffhasen, den du mir kurz vor Ostern einfach so geschenkt hast und an den ich mich jede Nacht klammern kann. Hast du mir zuvor je ein Stofftier geschenkt? Ich kann mich nicht daran erinnern.
Jona wünscht sich nichts sehnlicher als Normalität und dass ich funktioniere, also dass wenigstens ich so bin wie immer … und dass ich nicht traurig bin. Ich muss das unbedingt schaffen, um Jona nicht noch zusätzlich zu belasten.
Ich glaube, ich mache derzeit das Wetter: so unbeständig und extrem schwankend, von Sturm und Hagel zu Frost und zwischendurch auch mal Sonnenstrahlen - dann spüre ich dich besonders!

Ich gebe mir Mühe, mich nicht mit meinem Schicksal zu streiten, sondern alles so anzunehmen wie es ist und die Trauer bewusst zuzulassen - wenn ich alleine bin.
Ich vermisse deine Klamottennester. Deinen Korb, der ständig in der Küche parkte. Deine Kissen- und Deckentürme auf dem Sofa. Die Handtücher auf den Armlehnen deines Küchen-Korbstuhles, auf den sich übrigens niemand mehr setzen will, weil du dort ja immer saßest. Ich vermisse den stehen gelassenen, mit Wasser gefüllten Putzeimer, den du immer vergessen hast wegzuräumen. Ich vermisse deine Schlafanzüge, die immer irgendwo rumlagen, weil du stets fünf gleichzeitig in Gebrauch hattest. Ich vermisse dein Chaos!
Ich vermisse es, dir deine Marmeladenbrötchen zu schmieren, wenn du von der Arbeit Heim kommst. Ich vermisse es, dein Lieblingsessen zu kochen und auch deinen Spruch >>Das wird nicht mein Lieblingsessen<<, wenn mal wieder eins von meinen Kochexperimenten missglückte. Ich vermisse deine Zeitungstürme, deine vielen herum stehenden Kaffee- und Teekannen und Tassen. Und ich vermisse so sehr deine vielen, täglichen, lieben WhatsApp-Nachrichten.
Ich vermisse deine Zärtlichkeit …

Bei der ersten Bekannten, die mich auf deine Beerdigung ansprach, platze es aus mir heraus: >>Ich fand die Beerdigung schön.<< Sie antwortete, es wäre total schrecklich gewesen, sie hätte die ganze Zeit nur geheult. Ich habe auch geweint und fand es trotzdem schön. Ich dachte: >>Wie bescheuert bist du denn, Dana, Volkers Beerdigung schön zu finden<<, und habe mich sofort schlecht gefühlt. Tage später sagten dann jedoch mehrere

enge Freunde, dass sie es ebenfalls als schön empfunden hätten: >>Die Beerdigung war … ich weiß nicht wie ich es ausdrücken soll … naja perfekt, wie euer ganzes Leben. Oder besser: authentisch! Ja, das ist das richtige Wort, authentisch … <<
Und die treffendsten Worte einer anderen Freundin waren: >>Die Beerdigung war so schön und liebevoll, sie war wirklich Volkers würdig.<< Ja, genau das meinte ich mit >>schön<<: liebevoll, erhaben, friedvoll – deiner würdig.
Ich habe das Gefühl, dass es dir gut geht dort, wo du jetzt bist und dass du mir genau zuschaust und fürsorglich auf mich herab schmunzelst. Ich bin stolz, es überstanden zu haben.

Die Realität holt mich ein. Absturz. Anträge ausfüllen. Fragen über Fragen zu dem Unfall, bisher erfolgreich verdrängt. Das will ich nicht wissen! Formulare, Termine, Rechnungen. Ich schaffe es nicht, zum Grab zu gehen. Du bist doch hier, bei mir …

Ich schlafe nicht mehr. Ich bin ruhelos, alle Sinne geschärft, auf Alarmbereitschaft. Lediglich vier Stunden Schlaf pro Nacht mit Unterbrechungen, wie lange halte ich das aus?

>>Ich schaffe das<<, habe ich zu jedem gesagt, der mich besucht hat; habe es in jeden Brief geschrieben, mit dem ich mich bedankt habe. Ich habe diese drei Worte wie ein Mantra immer wiederholt, damit ich es selbst glaube.
Und ich wusste von Anfang an, dass ich die Trauer zulassen muss. Mir bleibt nichts anderes, als das Geschehene zu akzeptieren …

Ich habe zwei Möglichkeiten:
Alles vergraben, verdrängen und meinen Verletzungen erlauben, mir alles zu nehmen, was mir wichtig ist, bis sie mich zerstören, oder die Situation so annehmen, wie sie ist. Der Schmerz kann nur heilen, wenn er Raum bekommt und da sein darf. Wenn ich den Schmerz zulasse, geht er auch irgendwann wieder weg. Hoffentlich …

>>Der Schmerz ist da, um dich wachzurütteln, schau ihn dir an! Schau hinter den oberflächlichen Schein und finde das, was im Verborgenen liegt.<< Ich weiß nicht, woher diese Gedanken kommen, aber sie geben mir die Kraft, weiterzugehen ... ich schaffe das ... ich will es schaffen!

Verzweiflung

Zu allem Überfluss habe ich nun auch noch Stress mit Mama und Papa. Sie reden nicht mehr mit mir. Ich brauche nur einen Tag, bis ich es merke, dass sie nicht mehr kommen, weiß aber nicht warum. Mir wird das >>Du hast dich falsch verhalten, also reden wir nicht mehr mit dir – Verhaltensmuster<< aus meiner Kindheit schmerzlich bewusst, und ich fühle mich schlecht und schuldig. Was habe ich denn falsch gemacht? Kein Kontakt mehr, seit meine Dankesanzeige in der Zeitung erschienen ist. War sie nicht in Ordnung? Erst als ich nach drei Tagen nachfrage, weil ich es nicht mehr aushalte, bestätigt sich mein Verdacht: Die Anzeige entsprach nicht dem dörflich üblichen Standard, ich habe meine Freunde lieber als meine Eltern und mich nicht bei der Pastorin (der ich einen persönlichen Brief geschrieben habe, was ich viel herzlicher fand, aber meinen Eltern noch nicht erzählen konnte) und dem Posaunenchor (den ich bezahlt habe) bedankt.

Das eigentliche Problem ist eher, dass wir nicht miteinander reden. Nicht wirklich reden.

Mama und Papa wollen helfen, ich fühle mich erdrückt und kontrolliert. Sie hinterfragen meine Entscheidungen die Beerdigung und alles Mögliche betreffend ständig, weil sie möchten, dass alles richtig wird. Mich jedoch stresst und verunsichert die ständige Frage: >>Bist du dir wirklich sicher?<< und ich möchte keine Sekunde länger über Dinge wie Sargauswahl etc. nachdenken.

Sie rekonstruieren jedes Detail des Autounfalls und wollen mit mir darüber diskutieren, ich will es mir aber nicht vorstellen und versuche verzweifelt, den Unglücksabend komplett auszublenden. Sie stürzen sich in Arbeit, räumen mein Haus, Hof und die Garage auf. Ich will, dass alles so bleibt, wie du es hingestellt hättest, dann ist es eben unordentlich - du warst halt chaotisch.

Jede Sorge die ich habe, auch oder insbesondere Jona betreffend, verstärken Mama und Papa aus eigener Unsicherheit und Angst, wie schon immer. >>Oh nein, hast du es deinen Eltern erzählt?<<, hast du oft gefragt und dabei geschmunzelt. >>Alles ist schwierig, alles ist ein Problem<<, dieser Satz hat mich meine ganze Jugend begleitet. Klar, Mama und Papa werden beide achtzig Jahre alt, sie hatten ein schwieriges Leben und haben noch Kriegszeiten erlebt, in armen Verhältnissen gelebt und sich alles hart erarbeiten müssen. Ich verstehe sie.

Aber ich muss meine Gedanken positiv ausrichten, sonst überlebe ich das nicht! Mama und Papa möchten, dass ich sie besuche und sie tröste. Aber ich habe keine Kraft, ich sehne mich nach Trost und Halt. Ich möchte in den Arm genommen werden! Ich möchte so sein dürfen, wie ich bin! Auch wenn ich so richtig schlecht drauf bin! Ich darf es mir bei Jona nicht anmerken lassen, aber mehr schaffe ich einfach nicht. Meine Schwester Hannah ist mir eine sehr große Hilfe, und meine besten Freunde verstehen mich und sind einfach nur da, passen sich mir an. Ich fühle mich so schlecht, weil ich weiß, dass Mama und Papa mir so gerne helfen wollen, aber meine Nerven liegen blank.

Ich reagiere äußerst allergisch auf die zwei Wörter: Du MUSST. Das hab ich schon immer.

>>Du MUSST nach der Beerdigung zum Kaffee trinken erscheinen<<, ich weiß nicht, ob ich es schaffe. Ich will nicht. Mama und Papa werfen mir vor, alles alleine zu entscheiden und sie nicht genug einzubinden, aber du warst doch MEIN Mann, MEIN liebster Mensch auf der Welt neben Jona! Es ist MEINE Sache! Ich will mich nicht beeinflussen lassen, um dann doch alles so zu machen, wie „man“ es macht. Du warst ein besonderer Mensch, der etwas Besonderes verdient! Es ist mir egal, was die Leute sagen und ob es ihnen gefällt. Es muss sich für mich richtig anfühlen! Es muss dir entsprechen!

Ich stürze mich in die Trauer, will sie zulassen und spüren. Ich brauche Stille, Raum und Zeit zum Weinen und zum alleine sein. Ich möchte den ganzen Morgen, wenn Jona in der Schule ist, zu Hause sitzen und weinen, schluchzen, schreien, ohne dabei gestört oder gesehen zu werden, denn es fällt mir schwer, vor und mit anderen zu weinen.

Mama und Papa machen sich Sorgen und wollen jeden Tag nach mir schauen, stehen ohne Vorankündigung im Haus, ich habe keine Rückzugsmöglichkeit mehr, keine Intimsphäre. Ich fühle mich unter Beobachtung. Ich bitte sie, zu klingeln, bevor sie ins Haus kommen, sie verstehen es erst nicht. Sie möchten doch so gerne für mich da sein. Ich verstehe mich selbst nicht, denn ich brauche ihre Hilfe auch; ich konnte mich in den ersten Tagen nicht rühren, nicht telefonieren, keine Termine machen, nicht Auto fahren, ich konnte … nichts. Sie haben mich überall hingefahren und mir gesagt, was zu regeln ist. Dafür bin ich ihnen sehr dankbar.

Aber ich habe das Gefühl, dafür etwas geben zu müssen. Und das schaffe ich einfach nicht mehr, ich hab mich nicht mehr unter Kontrolle. Ich will keine Erwartungen mehr erfüllen müssen! Mir wird erneut aber heftig bewusst, dass du der einzige Mensch warst, der mich geliebt hat, ohne eine Gegenleistung zu wollen!
Ein unglaubliches Gefühl der Dankbarkeit durchströmt mich, weil mir wieder einmal die Außergewöhnlichkeit unserer Beziehung und Liebe bewusst wird. Das wunderschöne Gefühl der Wertschätzung und Geborgenheit, mit dem ich die letzten vierundzwanzig Jahre gelebt habe, lernen viele Menschen niemals kennen. Ich sende dir alle meine Liebe und Dankbarkeit nach oben in den Himmel, mein Schatz!
Nun fühle ich mich so schutzlos ohne dich. Unverstanden. Falsch. Und schuldig, weil ich dir so selten gesagt habe, was ich für dich empfinde und so vieles als selbstverständlich hingenommen habe – wie furchtbar!
Das Gefühl funktionieren zu müssen, selbst in dieser unerträglichen Ausnahmesituation, erdrückt mich. Ich fühle mich völlig alleine, wie der einzige Mensch im Universum. Isoliert, getrennt, einsam, leer, ausgelöscht …
Ich weiß, dass Mama und Papa es gut meinen, alles richtig machen wollen und mich lieben. Sie stammen aus einer anderen Generation, in der das >>Tun und Arbeiten<< überlebenswichtig war und Gefühle hinten anstanden. Aber ich wünsche mir nur, so angenommen zu werden, wie ich bin und tröstende Worte zu hören, wie: >>Es wird alles wieder gut … irgendwann<<. Ich wünsche mir Stille … und Halt … Geborgenheit und Schutz … eine liebevolle Umarmung.

Das Schlimmste ist, dass ich bei jedem dieser Gedanken ein schlechtes Gewissen bekomme und mich schäme. Aber warum? Ich verstehe es nicht, denn ich habe mich immer gut mit meinen Eltern verstanden und unser Miteinander nie in Frage gestellt … Ich verstehe mich selbst nicht mehr …

Und ich kann nicht mehr, komme morgens nicht mehr aus dem Bett, schaffe es nicht aufzustehen. Überlege, wie ich Mama und Papa erklären kann, dass ich mich von ihrer Fürsorge kontrolliert und erdrückt fühle, ohne sie zu verletzen oder ihnen etwas vorzuwerfen. Ich habe ja das Gefühl, dass sie mir etwas vorwerfen und will es nicht genauso machen. Es gelingt mir nicht. Hannah versteht mich und steht mir bei, findet aber auch keine klärenden Worte.

>>Schreib es doch auf, das kannst du gut<<, rät mir meine Schwester mitfühlend, aber mein Kopf ist leer. Inzwischen ist es mir alles egal. Ich will nichts klären. Ich will gar nichts mehr. Ich will aufhören zu existieren. Ich will zu dir …

Ich fühle mich ausgesetzt, zurückgelassen in den Sümpfen der Traurigkeit. Völlig allein. Alles um mich herum ist trist, kalt und nass. Bleigraue Nebelschwaden hüllen mich ein, sie werden immer dichter.

Die Zeit steht still. Bäume mit kahlen, nackten Ästen biegen sich im Wind höhnisch auf mich zu. Sie sehen aus wie Monster. Sie kommen mich holen.

Schritt für Schritt prüfe ich den Boden nach Festigkeit. Meine Beine sind so unendlich schwer, ich komme nicht voran. Ich will hier raus, stattdessen stolpere ich immer tiefer in die Sümpfe hinein. Die Traurigkeit in meinem Herzen wird mit

jedem Schritt größer. Sie ist so schwer, dass ich versinke, immer tiefer und tiefer … erst die Knie, dann bis zur Hüfte. Ich sehne mich danach, verschluckt zu werden. Aber ich darf nicht. Jona braucht mich!
>>Zieh dich raus! Lass nicht zu, dass die Sümpfe der Traurigkeit dich verschlingen!<<
Ich stehe auf.

Mama ruft an und kündigt ihren Besuch für den Nachmittag an, um zu reden. Nun muss ich mich aufraffen und setze mich hin, versuche meine Gedanken zu sortieren und fange an zu schreiben:

Liebe Mama, lieber Papa,
ich weiß, dass ihr mich sehr lieb habt und dass ihr sehr traurig seid und Volker Euch genauso fehlt wie mir. Ich weiß, dass ihr mir helfen wollt und dass das Helfen und etwas Tun Eure Art ist, mit der Trauer umzugehen. Ich versuche, euch helfen zu lassen und Ihr unterstützt mich doch auch sehr viel! Lieben Dank dafür!
Ich weiß, dass Ihr Euch wünscht, dass wir uns gegenseitig trösten, innerhalb der Familie. Das Problem dabei ist nur, dass es schwer ist, sich innerhalb der Familie zu stärken, weil der Schmerz, das Leid, die Verzweiflung und die Trauer dort am größten sind. Wenn wir über Volker sprechen, weinen wir nur und kommen nicht nach vorne. Keiner kann dem anderen ein positives Gefühl vermitteln, sondern wir entziehen uns nur gegenseitig die Kraft. Wir versinken zusammen im Leid …
Aber es ist ganz wichtig zu sprechen, das Wichtigste überhaupt,

das hat mir Montag auch mein Arzt gesagt: >>Sie müssen ganz, ganz viel sprechen um dieses Trauma zu verarbeiten, haben Sie gute Freunde zum Reden? Jemand mit etwas Abstand?<<.
Gute Freunde haben Mitgefühl aber auch etwas Distanz, um das Reden und Weinen aushalten zu können. Meine engsten Freunde geben mir irgendwie das Gefühl, dass es auch ohne Volker weiter geht; und das muss es ja irgendwie.
Und deshalb solltet auch Ihr Euch unbedingt jemanden zum Reden suchen, nur kann ich das für Euch leider nicht sein. Ich verstehe, dass Ihr Euch das wünscht, aber ich schaffe es nicht, Euch diesen Halt zu geben, weil ich keine Kraft mehr übrig habe. Ich bin damit überfordert, ich brauche alles, was ich an Kraft mobilisieren kann für mich und Jona.
Wie wäre es mit Emma und Harald? Besucht sie doch bitte oder telefoniert. Ich könnte mir vorstellen, das würde Euch sehr gut tun.
Würdet ihr mir raten, zu Jona zu sagen: >>Jona, ich bin sehr traurig, weil du deine Freunde lieber hast als mich. Mit ihnen besprichst du alles und mit mir redest du nicht<<, oder >>Jona, warum nimmst du dir nie Zeit für mich, damit wir über Papa sprechen und gemeinsam trauern können.<<
Was denkt Ihr, wie würde Jona sich fühlen, wenn ich sage: >>Am liebsten würde ich morgens gar nicht mehr aufstehen, ohne Papa ist alles so leer.<<
Das kannst du deinem Kind auf keinen Fall zumuten, werdet ihr jetzt sagen. *(Und doch habt ihr diese Sätze zu mir gesagt …)*
Aber warum sage ich es nicht, obwohl es mir doch besser gehen würde, wenn ich Jona jeden Tag in den Arm nehmen und trösten könnte oder jemanden zum Reden hätte?

Weil es nicht Jona, sondern nur mich selbst trösten würde. Mir tut es sogar manchmal weh, dass Jona einigermaßen >>gut<< klar kommt und mich scheinbar nicht braucht.

Natürlich trügt dieser Schein, aber das ist momentan der einzige erträgliche, und damit der richtige Weg für Jona.

Ich möchte, dass es meinem Kind gut geht und es bestmöglich mit der Situation zurechtkommt. Weil ich es über alles liebe.

Es geht mir nicht um mich, sondern ausschließlich um Jona.

Natürlich kostet mich das ganz viel Kraft. Es ist nicht einfach, mir meine Sorgen nicht anmerken zu lassen, eine fröhliche unbekümmerte Atmosphäre aufrecht zu erhalten, auch mal über doofes Teenager-Verhalten hinweg zu sehen und nicht zu kritisieren … und ich muss auch damit klar kommen, mich manchmal abgelehnt und ohnmächtig zu fühlen.

Und damit liegt eine zusätzliche Last auf meinen Schultern. Zusätzlich zu der Last, Volker verloren zu haben, der mir so unendlich viel bedeutet hat. Jona ist mein Kind und ich übernehme gerne diese >>Bürde<<, zu Jonas Besten.

Ich bin Eure Tochter, könnt ihr bitte das Gleiche für mich tun?

Bitte gebt mir die Freiheit und den Segen, alles so zu machen, wie ich es möchte. Dazu braucht ihr mir nicht einmal eine Last abnehmen, sondern nur für Euch selbst sorgen.

Ich wünsche mir sehr, dass ihr respektiert, dass ich alleine für meine Angelegenheiten zuständig und verantwortlich bin.

Ich weiß, dass ich Euch jederzeit fragen kann, wenn ich mal nicht weiter weiß und dafür bin ich dankbar und werde dies auch bestimmt tun.

Auch wenn ich gerne vieles anders mache, als andere es tun, so mache ich doch alles mit dem Herzen und so gut ich es

kann. Bestimmt gelingt Euch vieles besser als mir, aber ich darf trotzdem eigene Erfahrungen machen. Wenn Ihr Euch mit der einen oder anderen Entscheidung verletzt fühlt, so seid gewiss, das liegt bestimmt niemals in meiner Absicht.
Und wenn Ihr in Euren Angelegenheiten und Entscheidungen anders handelt als ich, so ist das genauso in Ordnung. Das eine ist nicht besser oder schlechter als das andere, sondern völlig gleichwertig! Jeder von uns darf sein eigenes Leben selbst gestalten, und so wie er es möchte, ist es gut.
Papa, du hast ganz oft tolle Vorschläge und Ideen und davon nehme ich ganz Vieles gerne an. Und wenn ich mal sage: >>Nö, gefällt mir anders doch besser<<, brauchst du nicht traurig oder verletzt sein! Ich komme vielleicht anders einfach besser zurecht. Und im Moment geht es mir so, dass ich Sachen nicht ändern mag, selbst wenn es praktischer wäre. Und zwar, weil es sich dann für mich so anfühlt, als würde ich die Erinnerung an Volker auslöschen. Das tut mir dann einfach unendlich weh und deshalb krame ich vieles wieder so hin, wie es bei Volker war. Trotzdem sind deine Vorschläge immer gut und werden sicherlich irgendwann umgesetzt, das braucht nur noch etwas Zeit.
Ich wäre glücklich, wenn Ihr Euer Leben an jedem Tag bewusst zusammen genießt und wenn Ihr für Euch selbst sorgt. Und mich meinen Weg so gehen lasst, wie ich es möchte und wie Volkers es gewollt hätte; und ich bin dankbar, wenn ich jederzeit zu Euch kommen kann, Euch jederzeit um Hilfe bitten darf, Ihr aber auch nicht traurig seid wenn ich es nicht tue.
Hab Euch sehr lieb - Eure Dana

Nach dem Schreiben des Briefes kehrt Ruhe und Frieden in mir ein. Gerne hätte ich all das in einem lockeren Gespräch kommuniziert, aber zutiefst emotionale Empfindungen auszusprechen gelingt mir leider nicht. Trotzdem weiß ich, dass jetzt etwas Wichtiges zwischen mir und meinen Eltern geklärt und gelöst ist, was ohne Volkers Tod wohl nie passiert wäre, denn es waren alte Themen, Baustellen aus der Vergangenheit. Ich war bisher nur nicht bereit, sie zu sehen und mich ihnen zu stellen. Und nun habe ich mich getraut und meine Belastungen zu offenbaren, hat uns näher zusammen gebracht.
Als ich Papa am nächsten Tag besuche, umarmen wir uns innig und lange, und er weint wie ich es noch nie erlebt habe. Er hatte die ganzen Tage, in denen der Konflikt unausgesprochen zwischen uns lag, unglaublich gelitten.
Warum fällt es uns so schwer unsere Gefühle zu zeigen?

Zeitsprung

Im Dezember 2016 besucht der Tod erneut unser idyllisches, kleines Dörfchen: Mich erreicht die erschütternde Nachricht vom Tode eines entfernt bekannten Familienvaters. Zwei Männer im selben Jahr viel zu jung verstorben. Ich kann es nicht glauben und es versetzt mich natürlich in den schrecklichen April dieses Jahres zurück. Ich füge dieses Kapitel an dieser Stelle ein, weil es meine Gefühllage der ersten Trauerwochen widerspiegelt.
Lange überlege ich, was ich Frauke, der trauernden Ehefrau, schreiben könnte. Was wäre ihr eine Hilfe oder ein Trost? Einfach an ihrer Tür klingeln, kommt nicht in Frage, so gut kennen

wir uns nicht. Was hätte ich in diesen ersten grauenhaften Tagen und Wochen gerne gewusst? Was hätte mir geholfen?

Liebe Frauke,
es tut mir so unendlich leid und ich denke die ganze Zeit an dich. Mir geht auch gar nicht aus dem Kopf, dass dein Mann und Volker außer dem relativ gleichen Alter auch die große Leidenschaft für den Sport teilten. Ich kann mich noch gut an den einen Sonntag im März erinnern, als wir Stefan im Schwimmbad trafen. Ich glaube, es war sogar das letzte Mal, dass Volker und ich gemeinsam schwimmen waren.
Ich habe mir damals in den ersten entsetzlichen Wochen oft nichts sehnlicher gewünscht, als mich einfach ein paar Monate in die Zukunft beamen zu können, in der Hoffnung, dass es irgendwann einmal erträglich wird. Ich verspreche dir, dass es tatsächlich besser wird und du wirst das alles schaffen!
Sei bitte jeden Tag stolz auf dich und hab Vertrauen, dass du begleitet wirst. Mache alles so, wie es sich richtig für dich anfühlt, sorge gut für dich.
Trauern ist ganz anders, als man es sich vorstellt, wenn man nicht betroffen ist. Trauern sprengt die Grenzen der Sprache und der Vorstellungskraft. Ich habe mich wochenlang gefühlt, als würde ich neben mir stehen, außerhalb meines Körpers, und das Ganze nur von weitem beobachten.
Ich habe mich gefühlt wie in einer Luftblase, wie in einem Traum. Auch ein bisschen beschützt. Die Realität habe ich ausgesperrt, denn ich wollte meinen Schmerz und die Trauer bewusst fühlen. Meine Gefühle und Empfindungen haben völlig verrückt gespielt, es war alles dabei - Wut, Verzweiflung,

Einsamkeit, Schuldgefühle ... mit Logik nicht nachzuvollziehen. Manchmal habe ich mich auch ganz normal gefühlt, sogar gut. >>Aber darf sich mein Leben gerade überhaupt auch mal gut anfühlen?<<, fragte ich mich in so einem Moment und schon ging es mir wieder schlecht. Ich hab mich so oft irgendwie falsch gefühlt. >>Selbst in so einer verzweifelten Situation, versuche ich noch den Erwartungen anderer zu entsprechen<<, ist mir schnell bewusst geworden. Wie bitter.

Und ich konnte nichts mehr tun und leisten, was früher selbstverständlich war, nicht mehr telefonieren, kochen, einkaufen, Haushalt ... alle Alltagsfähigkeiten ausgelöscht.

Das Einzige, was noch ging, war alles zu regeln, was mit Volker zu tun hatte. Es sollte alles so liebevoll passieren wie irgend möglich (Beerdigung, Anzeigen etc.), seiner würdig eben. Und ich dachte, bevor nicht alles erledigt ist (und das ist leider unheimlich viel), werde ich nie wieder ein normales Leben zurückbekommen.

Irgendwann habe ich mich an ein geschenktes Buch heran getraut, dass eine Frau geschrieben hat, die ihren Mann und ihre zwei Kinder bei einem Autounfall verloren hat. Die Autorin hat ihre Empfindungen ziemlich genau so beschrieben und erlebt wie ich! Und das war eine so unglaubliche Erleichterung für mich und bestätigte mir, dass ich so, wie ich mich gerade fühle und verhalte in Ordnung bin, und dass die Trauer einfach so unbeschreiblich verrückt und unberechenbar ist.

Ich möchte, dass du das weißt und hoffe, dass es dir hilft.

Mache alles so, wie dein Herz es dir sagt. Überlege, was du tun kannst, damit es dir gut geht und wenn es nur für einen kleinen Moment ist. Und versuche das Leben so anzunehmen, wie es ist. Akzeptanz ist der erste Schritt zur Heilung.

Annehmen, akzeptieren und alle Gefühle zulassen. Weine, wann immer dir danach ich, schreie, wenn du wütend bist, gehe spazieren, wenn dir danach ist (ich bin immer mit dem Auto in den Wald gefahren, weil ich nicht durchs Dorf gehen wollte). Aber bitte nichts wegdrücken, nicht ablenken. Lass alles zu. Das ist das Einzige, was ich dir raten kann.

Mir hat auch reden geholfen, aber erst später.

Meine größte Sorge galt damals Volker. Geht es ihm gut? Wo ist er?

Eigentlich noch bevor ich das alles verstehen wollte oder darüber nachgedacht habe, was aus Jona und mir wird, musste ich unbedingt die Gewissheit haben, dass es Volker gut geht.

Und obwohl ich es von Anfang an gespürt habe, dass er noch da ist, ganz nah bei mir, kamen mir auch immer wieder Zweifel.

Ich versichere dir, Stefan ist noch da und er bleibt bei dir! Du kannst ihm auch alles sagen, er hört es.

Das Schönste und Trost bringendste, das mir nach den ersten Wochen jemand gesagt hat war:

>>Ihr Mann durfte schon weitergehen.<< Er durfte!

Stefan hat seine Aufgabe hier erfüllt und durfte nach Hause gehen. Ihm geht es gut und er möchte, dass es dir auch gut geht! Das weiß ich ganz sicher. Hab Vertrauen!

Ohne darüber nachzudenken habe ich damals gleich angefangen, Volker zu schreiben. Alle wirren Gedanken und Gefühle habe ich aufgeschrieben und ihm alles erzählt, was mir in den Kopf kam. Das Gute war, ich wusste immer, was Volker mir geantwortet hätte. So konnten wir von Anfang an kommunizieren. Es fielen mir genug Dinge ein, die ich im

Nachhinein gerne anders gemacht hätte, gesagt oder nicht gesagt hätte. So konnte ich alles mit Volker klären als würden wir darüber sprechen und ihm immer wieder sagen, wie sehr er mir fehlt. Gedanken, die im Kopf verweilen, drehen sich immer und immer wieder im Kreis und finden oft keinen Abschluss. Vielleicht hilft es dir auch, deine Gedanken aufs Papier zu bringen. Das beiliegende Notizbuch ist dafür gedacht. Vielleicht möchtest du es probieren.

Und in dem beigefügten Buch >>Die Reise der Seele ins Licht<< von Jana Haas habe ich ebenfalls eine große Hilfe und Trost gefunden. Vielleicht möchtest du es irgendwann lesen.

Wenn ich dir helfen kann oder du reden möchtest, melde dich bitte unbedingt.

Ich wünsche dir ganz viel Kraft und Liebe!

Fühle dich ganz fest umarmt,

in tiefer Verbundenheit - Dana

Der Anfang ist gemacht

Februar 2017: Ich kann gar nicht glauben, dass ich wirklich angefangen habe, zu schreiben! Der Gedanke kommt mir immer noch absurd vor. Und trotzdem fühlt es sich gut und richtig an. Der Anfang war und ist am schwersten, die meisten Seiten habe ich weinend zu Papier gebracht. >>Will ich mich überhaupt noch einmal in diese schrecklichste Zeit meines Lebens zurückversetzen?<<, habe ich mich lange gefragt. Nun habe ich es gewagt und etwas Interessantes entdeckt: Es bringt mich nicht um! Die Angst vor der Erinnerung ist viel stärker als die Erinnerung selbst. Immer wenn Bilder der Tage, speziell vom Unfallabend, in mir aufsteigen wollten, habe ich sie früher schnell verdrängt (obwohl ich ja eigentlich nichts verdrängen wollte … hat wohl nicht geklappt). Die Angst es nicht aushalten zu können, war überwältigend. Nun, da ich den Mut hatte, mich bewusst zu erinnern, war es erlösend. Das unerträgliche, erdrückende Gefühl, das ich bisher mit der Unfallnacht verbunden habe, ist gegangen. Die Angst vor etwas ist also deutlich stärker, als es letztlich zu tun oder zu erleben. Ich kann jetzt auch wieder die Unfall-Straße nutzen, die ich zehn Monate lang umfahren habe.

Ich fühle mich gerade unheimlich stark und unverletzbar. Vor was bitteschön sollte ich jemals wieder Angst haben?

Der riesengroße, entscheidende Unterschied zu damals ist, dass ich heute das Geschehene im Nachhinein beobachtend wahrnehme. Es ist wie ein Film, den ich anschaue, aber diesmal mit Abstand, aus einem beobachtenden Blickwinkel. Ich bin ein Forscher und versuche zu ergründen, was gerade vor sich geht, denn irgendetwas geschieht mit mir, in meinem Inneren. Ich habe mich getraut, auf Entdeckungsreise zu gehen und meinen Schattenseiten zu begegnen, darauf bin ich sehr stolz.

Wäre doch eigentlich schlau, diese Rolle des neutralen Beobachters generell im Leben einzunehmen, insbesondere wenn Ängste oder andere negative Gefühle drohen, mich zu überwältigen, vielleicht funktioniert es dann genauso gut?! Interessanter Gedanke … ich werde es versuchen.

Eine weitere interessante Entdeckung hatte diese Woche meine Arbeitskollegin Jule für mich: Ich erzählte ihr, dass mich Frauke, der ich den Trauerbrief geschrieben hatte, am Wochenende angerufen hatte. Sie wollte mir gerne persönlich ein gutes neues Jahr wünschen und sich für meinen Brief bedanken. Darüber habe ich mich unheimlich gefreut und sie gleichzeitig bewundert, weil sie in der Lage war, zu telefonieren, was mir monatelang absolut unmöglich war. Es ist mir unglaublich schwer gefallen, telefonisch notwendige Termine zu vereinbaren und wenn jemand angerufen hat, habe ich es einfach klingeln lassen und auch nie zurückgerufen. Das hat sicherlich damals den einen oder anderen in meinem Bekanntenkreis irritiert und vielleicht auch verärgert. Verstanden habe ich meine Telefon-Aversion allerdings selbst nie. Da fragt mich Jule: >>Wurde dir die Nachricht von Volkers Tod denn am Telefon überbracht?<< Ja klar, so einfach ist das! Bin ich noch gar nicht darauf gekommen. Danke Jule!

Vatertag

Zurück in die Vergangenheit: Heute ist der 5. Mai 2016, Himmelfahrt, im volkstümlichen Sinne auch Vatertag genannt. Jona hat Volker einen Brief geschrieben, wie jedes Jahr zum Vatertag … erst vier Wochen ist es her, unvorstellbar.
Ich darf den Brief lesen und anschließend in unsere Schatzkiste legen, in der unsere Familienkorrespondenz der letzten vierundzwanzig Jahre aufgehoben wird: alle Briefe und Karten, die wir zwei, und später drei uns immer gegenseitig zu besonderen Anlässen wie Geburtstage, Weihnachten, Ostern, Vatertag, Muttertag, Einschulung oder auch mal nur so

geschrieben haben.

Hallo lieber Papa,
ich bin mir zwar noch nicht ganz sicher wie, aber ich weiß, dass du das hier lesen wirst. Seitdem du nicht mehr bei uns bist, scheint fast jeden Tag die Sonne. Dann denke ich immer daran, wie wir früher bei diesem Wetter rausgegangen sind und was Schönes unternommen haben. Und dass sie jetzt immer scheint zeigt mir, dass du auch oft daran denkst und dich freust. Du sollst wissen, dass es mir gut geht. Ich denke viel an dich, aber meist nicht mit Trauer, sondern dass ich zurückdenke und froh bin über das, was ich hatte. Du warst so ein toller Vater für mich und diese Erinnerungen kann mir niemand mehr nehmen. Ich kann immer mit einem Lächeln zurückdenken. Außerdem habe ich über diese sechszehn Jahre so viel von dir gelernt. Immer wenn mir jemand sagt, dass ich dir in bestimmten Eigenschaften ähnlich bin, kann ich mich nur freuen und hoffen, dass ich eines Tages so bin wie du. Du wirst für immer die Person sein, zu der ich aufblicke. Ich weiß, dass du jetzt mit deiner tollen Art über mich wachst. Und ich weiß, dass mir nur Gutes passieren wird, solange du da bist, denn ich bin mir sicher, dass du immer gut auf mich aufpassen wirst. Das Gefühl, dass du immer stolz auf mich warst und mich geliebt hast, ist das Schönste überhaupt. Du sollst wissen, dass ich dich auch immer über alles geliebt habe und es für immer tun werde. Danke, dass durch dich ein toller Mensch aus mir geworden ist. Ein Teil von dir wird immer in Mama und mir weiterleben und deshalb bin ich stolz darauf, wer ich bin. Ich habe immer noch eine Nachricht von dir auf meinem Handy, die ich noch nicht gelesen habe, denn immer wenn ich

ab jetzt auf mein Handy schaue, ist es, als ob du mir geschrieben hast. Ich würde dich jetzt so gerne in den Arm nehmen … Du sollst auch wissen, dass Mama und ich das hier alles schaffen werden. Denn mit Mama hast du einen wunderbaren Menschen gefunden, der mir das Gefühl gibt, dass meine Welt noch immer funktioniert. Heute ist Vatertag und ich denke daran, wie wir vor ein paar Jahren im CenterPark an der See waren und für Mama Geburtstagsgeschenke gekauft haben. Auf dem Rückweg kamen uns ein paar betrunkene Jungs von ihrer Vatertagstour entgegen. Bei dem Gedanken muss ich lächeln.
Niemand wird oder soll dich je ersetzen und ich hoffe du weißt, wie sehr ich dich liebe, dass du meine Kindheit ausgemacht hast und dass ich unendlich stolz bin, dich in meinem Leben zu haben.
Ich vermisse dich so unendlich dolle!
In Liebe - Jona

Meine Tränen wollen gar nicht versiegen. Selbst heute weine ich noch jedes Mal, wenn ich diesen wunderschönen Brief lese, jedes Mal aufs Neue beim Korrekturlesen dieses Buches …
Es ist mir ein tiefes Bedürfnis, meine Gefühle und Gedanken aufzuschreiben, damit sie Jona erhalten bleiben; gleichzeitig und wieder einmal wird mir bewusst, wie unendlich schwer es mir fällt, meine Gefühle auszusprechen … ich schreibe sie lieber auf:
Jona, ich habe deinen wunderschönen Brief an Papa mehrmals gelesen und so sehr geweint. Um Papa, den du so schön beschrieben hast und der mir auch unendlich fehlt, und aus Erleichterung, dass du so tief empfindest und das

Wahrhaftige erkennst. Und aus Glück, weil ich dich habe! Ich versuche, es auch so gut wie du zu machen, und die mir, uns, geschenkte Zeit mit Papa als außerordentliche Kostbarkeit zu betrachten und dankbar dafür zu sein. Papa ist auf die Erde gekommen, um dich mir zu schenken und um aus mir den Menschen zu machen, der ich heute bin. Ein viel stärkerer und positiverer Mensch, als ich es vorher war, mit Liebe im Herzen, die Papa gefüllt hat. Und jetzt ist Papa in den Himmel zurückgekehrt, um von dort weiter auf uns aufzupassen. Vielleicht hatte er alles erledigt, seine Aufgabe hier auf Erden erfüllt und uns beiden alles Wichtige für unseren weiteren Weg gegeben. Ich wäre meinen Weg natürlich sehr gerne mit Papa weitergegangen, aber es sollte nicht sein.

Bei dir bin ich mir sicher, dass Papa dir alles mit auf den Weg gegeben hat, was du brauchst!

Wir haben so oft darüber gesprochen, wie froh und dankbar wir sind, dass wir dich haben. Du weißt, was du willst und worauf es im Leben ankommt, bist selbstbewusst, hast phantastische Freunde an deiner Seite, in der Schule läuft alles super für dich und vor allem kannst du so unglaublich gut mit Menschen umgehen!

Du kannst wirklich auf dein Herz hören, wie wunderschön!

Wir sind so stolz auf dich! Und wissen, dass du deinen Weg mit Leichtigkeit, Begeisterung und Liebe gehen wirst.

Und bitte mache dir keine Sorgen, auch ich werde einen neuen Weg finden und gehen. Wenn etwas zu Ende geht, gibt es auch einen Anfang. Mir tut es nur noch so sehr weh, so dass ich oft weinen muss … und noch eine Zeit um Papa trauern möchte. vierundzwanzig sehr schöne Jahre sind eine lange Zeit und Papa war ein besonders liebevoller Partner und Vater, was ich noch lange vermissen werde und auch würdigen möchte. Aber das ist meine Aufgabe, mein Wunsch und Bedürfnis und nicht deins, Jona! Du behältst Papa so im Herzen, wie du es in deinem wunderschönen Brief beschrieben hast und blickst gleich nach vorne. Konzentriere dich auf dein spannendes Leben und lass dich liebevoll von Papas Schmunzeln begleiten. Mache alles so, wie es sich gut und richtig für dich anfühlt! Und ich folge dir mit etwas Verzögerung. Aber ich folge dir bestimmt. Ich habe auch jetzt schon wieder schöne Momente - natürlich jede Minute mit dir, aber auch mal alleine oder mit meinen Freunden. Und weißt du, richtige Freude und Lebendigkeit kann nur spüren, wer auch die Traurigkeit kennen gelernt hat. Beides gehört zusammen. Und deshalb nehmen wir uns jetzt fest vor, das Leben ganz intensiv und lebendig mit Freude und Liebe zu genießen! Und stets mit dem Herzen zu entscheiden. So kriegt Papas Reise einen Sinn. Dann freut er sich, das sehe ich genauso wie du und ich spüre seine Wärme und sein Lächeln.

Und weißt du, was ich am Schönsten finde? Dass wir wirklich über alles sprechen können (oder manchmal auch schreiben), dass ich jetzt genauso mit dir reden kann wie vorher mit Papa. Das ist so schön! Tja, du bist erwachsen, das wird mir gerade klar.

Deswegen mache ich mir auch keine Sorgen um dich und du dir bitte nicht um mich. Wir können einfach über alles reden.

Wie schön, dass ich dich habe!

Ich liebe und umarme dich, mein großer Schatz

Deine Mama

Vorwärtsschauen

Lieber Volker, zum Glück beginnen die Tage derzeit mit Sonnenstrahlen, so gelingt mir auch manchmal mein Vorsatz, jedem Tag etwas Positives abzugewinnen. Doch die leisen, warmen Tränen, die Sehnsucht lassen nicht lange auf sich warten. Spätestens abends oder auch schon mal zwischendurch, wenn ich alleine bin, kommen die Schmerzwehen, die lauten Weinkrämpfe und die Fassungslosigkeit mit voller Wucht. Ich erzähle jedem von meinem Plan des >>Vorwärtsschauens<<, vielleicht glaube ich dann selbst irgendwann daran. Es liegt in meiner Macht, vorwärts zu gehen, es ist meine Entscheidung, das Geschehene anzunehmen und weiterzugehen ... meine Zukunft liegt in meine Verantwortung.

Ich hoffe, es geht dir gut, wo du jetzt bist!

Heute Mittag haben Jona und ich zwei Stunden in der Küche gesessen und so schön erzählt, und über Politik-Hausaufgaben diskutiert. Politik: eigentlich dein Thema! Ich natürlich null Ahnung.

Tja und am Nachmittag ging es dann wieder steil bergab mit mir, heute ist Muttertag und Mama hatte uns zum Kaffee trinken eingeladen. Es war furchtbar ohne dich am Kaffeetisch zu sitzen, das erste Mal. Mein Schwesterherz war total lieb und der Rest der Familie hat sich natürlich auch viel Mühe gegeben. Dennoch hat mich das Familientreffen völlig runtergezogen. Bin ich zu empfindlich? Eigentlich verstehe ich nicht einmal richtig, was überhaupt passiert ist. Hannah, Mama und ich stehen in der Küche und da sagt Mama plötzlich weinend, sie hätte das Kaffeetrinken am liebsten abgesagt, weil du ihr

so fehlst. Sie fühle sich so leer und würde morgens am liebsten gar nicht mehr aufwachen. Und ich stand daneben und konnte weder etwas sagen noch weinen. Bin dann rausgegangen und habe draußen geweint. Mama sagte auch, sie bewundere mich, dass ich so stark sei, sie selbst könne das aber nicht. Da habe ich mich total schlecht gefühlt. Das klang, als wenn du mir weniger fehlst und es mir nicht so sehr weh tut wie ihr.
Ich versuche alles so hinzukriegen, mich so zu verhalten, dass Jona nicht auf die Idee kommt, mich trösten oder womöglich bemitleiden zu müssen. Ich schauspielere Fröhlichkeit und Normalität, damit wir nicht in der Traurigkeit versinken. Ich will kein Mitleid. Ich weine um Dich, nicht um mich. Ich weine nicht, weil ich es schrecklich finde, alleine zu sein oder Angst habe, es alleine nicht zu schaffen. Ich weine, weil du nicht mehr da bist! Ich weine, weil du so früh gehen musstest. Ich weine, weil ich nicht weiß, wo du bist und ob es dir gut geht.

Selbstgespräch

Ach Volker, ich fühle mich immer noch so kraftlos, so leer und erschöpft. Es läuft nun besser mit Mama und Papa, aber mein Energie-Level ist immer noch bei null. Mit etwas Glück komme ich jetzt nachts immerhin auf vier Stunden Schlaf am Stück, mehr geht nicht. Leider darf ich auch keine Schlaftabletten mehr nehmen von wegen Abhängigkeit und so. Gib mir doch etwas Energie und positive Gedanken! Bitte!

Jona war Samstag total schlecht drauf, Beziehungsstress, you know?! Aber gestern hatten wir dann ein langes Gespräch und ich wurde sogar um Rat gefragt. Das war so schön! Das Highlight der letzten Tage sozusagen. Aber genauso ist es doch: Als Eltern können wir immer nur versuchen da zu sein, in Wartestellung sozusagen. Wir können Hilfe anbieten, müssen aber abwarten, bis das Kind kommt. Und wenn es dann kommt, ist es wichtig alles stehen und liegen zulassen und zuzuhören. Diesen wertvollen Moment bewusst wahrnehmen und Jonas Vertrauen genießen. Zuwendung, Vertrauen und Aufmerksamkeit einfordern funktioniert nicht.

Oft denke ich, du warst nur für mich auf der Erde, um mich vorzubereiten. Aber wofür? Dann müsste ja noch etwas vor mir liegen, damit alles einen Sinn ergibt. Vielleicht geht es auch einfach nur darum, anders zu leben?! Bewusster?! Sorgenfrei. Gelassen und unbeschwert, ohne die vielen, selbst gemachten Luxusprobleme. Mit dem Herzen wissen und leben … ohne unsere vielen offenkundigen oder verdrängten Ängste: die Furcht vor der Zukunft oder nicht genug Geld, Anerkennung oder Erfolg zu haben; die Angst, nicht gemocht zu werden, nicht dazuzugehören, nicht gut genug auszusehen; die Angst, sein Ansehen in der Gesellschaft zu verlieren oder dem Bild, das andere von uns haben, nicht gerecht zu werden; die Angst, von seinem Partner verlassen zu werden oder unsere tiefsitzende Furcht vor Krankheit und Tod … so viel belastende und teilweise unnötige Sorgen …
Was für eine Energieverschwendung! Vielleicht denken wir einfach zu viel, anstatt einfach zu leben?

Das Leben sorgenfrei genießen – das hätte ich nun gerne nochmal mit dir zusammen ausprobiert! Was war bloß los mit mir all die Jahre? Wieso war ich mental so gefangen in unsinnigen Zukunftsbefürchtungen?
Ich würde dich jetzt so gerne in den Arm nehmen. Okay, vielleicht will ich auch nur in den Arm genommen werden. Na gut, dann nehme ich mich eben selbst in den Arm … ausgeheult. Warst du der kurze Sonnenstrahl? Die hüpfende Amsel oder der moppelige Spatz auf dem Vogelhäuschen? Ahhh, du warst der Sonnenstrahl! Danke!

Die letzte persönliche Danksagung (von insgesamt fünfunddreißig) ist geschrieben. Alles, was die Trauerbewältigung betrifft, verstaue ich nun liebevoll im Schrank. Jona erträgt nichts mehr, was an deinen Tod erinnert. Volker, ich versuche dies nun als kleinen Abschluss zu sehen (mir fällt kein besseres Wort ein) und ein bisschen von dir loszulassen. Ich komme sonst nicht weiter. Es ist an der Zeit, meinen Kokon, meine Seifenblase in der ich seit sechs Wochen schwebe, zu verlassen und vorsichtig einen Fuß ins Leben zu setzten. In einer Woche möchte ich wieder zur Arbeit gehen. Habe ich Angst davor?
Weiß nicht. Denkst du die Erwartungshaltung ist, dass ich schon wieder normal funktionierte? Nicht mehr krankgeschrieben, also alles wieder in Ordnung? Glaube ich nicht, sondern freue mich auf meine Kollegen.
Während dieser ersten sechs Wochen erreichten mich viele Grüße, Nachrichten und Besuche von meinen Kollegen, die mir ungemein wichtig und hilfreich waren. Meine engsten Freunde

sind die ganze Zeit nahe bei mir und achten sehr auf mich. Dennoch ist mir das Gefühl, gerade bei der Arbeit nicht in Vergessenheit geraten zu sein, besonders wertvoll. Es ist schwer für jeden, der etwas mehr Abstand zu dem Trauernden hat, Kontakt zu suchen. Über alle Nachrichten, die immer zur richtigen Zeit, wenn ich besonders down war, bei mir eintrudelten, habe ich mich so unglaublich gefreut:

Hey, ich denke fast täglich an Dich, was Du wohl gerade machst, wie Du mit der Trauer umgehst, etc. … Ich würde gerne wissen, wie es Dir geht, finde es aber ziemlich unpassend die Frage: >>Wie geht es Dir?<< zu stellen…

Fühl Dich gedrückt und ganz liebe Grüße!

***

Hey, wollte nur kurz liebe Grüße loswerden. Hab eben an Dich gedacht!

Also: Liebe Grüße

***

Hey, hey, wollte mal kurz horchen, wie es Dir geht? Liebe Grüße!

PS: Arbeiten ohne Dich anrufen zu können nervt langsam …

***

Liebe Dana, wir sind in Gedanken jeden Tag bei Dir, weil Du uns unglaublich wichtig bist. Und die Welt dreht sich plötzlich langsamer, weil andere Dinge auf einmal eben nicht mehr wichtig sind. Ich, wir, stehen an deiner Seite.

Sinnsuche

Warum? Immer wieder dieselbe Frage, wie eine Plattennadel, die hängen geblieben ist: Warum?
Warum du?
Warum musste das so kommen?
Warum hast du mich verlassen, endgültig und unwiderruflich?
Warum hast du mich alleine zurückgelassen?
Gibt es einen verborgenen Sinn in dem Ganzen? Selbst eine Ahnung von einem höheren Sinn wäre ein Hoffnungsschimmer, wie ein Stern in finsterer Nacht. Eine Stimme in mir sagt, dass es ihn gibt diesen tieferen Sinn und dass etwas Gutes daraus entstehen wird … irgendwann. Sie sagt auch: >>Hab Vertrauen<< und: >>Steh auf, sei mutig und geh deinen Weg weiter. Dazu musst du kein Löwe sein, manchmal ist Mut auch nur die leise Stimme am Ende des Tages, die spricht: Morgen versuche ich es wieder.<<

Was ich rausgefunden habe, fühlt sich für den Anfang wahr an und es ist besser als nichts. In den ersten Tagen hat mich über die Maßen gequält, dass Du einfach so gegen einen Baum gefahren sein sollst. Ohne Fremdeinwirkung. Sinnbefreiter geht gar nicht. Aus Müdigkeit? Zehn Minuten nachdem du gestartet warst? Das hat sich so falsch angefühlt. Du warst oft erschöpft in letzter Zeit, hast aber immer gemerkt, wenn du zu müde warst zum Fahren und dann angehalten. Inzwischen bin ich mir sicher, dass du ein körperliches Problem hattest, vielleicht einen Herzinfarkt oder einen Schlaganfall? Du hast gemerkt, dass etwas nicht stimmt und wolltest anhalten, hast es

aber nicht mehr geschafft. Vieles deutet darauf hin. Ich glaube sogar, du hast dich (unbewusst bereits vor langer Zeit?) dazu entschieden, nicht zu Hause, vor Jonas und meinen Augen zu sterben. Das wolltest du – oder ein gnädiger Gott – uns nicht antun. Dafür bin ich unendlich dankbar!
So können wir dich mit diesem liebevollen, friedlichen Gesichtsausdruck in Erinnerung behalten, mit dem du an diesem tragischen Abend des 06. April noch bei uns warst und das Haus verlassen hast. So brauche ich mir nicht vorzuwerfen, etwas falsch gemacht zu haben, z.B. beim erste Hilfe leisten. Hätte Jona dich sterben sehen … das möchte ich mir keinesfalls vorstellen. Ich denke, da gibt es irgendetwas um uns herum, das dich wissen lassen hat, dass es Zeit war zu gehen und du hast dich für diese schnelle und schmerzfreie Variante entschieden. Und sogar noch dabei das Beste für Jona und mich gewählt. Ich belasse es zunächst dabei und versuche mit der Sinnsuche Frieden zu schließen.
Das Weinen ist stiller geworden. Die lauten, unberechenbaren Heulkrämpfe weniger. Ich bin immer wieder selbst erstaunt, wie gut ich unter Menschen die Haltung bewahre und meine Gefühlsausbrüche in die Einsamkeit verschieben kann. Ich halte jedes Gespräch durch und sobald ich die Tür hinter meinen Freunden und Besuchern schließe, bahnt sich die Tränenflut der Verzweiflung erbarmungslos ihren Weg. Ich versuche nicht vor Jona zu weinen, ob es richtig ist, weiß ich nicht.
An manchen Tagen oder Momenten kehrt sogar wieder ein Funken von Normalität, eine Spur von Lebendigkeit, in mir ein. Meistens sind es die Situationen, in denen ich früher auch alleine war, z.B. nachmittags, wenn du noch bei der Arbeit warst. Aber

sobald dieser Gedanke meinen Verstand erreicht, fühle ich mich auch schon schlecht. Warum eigentlich? Weil ich für einen Moment ausgeblendet habe, dass du tot bist? Ich glaube, meine einzige Chance ist, genau dies zu tun: meine Gedanken auf den jetzigen Moment auszurichten. Jeden Tag einfach nur zu sein. Ich stelle mir vor, ich hätte keine Vergangenheit, sondern nur diesen einen Tag zu leben. Manchmal funktioniert es und sogleich überkommt mich die Angst, Dich zu vergessen. Ich weiß, dass ist Quatsch, ich werde dich niemals vergessen. Aber im Moment ist nur dieses Trauma des Unfallabends und der ersten furchtbaren Tage in mir präsent. Die erste Nacht, die ich alleine weinend verbracht habe, ist eigentlich gar nicht das Schrecklichste. Da warst du mir irgendwie noch so nahe.
Ich sehne mich nach dem Tag, an dem ich bei jedem Gedanken an dich nur noch die vielen schönen Erinnerungen auftauchen. Am liebsten würde ich das nächste Jahr überspringen, hoffentlich wird es dann schon so sein. Oder in zwei Jahren?
Zu Jona sage ich immer, dass dich dort oben nichts glücklicher macht, als Jona lachen zu sehen und Spaß mit Freunden zu haben. Ich sage es voller Überzeugung und wünsche es Jona aus tiefstem Herzen, aber wenn ich es selbst versuche, fühle ich mich unendlich schlecht. Warum denkt ein Erwachsener, trauern bedeutet leiden?

Ich kann mir nicht vorstellen, wie mein erster Arbeitstag morgen wird. Mein Kopf ist leer. Aber das ist gut so, keine Erwartungen, keine Angst. Sechseinhalb Wochen sind inzwischen vergangen, es kommt mir aber nicht so vor: Der Unfallabend war gefühlt erst gestern, mein letzter Arbeitstag vielleicht vor zwei bis drei

Wochen, dich verloren zu haben scheint Monate her zu sein. Sechseinhalb Wochen ohne dich ist gefühlt eine Ewigkeit der Leere und Einsamkeit. Und weißt du, was das Schlimmste ist? Niemandem mehr wirklich wichtig zu sein. Niemand ist mehr da, der alles für mich tun würde oder der mir jeden Wunsch von den Augen abliest … der spürt wie es mir geht, bevor ich es ausspreche …

Das ist irgendwie noch nicht richtig formuliert. Nochmal anders: Das Schlimmste ist nicht, dass ich alleine bin oder dass ich vieles jetzt zusätzlich erledigen muss (und noch nicht einmal kann), was du früher getan hast - das Leben, den Alltag sozusagen alleine meistern muss. Schlimm ist, für niemanden mehr so richtig wichtig und wertvoll zu sein. Niemand mehr da, der sich wirklich und auf Dauer dafür interessiert, wie ich mich fühle. So wie du interessiert zuhörtest, wenn ich nach meinem langen Arbeitstag nach Hause kam und meine Erlebnisse erzählen konnte. Niemand mehr da, der mich einfach so mit seiner Aufmerksamkeit, einem Geschenk, mit Blumen, einer Idee oder einfach liebevollen Worten überrascht und mir eine Freude macht. Niemand mehr da, der blöde oder peinliche Situationen mit Humor rettet, damit es mir wieder gut geht.

Es ist niemand mehr da, der mir so tief in die Seele schaut und erkennt, wer ich wirklich bin - der mich sein lässt, wie ich bin und genau deshalb liebt … Und niemand mehr da, dem ich das Gleiche zurückgeben darf.

Es ist in Ordnung so viel zu weinen. Das Maß der Trauer spiegelt schließlich auch das Maß des Verlustes, die Größe meine Liebe zu dir. Die Trauer ist nicht nur Traurigkeit, sie ist auch eine

Suche. Oder eine Reise? Sie führt mich in mein tiefstes Innerstes, in meinen Seelengrund. Dort war es in den letzten Wochen leer, Festplatte gelöscht. Reset -> alles auf Anfang. Und aus dieser Leere heraus tauchen plötzlich Fragen auf:

Wer bin ich?

Wer bin ich, wenn ich niemand sein muss?

Warum fühle ich mich so allein und einsam?

Warum fällt es mir so schwer, ohne dich zu sein?

Was habe ich von dir gelernt?

Welche Botschaften hast du mir hinterlassen?

Du hast mir gezeigt, dass ich es wert bin, geliebt zu werden.

Du hast mir oft bewiesen, dass meine Sorgen und Ängste überflüssig waren und sind.

Ich habe von dir gelernt, dass ich jeden Menschen so nehmen sollte, wie er ist (echt jeden? Ob ich das schaffe?).

Du hast immer gegeben und geschenkt, ohne aufs Geld zu achten (obwohl es bei uns zeitweise knapp war), weil du gerne gegeben hast.

Du warst immer dafür, dass wir uns jetzt alles gönnen sollten, was wir uns leisten können und nicht weniger, nichts aufschieben.

Du warst hilfsbereit und sanftmütig.

Du bist in Krisensituationen und Streitgesprächen ruhig geblieben (je brisanter die Situation, desto ruhiger wurdest du).

Du hast immer das Beste und Leckerste abgegeben oder geteilt.

Du hast gerne und ohne zu jammern Arbeiten erledigt, die nun mal getan werden müssten (da muss ich aber noch viel üben).

Du hast Dinge gerne mal anders gemacht als sonst und spontan

etwas Neues ausprobiert (bei mir muss alles so sein, wie immer … wie langweilig). Nichts ist schlimm, es ist wie es ist, war deine Philosophie … Leichtigkeit (geht mir ja völlig ab).
Du hast dich selbst nie wichtig genommen und konntest über dich lachen.
Du hast selbstlos und hingebungsvoll geliebt.

Ich versuche, ganz viel davon auf meinem neuen Weg mitzunehmen.
Was ist mein neuer Weg?
Wo will ich hin?
Wer will ich sein?
Ich weiß es (noch) nicht.
Im Moment weiß ich nur, was ich nicht will: Ich will mich nicht mehr anpassen müssen. Wenn ich etwas nicht möchte, darf ich ab jetzt >>Nein danke!<< sagen. Ich treffe mich mit niemandem mehr nur aus Höflichkeit, manchmal passt es eben zwischenmenschlich nicht mehr und dazu kann ich auch stehen. Oberflächliches Geplänkel raubt mir wertvolle Energie; und Menschen, die nur über andere reden und ständig die Schwächen anderer be- und verurteilen, kann ich inzwischen überhaupt nicht mehr ertragen.
Selbst jetzt, in meiner bescheidenen Situation, denke ich noch zu oft, es jedem Recht machen zu müssen, anstatt auf mich selbst zu achten. Das will ich nicht mehr.
Da fällt mir noch was ein, das ich von dir lernen kann Volker: Das >>Danke, dass du fragst, aber nein!<< mit einem charmanten Lächeln verpacken. Bestimmt aber freundlich. Das kann ich (noch) nicht so gut. Getroffene Entscheidungen nicht mehr in

Frage stellen und mich nicht verunsichern lassen, das darf ich auch noch üben. Hey Volker, eigentlich warst du genial! Aber das wusste ich ja schon immer. Aber habe ich es dir auch gesagt? Zu selten.

Warum kann ich das alles denn nicht so wie du? Hab` dich immer dafür beneidet und dich gerne vorgeschoben und machen lassen. Dann halt jetzt. Ich bin vogelfrei. Ich darf >>Nein<< sagen, so oft ich will und alle müssen Verständnis haben. Trauernde haben dieses Recht in der Gesellschaft - warum nicht jeder? Sollte eigentlich die selbstverständlichste Sache der Welt sein: Umgib dich mit Menschen, die dir gut tun, bei denen du dich wohl und angenommen fühlst und die es wirklich ehrlich mit dir meinen. Menschen, bei denen du so sein kannst, wie du wirklich bist, ohne dich verstellen zu müssen. Die dich so akzeptieren, wie du bist, auch wenn ihr unterschiedlicher Meinung seid. Verabschiede dich mit einem Lächeln vom Rest. Sich auf Dauer zu verstellen und ständig die Erwartungen anderer zu erfüllen ist anstrengend und kostet viel zu viel Energie und Freude. Und doch ist das schwierigste am Ganzen, erst einmal zu erkennen, dass du es tust: dich anpassen und verstellen, um es anderen Recht zu machen … in der unbewussten Sehnsucht nach Anerkennung, Zugehörigkeit und Liebe …

Mach, was dir gut tut, du bist die wichtigste Person in deinem Leben. Achte auf dich selbst, aber nie auf Kosten anderer.

Wenn ich schon für niemanden wirklich wichtig bin, sollte ich wohl wenigstens mir selbst wichtig sein.

Ich weiß, das stimmt nicht. Natürlich bin ich Jona, meinen Eltern, meiner Schwester und ihrer Familie und meinen besten

Freunden sehr wichtig. Aber trotzdem können sie alle mir nicht das tiefe und innige Gefühl schenken, bedingungslos geliebt zu werden. So wie du es konntest. Das ist auch nicht ihre Aufgabe. Tja, dann muss ich wohl lernen, mich selbst zu lieben oder zumindest so anzunehmen, wie ich bin, mit all meinen Macken. Und herausfinden, was ich aus meinem Leben Sinnvolles machen möchte. Ich kann es noch nicht richtig greifen, aber tief in mir spüre ich, dass es wichtig ist, etwas in meinem Leben zu verändern oder etwas Besonderes aus meinem Leben zu machen … um deinem Tod einen Sinn zu geben.

Lichtblick

Der Himmel hat mir Hilfe geschickt! Acht Wochen bist du nicht mehr bei uns und es kommt mir vor wie Jahre. Aber jetzt weiß ich wenigstens, dass ich nicht spinne und du eben doch noch da bist. Endlich hat jemand ausgesprochen was ich die ganze Zeit tief in mir fühle. Seraphina, meine Kinesiologin, hat mir ganz selbstverständlich erklärt hat, dass mit dem Tod in unserer Welt, eine Geburt in einer anderen Welt einhergeht.

>>Ihr Mann durfte schon weitergehen.<<

Da sind sie, diese schönen, unglaublich tröstenden Worte.

Ich habe Seraphinas Praxis etwa sechs Monate vor Volkers Tod das erste Mal aufgesucht und war damals schon begeistert von ihren Heilerfolgen bei meinen und Jonas gesundheitlichen Beschwerden. Und nun lausche ich fasziniert ihren Worten über jenseitige Welten und Seelenreisen. Es gibt viele hellsichtige Menschen und auch Menschen mit Nahtoderlebnissen, die darüber berichten:

Jede Seele begibt sich ins irdische Leben, um ihre emotionalen Lernaufgaben zu bewältigen und kehrt anschließend zu ihrem Ursprung zurück. Sie tut dies so oft, in sehr vielen verschiedenen Leben, bis sie alle erdenklichen Erfahrungen gesammelt hat, die die Gefühlswelt zu bieten hat. Der Ursprung allen Seins ist die reine Liebe. Aber wie kann die Seele wissen, wie wunderbar die reine Liebe sich anfühlt, wenn sie nicht das Gegenteil kennt? Der Sinn unserer Seelenreise auf die Erde - dem Ort der Dualität - besteht also darin, die Emotionalität in allen Fassetten und Polaritäten zu erfahren, um sich (früher oder später) freiwillig für die Liebe, unseren Seelenursprung, zu entscheiden.
Liebe und Mitgefühl zu leben und zu sein in jedem Gedanken und jeder Handlung - jedem Lebewesen (auch uns selbst) gegenüber - ist das höchste Ziel des irdischen Seins.

Kaum sind wir geboren, merken wir, dass es nicht ausreicht, einfach zu sein, um geliebt zu werden und fühlen uns irgendwie falsch. Daher erschaffen wir uns unbewusst ein Gefängnis aus Ängsten und Schutzstrategien (unser Ego), um uns für das Leben zu wappnen und die Jagd nach Liebe, Glück, Zugehörigkeit, Anerkennung, Wertschätzung, Erfolg, Reichtum, Sicherheit und Stabilität beginnt. Und egal, was wir erreichen, wir sind trotzdem auf Dauer nicht glücklich.
Wieso nicht?
Weil uns das Wesentliche verborgen ist: die Gewissheit, absolut liebenswert und vollkommen zu sein, so wie wir sind, mit allen Stärken UND Schwächen. Kaum sind wir geboren, vergessen wir auch schon, wie sie sich anfühlt, die reine Liebe. Keiner wird geliebt, ohne etwas dafür tun zu müssen (z.B. artig, fleißig,

schlau, leistungsstark, schön, angepasst, vorzeigbar oder still sein ...).
Daher ist es die unbewusste Intension einer jeden Seele, in jeder Inkarnation, ihr wahres Selbst wiederzufinden.
Man könnte jedes Erdenleben auch mit einem Schuljahr vergleichen, wobei manche Schüler eben länger brauchen, um die Schule abzuschließen als andere.
Volkers Seele ist bereits zu seinem Ursprung, der geistigen, lichtvollen Welt, zurückgekehrt. Das Gute ist, diese Welt existiert nicht an einem anderen Ort, sondern in Form einer höheren Schwingung, also parallel zu unserem irdischen Dasein. Daher ist es tatsächlich möglich, dass ich Volker spüre und wir eine geistige Verbindung haben!
Ferner existiert das tiefe Wissen um einen göttlichen Plan. Wenn die Seele also ihre geplante Lernerfahrung für dieses Leben absolviert hat, wechselt sie ins Jenseits und das individuelle, irdische Leben ist sozusagen >>nach Seelenplan<< verlaufen.
Wir werden uns in diesem Leben nicht mehr sehen, weil wir nun in unterschiedlichen Dimensionen leben, damit muss ich mich abfinden. Dennoch ist Volker noch irgendwo >>da draußen<< und ich klammere mich an die Hoffnung, dass er somit noch erreichbar für mich ist und ich Antworten bekomme.
Außerdem beginne ich zu grübeln: Was soll denn das für ein Plan sein, in dem es einen Sinn hat, so früh und plötzlich zu sterben? Hatte Volker seine Lernaufgaben erfüllt? Ist er >>planmäßig<< gegangen? Geht es ihm gut?
Ich möchte so gerne glauben, bin aber leider grundlegend skeptisch veranlagt. Von Beruf Bankangestellte und seit Jahren als Unternehmensanalystin tätig, bin ich ein absoluter

Kopfmensch, der alles wissen, analysieren und verstehen muss. Nach meinen ersten Terminen bei Seraphina im letzten Jahr, las ich interessiert Lehrbücher über Psycho-Kinesiologie, Bach-Blütentherapie und vieles mehr, weil ich diese faszinierenden, mit Logik nicht nachzuvollziehenden, phänomenalen Heilerfolge begreifen wollte. So bin ich halt – eine Analystin eben.

>>Kannst du mir eventuell Bücher empfehlen? Wo kann ich das alles nachlesen?<<, frage ich Seraphina, >>Glauben reicht mir nicht, ich muss wissen.<<

Du bist überall dort, wo auch ich bin

Die Macht der Gedanken

Hey Volker, siehst du was ich schon alles kann?! Den Haushalt alleine schmeißen, Rasen mähen, Ölwechsel, Luft aufpumpen (Rennrad acht Baar, Mountainbike vier Baar), Abflüsse enthaaren (und entgegen deiner Prophezeiung haben Jona und ich immer noch Haare auf dem Kopf!), Backofen reinigen (stimmt schon, dass du immer das Doofe machen musstest …), Drucker reparieren, Patronen bestellen und so vieles mehr …
Jona macht jetzt den Führerschein und wir haben schon heimlich das Fahren geübt. Das hättest du sonst gemacht, in aller Seelenruhe natürlich, nicht so hektisch wie ich. Nächstes Wochenende fahre ich nach Berlin. Na gut, das zählt nicht, ich traue mich nicht mit dem Auto zu fahren und das Bahnticket hat meine Freundin mir gebucht.
Höchst erstaunt nehme ich zur Kenntnis, dass meine chronischen Ängste sich in Grenzen halten, selbst wenn Jona samstagsnachts auf Partytour geht. Das ist doch paradox! Früher konnte ich kein Auge zutun, bevor ihr beide zuhause wart, nun schlafe ich fest, bis ich nachts von Jonas Anruf geweckt werde. Früher hast du dich dann nachts immer aus dem Bett gequält, weil ich sonst weder vorm noch nach dem Abholen schlafen konnte. Naja, gequält hast du dich nicht, es hat dich nicht gestört, das weiß ich.

Das Schicksal hat mir eine wichtige Erkenntnis offenbart: Das Leben lässt sich nicht kontrollieren, da nützen auch keine Sorgen. Im Gegenteil, Sorgen bringen genau das, was ich mir nicht wünsche, da sie die Energie auf das Falsche, das Destruktive lenken. Ängste werden zu einer sich selbst erfüllenden Prophezeiung, zu genau dem, was ich gerne vermeiden möchte. Dann konzentriere ich mich doch lieber auf positive Gedanken und manifestiere etwas Schönes!

Tragödie, Drama, Unglück, Schmerz … das ist meine negative und traurige Wertung - weil ich mich verlassen fühle. Zurück gelassen … Einsam ohne dich. Aber du bist die Sonne, die in unserer Welt untergegangen und gleichzeitig in einer anderen Dimension aufgegangen ist und nun dort strahlt.
Ich empfinde den Tod als etwas grausames, für dich bedeutet er die Geburt auf einer anderen Ebene. Du scheinst dort heller denn je, denn deine Seele ist bereichert um die Erfahrungen deines letzten Lebens. Das Leben mit mir und Jona, also trägst du nun viele schöne, gemeinsame, glückliche Erfahrungen in dir und deiner Seele.
Traurige Erlebnisse musstet du leider auch verkraften: Als dein Vater starb, warst du im gleichen Alter wie Jona heute. Und deine geliebte Schwester ist vor drei Jahren genauso plötzlich und unerwartet gegangen wie du. Vielleicht haben genau diese Erfahrungen dir diesen weisen Blick aufs Leben gegeben. Oder du warst bereits eine alte Seele als du geboren wurdest.

Es fühlt sich gerade so an, als hättest du nur für Jona und mich gelebt. Um uns diese besondere Erfahrung der Liebe in diesem

Leben zu schenken und uns vorzubereiten. Aber worauf?

Ist dein Tod ein Teil von etwas Größerem? Ich weiß nicht, woher diese Gedanken kommen, aber sie schleichen sich immer wieder in mein Bewusstsein …
Du fehlst mir und ich vermisse dich so sehr! Kannst du mir nicht vielleicht doch ein klitzekleines Zeichen geben?
Die Tage, an denen ich erst abends von der Arbeit komme, sind die schlimmsten und eigentlich hatte ich mir vorgenommen und mit meiner Chefin abgesprochen, rechtzeitig Feierabend zu machen. Wieder nicht geklappt und nun sitze ich hier in der Küche und trinke meinen Kaffee weinend alleine. Das Erzählen und unser täglicher Gedankenaustausch fehlen mir am meisten.
Es ist megastürmisch draußen, voll dein Rennradwetter, siehst du?! Da traut sich sonst kein Mensch raus, aber du hast die Naturgewalten geliebt. Ich beobachte die Bäume, wie sie sich geschmeidig im Wind biegen mit ihren waagerecht treibenden Ästen und stell mir vor, wie du jetzt abgekämpft aber glücklich reinkommst und sagst: >>Boah, war das gut!<<
Eine Radtour im Sturm, ein intensivstes Spüren und Sich-verbinden mit der Natur.
Ich würde dir jetzt gerne erzählen, dass ich einen guten Arbeitstag hatte … dann schreibe ich es eben. Mein Plan, mich arbeitstechnisch positiv zu konditionieren, funktioniert.
Ich affirmiere jeden Morgen: *Ich liebe meine Arbeit. Ich schaffe meine Arbeit in der mir zur Verfügung stehenden Zeit. Ich bin jeder Situation gewachsen und finde für jedes Problem eine Lösung.*
Ich erschaffe mir ein stressfreies Leben. Ich strahle Akzeptanz und positive Energie aus.

Jedenfalls bin ich in meinem Job so entspannt wie nie, trotz meines anstehenden Sommerurlaubes, das hat es noch nie gegeben. Zum Glück habe ich die Arbeit mit deutlich weniger Überstunden geschafft als sonst, denn ich brauche jede Minute zu Hause. Vielleicht war es ja kein Glück, sondern meine neue, bewusste Gedankenmacht?

Dennoch wird mir immer klarer, dass freundlich >>Nein sagen<<, wohl eine meiner Lernaufgaben ist, sowohl im Beruf als auch zu Hause.

Ich muss unbedingt mit Mama und Papa sprechen, ich merke, dass ich mich kontrolliert fühle und unterschwellige Vorwürfe wie >>Nie bist du zu Hause. Wo warst du denn? Wann bist du wieder da? Was machst du morgen?<< mir das Leben unnötig schwer machen.

Entschuldigung, dass ich arbeite, alle Besorgungen nun alleine mache, Jona überall hin kutschiere und vielleicht auch mal Sport machen möchte … oder auch nur alleine sein und weinen möchte. Oder einfach nur weg will! Weil mein Haus kein geschützter Raum mehr ist und weil ich es ohne die Anwesenheit deiner liebevollen Wärme nicht ertrage. Ich habe keine Zuflucht mehr, da ich immer damit rechnen muss, dass jemand durchs Fenster guckt oder einfach hinter mir steht. Ich fühle mich erdrückt. Du warst mein Zuhause und mein Schutz … ich fühle mich heimatlos ohne dich …

Warum fällt es mir bloß so schwer, mit Mama und Papa zu reden? Ich möchte sie nicht verletzen, aber ich muss Grenzen setzen, sonst raste ich bald aus. Wie habe ich es nur geschafft, mich so viele Jahre durchs Leben zu schummeln, ohne für meine Rechte und Wünsche einzutreten?

Ja, ich weiß … war immer so bequem, dich vorzuschieben.
Ich glaube, dass ist das berühmte Ego, von dem ich immer wieder lese. Das Ego ist immer im Spiel, wenn zwischenmenschliche Begegnungen oder Konfrontationen negative Gefühle in mir auslösen: Immer wenn mich etwas reizt, stresst, verunsichert, ängstigt, verletzt, wütend oder traurig macht … eigentlich alles, was weh tut oder dazu führt, dass ich mich klein, minderwertig, abgelehnt, ohnmächtig, unwichtig, ignoriert, alleine gelassen oder einfach nicht richtig fühle …
Ich glaube, jeder Mensch besteht tiefgehend betrachtet aus drei Persönlichkeiten:
Die erste Persönlichkeit ist das Bild, das er von sich selbst hat: Wer bin ich? Was kann ich? Was bin ich wert? Wie wirke ich auf andere? Was denken andere über mich? Wie fühle ich mich? Wie schätze ich mich selbst ein?
Entstanden ist diese, tief im Unterbewusstsein verankerte Überzeugung in unserer frühsten Kindheit, durch unsere eigene Interpretation emotional erlebter Erfahrungen – mit dem Verstand und Empfinden eines Kindes wohlgemerkt!
Wer ehrlich zu sich ist, weiß bereits um seine tiefsitzende Sorge, nicht richtig oder gut genug zu sein, die doch in jedem von uns steckt, wenn auch unterschiedlich stark ausgeprägt. Daher erschaffen wir uns eine zweite Persönlichkeit: Das (Schein-) Bild von uns, das wir der Außenwelt bewusst und auch unbewusst präsentieren: Wie verhalte ich mich, um gemocht und geliebt zu werden, um besser oder gut genug dazustehen, um Anerkennung und Wertschätzung zu bekommen, um dazuzugehören, um ein angesehener Teil der Gesellschaft zu sein und zu bleiben, um keinesfalls ausgeschlossen, abgelehnt

oder verlassen zu werden?
Das Ego versucht, unsere im ersten Selbstbild steckenden, meist unbewussten Ängste und unsere Unsicherheit zu überspielen und jeder Verletzungsgefahr aus dem Weg zu gehen, und formt somit unsere gesellschaftliche Maske, eine angepasste Rolle, die wir spielen. Das Ego tut stets so, als würde es uns schützen, aber in Wirklichkeit hält es uns nur davon ab, unsere dritte und wahrhaftige Persönlichkeit in unserem tiefsten Inneren zu erspüren: unser wahres Selbst, das hinter der oberflächlichen, äußeren Fassade verborgen liegt und alles in Frage stellt, sobald es erwacht ist:
Wer bin ich wirklich?
Was fühle ich wirklich, ganz tief in mir drin?
Wie bin ich, wenn ich mich entscheide, völlig frei von Angst und der Meinung anderer zu sein und zu handeln?
Warum bin ich hier?
Es gibt nur einen einzigen Weg, dieses ursprüngliche, wahre Selbst zu entdecken: indem wir unsere ins Unterbewusstsein verdrängten Ängste, unsere Wut, Sehnsüchte, Erwartungen und Abhängigkeiten – unsere Schattenthemen – anschauen, den Mut haben, uns ihnen zu stellen und aus alten Mustern auszubrechen. Denn die Wirklichkeit, unser wahres Selbst, liegt im Verborgenen, unter bzw. hinter unserem Schattendasein.
Sich aus dem selbst geschaffenen Gefängnis des Egos und der Angst zu befreien, ist schwerer, als man denkt! Es gibt viel zu lernen …

Kurze Auszeit von der Trauer

Der Zeeland-Urlaub, im südlichen Teil der Niederlande, mit Emmi war die richtige Entscheidung. Es hat mir gut getan. Nur schade, dass Jona nicht mit wollte, aber das Auskosten einer sturmfreien Bude war reizvoller.

Wir sind im Urlaub stundenlang barfuß am Strand entlang gegangen. Das Rauschen und Schlagen der Wellen hat diese magische Kraft, alle belastenden Gedanken fortzuspülen und das Geschehene für eine Weile loslassen zu können. Diese Auszeit am Meer hat mir Momente des tiefen, inneren Friedens geschenkt. Vielleicht ist das schon das Geheimnis: Wenn ich es schaffe, mit meinen Gedanken im Jetzt, im gegenwärtigen Augenblick zu verweilen, finde ich meinen inneren Frieden, das sehnlichst erhoffte Gefühl der Ruhe und Zufriedenheit. Ich will nicht mehr ständig mental und emotional in der Vergangenheit hängen und Dinge, die nicht mehr zu ändern sind, bereuen und darunter leiden, oder mir um Zukünftiges Sorgen machen. Ich stelle mir einfach vor, dass nur die Gegenwart existiert – jetzt und hier am Meer ist es ganz leicht. Ich möchte lernen, mein Bewusstsein auch im Alltag auf den gegenwärtigen Augenblick zu fokussieren.

Seit Jahren habe ich nicht mehr so viele Postkarten an Freunde geschrieben wie in diesem Kurzurlaub, ich möchte bewusster sein als früher und durch kleine Aufmerksamkeiten Menschen zeigen, dass sie mir wichtig sind; nicht immer alles Gute als selbstverständlich hinnehmen, sondern etwas von dem zurückgeben, was ich bekommen habe.

Und du wirst es nicht glauben (ach, du hast es ja gesehen und bestimmt gefeixt), wir haben doch tatsächlich im Hafen von Vlissingen Akkordeon gespielt! Jawohl, wir sind extra mit dem Auto in den Urlaub gefahren, damit die dämlichen Akkordeons mitkönnen. Ich dachte, ich sterbe … aber damit habe ich wohl Emmis größten Herzenswunsch erfüllt, alleine hat sie sich nämlich nicht getraut. War eigentlich gar nicht sooo schlimm, wir hätten nur etwas mehr üben müssen. Zwanzig Jahre nicht gespielt, das macht sich bemerkbar: schiefe Töne sind doch total egal! Hauptsache wir hatten unseren Spaß. Da ist es wieder das Ego: Wieso hat mich dieser verrückte, öffentliche Auftritt im Vorfeld denn so gestresst? Wieso nehme ich immer alles so ernst?

Das magische Buch

Gestern war unser Triathlon in Wolfsburg: Hey, ich war bombastisch gut! Beim Radfahren warst du eindeutig bei mir und hast mir deine Kraft gegeben, eine so gute Zeit hatte ich noch nie und das ohne Training! Meine Gesamtzeit lag nur anderthalb Minuten hinter der Bestzeit meines Lebens, und das ist immerhin neun Jahre her, und was haben wir damals trainiert … als wir noch jung und fit waren. Ist doch echt verrückt, oder?! Bin eigentlich nur gestartet, weil du uns noch gemeinsam angemeldet hattest - nach … sechs Jahren Triathlon-Pause. Beim Laufen hattest du wohl keine Lust mehr, was?! Oder lag es an deinem kaputten Knie?
Naja, irgendwie wollte ich es uns wohl nochmal beweisen und das hab ich auch. Es war schön, mit Emmi zusammen zu starten

und Carina ist extra zum Zuschauen und Anfeuern gekommen, da habe ich mich echt gefreut.
Wieder zu Hause hat sich meine Euphorie, die sonst nach einem Wettkampf wochenlang anhielt, dann leider abrupt in tiefste Traurigkeit verwandelt. Ich habe mir vorgestellt, wie deine Augen vor stolz gefunkelt hätten, aber du warst nun mal nicht da und sonst auch niemand, um mir anerkennende und bewundernde Blicke und Worte zu schenken und mich liebevoll in den Arm zu nehmen.
Der Sport war unser schönes, gemeinsames Hobby, aber allein macht es nicht so viel Spaß. Trotzdem bin ich froh, dass ich es jetzt habe, um mich zu beschäftigen. Mit Sicherheit hättest du dein Knie irgendwann operieren lassen und dann, spätestens als Rentner, einen Ironman-Triathlon nach dem anderen absolvierst. Völlig entspannt, ohne verbissen auf die Zeit zu achten. Genauso wie du deine Wettkämpfe und den Sport seit Jahren genossen hast, aus reiner Freude und zum Stressabbau. Ich brauche ja immer etwas Routine und wenn ich mal aus dem Tritt komme, kann ich mich nur schwer wieder aufraffen. Aber du nicht. Du konntest immer die Augenblicke so genießen, wie sie kamen und wenn keine Zeit und Gelegenheit war, hast du auch nicht gejammert. Da fällt mir doch gerade auf: Tatsächlich konntest du deine Aufmerksamkeit recht gut auf den gegenwärtigen Augenblick und das Positive ausrichten.

Oh, gerade kommt eine WhatsApp rein: Mein lieber Arbeitskollege Chris fragt, wie der Triathlon war! Das ist ja nett. Na das warst doch du, Volker, und hast mir ein bisschen Aufmerksamkeit aus dem Jenseits geschickt?! Danke dir!

Ich habe übrigens angefangen, Ein Kurs in Wundern zu lesen. Etwas anstrengend, ich verstehe nicht alles, aber immerhin etwas. Die erste, die mir von diesem Buch erzählte war Marianne, meine frühere Mallehrerin, die mir damals diesen berührenden und tiefsinnigen Kondolenz-Brief geschrieben hat. Sie verfügt über ein umfassendes, erlesenes Wissen sowie einen großen Schatz an Lebenserfahrung und ist der einzige spirituelle Mensch, der mir in meinem bisherigen Leben über den Weg gelaufen ist, daher fragte ich sie bei meinem letzten Besuch, zu welchem Glauben sie denn heute gefunden habe. Das sei nach jahrzehntelanger Suche die reine Christuslehre, zu der sie über den Kurs in Wundern gefunden habe, antwortete sie. Ich nahm das dicke, blaue Buch mit seinen pergamentdünnen Seiten in die Hand und blätterte ein wenig darin. >>Klingt alles sehr biblisch. Das ist nichts für mich<<, dachte ich damals. Aber es war echt verrückt, noch nie hatte ich von dem Kurs in Wundern gehört und dann stolperte ich gleich dreimal hintereinander innerhalb sehr kurzer Zeit zufällig über dieses Werk. Das machte mich dann doch stutzig. Als ich später zu Seraphina sagte: >>Vielleicht ist das ein Zeichen und ich soll mich mit diesem Buch beschäftigen?<<, antwortete sie: >>Es kommt mir so vor, als wenn jemand hinter dir steht und kräftig nickt.<<
Na dann werde ich mal loslegen.

Zeitsprung

Januar 2017: Brief an einen ehemaligen Arbeitskollegen, den ich das letzte Mal vor Jahren gesehen habe:

Lieber Frank,
wir sind uns vor vielen Jahren in der Bank über den Weg gelaufen, huhu ich bin`s: Dana … erinnerst Du Dich??
Tanja hat mir von Dir und deinem Schicksal erzählt. Seitdem Du das zweite und auch dritte Mal zufällig in unseren Gesprächen aufgetaucht bist, habe ich das starke Gefühl, Dir schreiben zu dürfen. Ich wusste nicht sofort was, nur das.
Die letzten Monate haben mich zum einen gelehrt, dass es keine Zufälle gibt, und zum anderen habe ich eine sehr starke Intuition entwickelt, der ich immer mehr vertraue und folge. Wenn mir ein intensiver Gedanke kommt - wie verrückt auch immer - versuche ich ihn auch umzusetzen. Naja, je verrückter (und das hier ist ziemlich verrückt), desto mehr Zufälle und Hinweise bedarf es. Die kamen in Deinem Fall auch, also traue ich mich einfach mal. Auch Betti, eine weitere gemeinsame Freundin, hat zufällig deine schwere Erkrankung erwähnt. Sie sagte zu mir, die zwei schlimmsten Dinge, die einem im Leben zustoßen könnten, wären wohl: einen seiner Liebsten zu verlieren oder eine unheilbare Krankheit zu haben. Und hier liegt unsere Verbundenheit:
Mein Ehemann Volker ist im April des vergangenen Jahres ganz plötzlich bei einem Verkehrsunfall tödlich verunglückt.
Das war der Beginn meiner Suche nach Antworten und nach dem Verstehen des Todes oder besser dem Sinn des Lebens. Es war der Anfang meiner Reise durch Unmengen metaphysischer Literatur, Bücher über Nahtoderfahrungen, Berichte von medialen Menschen usw.
Was ich dort erfahren habe, ist fern jener Welt, die ich vierzig Jahre lang kannte, aber unbedingt vereinbar mit allem, was ich in den letzten neun Monaten erlebt habe.

Meine neue Überzeugung ist, dass eine Seele immer wieder ins irdische Leben inkarniert, um bestimmte Lektionen auf der Erde zu erfahren - und um lieben zu lernen, vor allem sich selbst. Und erst, wenn eine Seele alle Emotionen der Dualität und Polarität durchlebt hat und diese Erfahrungen mit Liebe annimmt, ist sie vollständig und kehrt zu ihrem Ursprung zurück bzw. verbleibt in der lichtvollen Welt, ihrer Heimat.

Das irdische Leben ist sozusagen nur eine Schule. Und was wir in diesem Leben (in diesem Schuljahr) lernen möchten, haben wir – unsere Seele – schon vor unserer Geburt entschieden.

Ich habe mich anscheinend dazu entschieden, mich in diesem Leben meinen tiefsten Trennungs- und Verlustängsten zu stellen; manchmal fühle ich mich so alleine und einsam wie der einzige Mensch im Universum. Vielleicht ist es meine Lernaufgabe, die Wahrheit zu finden und das Leben - inklusive mich selbst - lieben zu lernen … und meine Erfahrungen zu teilen.

Ich bin erst am Anfang des Erkennens und Verstehens, aber ich zweifele nicht mehr an der Existenz einer anderen, wahrhaftigeren Welt auf einer höheren Schwingungsebene, und das wir von dort liebevoll geführt und begleitet werden.

Selbst in den sehr glücklichen Jahren mit Volker und natürlich mit unserem Kind Jona war ich leider unbewusst viel zu oft in meinen Ängsten gefangen, um das Leben einfach genießen zu können.

Paradoxerweise gelingt es mir heute viel besser, eine innere Gelassenheit zu erreichen und manchmal schon den Hauch der Freude zu empfinden. Vielleicht weil ich erfahren habe, dass das Leben nicht kontrollierbar ist - weder der Verlust eines geliebten

Menschen noch die Diagnose einer schweren Krankheit oder andere Schicksalsschläge. Der Tod kann nicht rückgängig gemacht werden, aber ein Weckruf für die Hinterbliebenen sein. Eine Krankheit kann ein Weckruf der eigenen Geist-Seele sein, die um Heilung bittet. Wir können unsere Wahrnehmung und unsere Überzeugungen jederzeit ändern und über unsere Gedanken- und Gefühlswelt unseren Körper und damit auch unseren Gesundheitszustand beeinflussen.

Es gibt Angst oder die Liebe, das eine schließt das andere aus, genauso wie es nur das Licht oder die Dunkelheit geben kann. Alles, was nicht Liebe ist, ist somit ein Aspekt der Angst.

Es gibt die Welt, die wir glauben zu kennen, solange wir unbewusst sind, oder wir erschaffen bewusst und aus der Liebe heraus unsere eigene Wirklichkeit.

Ich bin ungefähr drei Monate nach Volkers Tod zufällig auf ein spirituelles Werk gestoßen, das ich Dir ans Herz legen möchte. Es heißt >>Ein Kurs in Wundern<< und ist eines der bedeutendsten geistigen Lehrwerke unserer Zeit.

Der Inhalt des Buches wurde der Autorin auf dem Wege des Channelns von Jesus Christus übermittelt. Es besteht aus drei Teilen:

Das Textbuch – Lehrbuch – stellt die theoretischen Grundlagen des Denksystems des Kurses dar. Ich habe nicht immer alles verstanden, trotzdem hatte ich den Drang, es schnell zu Ende zu lesen … es hat mich immer wieder gerufen. Vielleicht sollte ich an dieser Stelle erwähnen, dass ich nie etwas mit Kirche und Religion am Hut hatte. Ich fand es romantisch, kirchlich zu heiraten und bin früher nur zu Weihnachten in die Kirche gegangen. Ich habe nicht einmal mit meinem Kind gebetet.

Jetzt bin ich gerade im zweiten Teil, im Übungsbuch, der praktischen Umsetzung: Der Leser beschäftigt sich jeden Tag mit einem neuen, kurzen Text, es gibt Lektionen für insgesamt dreihundertfünfundsechzig Tage. Daher dauert das Studium des Gesamtwerkes auch mindestens einundeinhalb Jahre. Diese Tageslektionen sind gut verständlich geschrieben und sehr interessant und erleuchtend, wie ich finde.
Der Dritte Teil ist das Handbuch für Lehrer, aber soweit bin ich noch nicht.
Für mich ist es ein magisches Buch, ich befinde mich noch mitten im Studium und komme mir ständig vor wie in >>Der unendlichen Geschichte<< von Michael Ende. Es passieren mir Dinge, die genau zu den morgens gelesenen Textstellen passen. Oder ich gerate in Situationen oder Konflikte, die ich bitte im Sinne des Kurses lösen möge, nach dem Motto: >>Mal schauen, ob sie es geschnallt hat ...<<
Und ich habe ab und zu plötzliche tief gefühlte Erkenntnisse, Eingebungen, Ahnungen oder Geistesblitze, die mich gelegentlich und nach und nach einen Teil des Großen und Ganzen verstehen - oder verrückte Briefe schreiben - lassen.
Das Buch verändert mich.
Ich konnte bereits unheimlich viel Trauer loslassen und vergeben, vor allem mir selbst.
Und ich habe durch das Gelesene und Erfahrene zumindest inzwischen eine Vorstellung, wie das Leben und vielleicht auch Wunderheilungen funktionieren. Ich bin mir sicher, dass es sie gibt. Der Kurs sagt:

Nichts Wirkliches kann bedroht werden.

Nichts Unwirkliches existiert.
Krankheit ist eine Abwehr gegen die Wahrheit. (ÜB, Lektion 136). Niemand kann heilen, es sei denn, er versteht, welchen Sinn und Zweck die Krankheit zu dienen scheint. Denn dann versteht er ebenfalls, dass ihr Sinn und Zweck keine Bedeutung hat. Da sie ursachenlos ist und keinerlei bedeutungsvolle Absicht hat, kann sie überhaupt nicht sein. Wenn dies gesehen wird, erfolgt die Heilung automatisch. Sie löst diese bedeutungslose Illusion durch den gleichen Ansatz auf, der sie alle zur Wahrheit trägt und sie einfach dort lässt, um zu vergehen.
Oder einfach gesagt: Wir sind eine Geist-Seele, die in einem Körper wohnt. Wir sind nicht der Körper. Der Körper dient der Seele als eine Art Gefäß und ist materiell. Die Geist-Seele aber ist Energie und Ewigkeit. Gedanken sind schöpferisch und können somit die Materie und alles um uns herum beeinflussen. Krankheit ist unwirklich, eine Illusion, vom falschen Denksystem des Ego-Verstandes erschaffen, das auf Angst, Mangel, Verlust und Trennung beruht. Wenn wir verstehen, dass wir selbst, also unsere falschen, stresserzeugenden Gedanken und hohen Anforderung unseres Egos an uns selbst, die Ursache unserer Krankheit sind, erfolgt Heilung. Es sein denn, eine unheilbare Krankheit oder ein anderes schweres Schicksal oder Traumata ist in unserem Seelenplan so angelegt und bereits auf höchster Ebene entschieden. Die Seele selbst hat sich dafür entschieden, bereits vor ihrer Inkarnation, weil es einem höheren Sinn dient, den unser irdischer Verstand nicht (be-)greifen kann.
Vielleicht ist dieses besondere Buch auch dir eine Hilfe, wenn ja, wirst du es wissen. Dann empfiehlt es sich vorab als Einstieg die >>Betrachtungen über Ein Kurs in Wundern<< von Kenneth Wapnick zu lesen.

Was mir ebenfalls seit einigen Wochen enorm hilft, ist Reiki, eine Methode zur Aktivierung universeller Lebensenergie. Ich habe Mitte November 2016 die Einweihung in den ersten Reiki-Grad absolviert und gebe mir seitdem täglich selbst Reiki, und inzwischen vielen meiner Freunde und meiner Familie.
Tja, das war es, was ich Dir, glaube ich, übermitteln sollte und ich hoffe, Du kannst etwas damit anfangen.
Ganz herzliche und segensreiche Grüße - deine Dana

Nur wenige Tage später erhalte ich eine Antwort, hier ein Teilausschnitt:
>>Ich habe nach meiner Erkrankung Dinge in meinem Leben geändert, die mir gut taten. Durch diese positiven persönlichen Veränderungen bekam ich den Blick dafür, wie sehr Krisen Chancen sein können; wie wir ein erfüllteres Leben haben, wenn wir uns stärker daran orientieren, was uns die Natur vorgibt. Ich glaube inzwischen tief an eine göttliche Kraft, die in uns ist und uns umgibt. Die uns leitet, wenn wir nur darauf hören. Die uns Begegnungen schenkt und so uns Menschen einander zu Engeln werden lässt, wie du es ähnlich empfindest.<<
Wunderbare wahre Worte!

Ich höre dich!

Heute ist mir etwas so Phantastisches passiert, dass keine Worte ausreichen, um es zu beschreiben.

Das Wunder besuchte mich an diesem sonnigen Tag beim Schwimmen in unserem idyllischen Freibad. Ich schwimme sehr gerne. Regelmäßig hilft es mir zu entspannen und meinen Druck im Kopf nach einem anstrengenden Arbeitstag aufzulösen. Bereits in dem magischen Moment des Eintauchens ins Wasser nach dem Kopfsprung wird jeglicher mentaler Ballast hinfort gespült.

Ich schwimme also heute vor mich hin, fühle mich leicht und getragen, im oder eher unter Wasser, und losgelöst von der Welt und den Geräuschen. Ich lausche meiner inneren Stimme beim Formulieren positiver Gedanken à la Louise Hay und des Kurses in Wundern. Mehr existiert nicht in diesem Moment, nur das Wasser und ich und meine Affirmationen:

Ich vertraue darauf, dass sich die Dinge zu meinem Besten entwickeln. Das Universum liebt und unterstützt mich. In bin behütet und beschützt. Ich höre auf meine Intuition und weiß, was für mich wahr ist. Alles was ich wissen muss, wird mir offenbart. Ich lasse die Vergangenheit los und bin bereit zu vergeben. Ich teile, was und wer ich bin mit anderen Menschen, denn ich weiß, dass wir im Geiste alle eins sind. Ich schwimme im Fluss des Lebens …

Und da sind sie auf einmal: Gedanken, die ich nicht auswendig gelernt habe, die aber dennoch durch mich hindurch fließen! Ehrfürchtig lausche ich dieser inneren Stimme:

>>Ich liebe dich! Es tut mir so leid! Ihr macht alles so gut! Ich bin

so stolz auf euch! Ich danke dir für alles und die schöne Zeit! Du kannst mich loslassen! Geh weiter!<<

Gleichzeitig denke ich paradoxerweise: >>Wie blöd, dass ich gerade schwimme, sonst könnte ich mitschreiben.<< Da war noch viel mehr, aber sobald ich im Auto sitze, muss ich mich sehr anstrengen, um das gerade Gehörte zu rekonstruieren.

>>Hätte ich mir das ausgedacht, müsste es doch sofort wieder abrufbar sein<<, versichere ich mir selbst, denn das gerade Erlebte erscheint mir so unglaublich.

>>Das was du beschreibst, wird als Channeling bezeichnet. Du hast Botschaften von Volker empfangen. Sie sind durch dich hindurchgeflossen wie bei einem Medium, weil dein Geist in diesem besonderen Moment dafür offen und frei war<<, bestärkt mich später auch Seraphina.

>>Ja, mich durchzieht gerade ein starkes inneres Zittern, schau mal: habe voll die Gänsehaut, es stimmt. Das war eine Botschaft von deinem Mann - wie wunderschön!<<

Volker, ich danke dir von Herzen! Du hast mir das größte Geschenk aller Zeiten gemacht! Jetzt weiß ich sicher, dass du noch da bist! Mein Herz fühlt sich so viel leichter an …

Rückschlag

Mein sehnlichster Wunsch, weitere Nachrichten von Volker zu empfangen, blockiert mich völlig. Meine Sehnsucht raubt mir jede Energie für das Überleben des Alltags und es geht steil bergab mit meiner Psyche. Immer häufiger fange ich unkontrolliert an zu weinen, nun sogar schon bei der Arbeit.

Ich kann nicht mal mehr über dich sprechen, ohne Tränenausbrüche zu bekommen. Das hatte ich nicht einmal in den ersten Wochen, inzwischen sind fünf Monate vergangen … Großer Druck bei der Arbeit, ich schaffe es aber auch nicht, Überstunden zu machen. Zu Hause alles alleine zu managen, Jona durch den Landkreis zu fahren (zu Freunden, Partys, Kurstreffen, Sport … schon doof, wenn man auf dem Dorfe wohnt) und an den Wochenenden nachts abholen. Mein Schlafpensum liegt nun immerhin bei fünf bis sechs Stunden pro Nacht. Früher dachte ich, über einen so langen Zeitraum mit so wenig Schlaf auszukommen, sei unmöglich. Jona hat selbst einen riesen Druck in der Schule, elfte Klasse Oberstufe, Abitur nach zwölf Jahren: Das ist echt der Hammer. Ich ziehe den Hut, was für super Noten Jona abliefert, trotz Verlusttrauma und dessen Verdrängung, der einzige Weg, den Jona erträgt. Ich grübele oft, ob es richtig ist, wenn ich versuche, mir meine Trauer möglichst wenig anmerken zu lassen. Vielleicht bin ich ein schlechtes Vorbild? Ach Volker, den Alltag zu erledigen ist nichts im Vergleich zu der Frage, ob ich im Umgang mit Jona alles richtig mache. Und wichtige Entscheidungen zu treffen fällt mir alleine so unendlich schwer.

Ich versuche mich immer wieder positiv auszurichten, aber es ist so schwer und der Alltag reißt mich immer wieder runter, negative Stimmung wohin ich auch schaue. Gibt es eigentlich irgendeinen Menschen, der glücklich und zufrieden ist?

Ob ich mir doch noch Hilfe suche? Soll ich psychotherapeutische Beratung in Anspruch nehmen? Mein Arbeitgeber würde sogar die Kosten dafür übernehmen … aber ich glaube, das ist nicht die Unterstützung, die ich brauche.

Mir fehlt die Anbindung! Meistens spüre ich ganz tief in mir und sehr intensiv, dass es da etwas gibt und ich nur den Zugang finden muss. Und dann wirft mich der Zweifel wieder zu Boden. Ich brauche eine Verbindung zu dir und zu dieser Kraft, die da draußen ist. Ich muss wissen, ob es dir gut geht! Warum bist du so früh gegangen? Ich möchte das alles so gerne verstehen.

Die Heilige Beziehung

Heute hat der Kurs zu mir gesprochen! Es war ein plötzliches tiefgreifendes Verstehen und doch fehlen mir die Worte, dieses gefühlte Klarwissen auszudrücken. Ich versuche es trotzdem, um diese bedeutsame Seelenerkenntnis nicht wieder zu verlieren.
Ich beginne zu verstehen und du lächelst mir zu.
Das Tor zu einer neuen Welt hat sich einen Spalt geöffnet. Nicht nachdenken und analysieren, sondern das Gegenteil: den Kopf frei machen, damit ein Raum entsteht, in dem das innere Wissen auftauchen kann. Nicht denken … Stille … Leere … Nichts.
Was plötzlich auftaucht, fühlt sich nicht wie etwas völlig Neues an, sondern eher wie ein uraltes, schon immer da gewesenes Wissen, das ich nur vergessen hatte und nun wird es mir wieder bewusst.
Ich finde die richtigen Antworten, wenn ich in mir selbst danach suche und nicht im Außen! Bücher, Gespräche, spirituelle Lehrer, Visionen, Träume, vielleicht sogar der Schicksalsschlag selbst dienen nur als Weckruf und Wegweiser, um mich zu

erinnern! Die gefühlte innere Seelenwahrheit, an die Oberfläche geholt aufgrund meiner persönlichen Erlebnisse, gibt mir eine unvergleichbare Kraft und Gewissheit, die kein Außenstehender mir je vermitteln könnte.
Ich versuche es zu beschreiben, teilweise mit Zitaten aus dem Kurs:
Der Kurs zielt nicht darauf ab, die Bedeutung der Liebe zu lehren, denn das ist jenseits dessen, was gelehrt werden kann. Er zielt vielmehr darauf ab, die Blockaden zu entfernen, die dich daran hindern, dir der Gegenwart der Liebe, die dein angestammtes Erbe ist, gewahr zu sein. Das Gegenteil von Liebe ist Angst, doch was allumfassend ist, kann kein Gegenteil haben. Dieser Kurs kann daher ganz einfach zusammengefasst werden: Nichts Wirkliches kann bedroht werden. Nichts Unwirkliches existiert.
Der Moment unserer Geburt bedeutet die Trennung von der Einheit der Schöpfung, von der göttlichen Quelle und damit auch von der allumfassenden Liebe. Der Kurs bezeichnet den Ursprung all dessen, was ist, als GOTT, die Hermetiker nennen den Ursprung das ALL, sehr schön finde ich die poetische Variante: die Weltenseele. Die Quantenphysik spricht von einem Bewusstsein der fünften Dimension (5-7 D+) und ordnet das morphogenetisches Feld der Erde der vierten Dimension (4 D) zu, ein Übergangsstadium. Es gibt viele Bezeichnungen für das Energiefeld der Schöpfung, aus dem alles ent- und besteht und das uns umgibt. Obwohl ich begeisterter Kursleser bin, fühle ich mich persönlich zu dem wissenschaftlichen Begriff >>reines, universelles Bewusstseinsfeld<< hingezogen: In meinen kostbarsten Momenten der gefühlten Seelenerkenntnis

tauche ich ein in den kosmischen Bewusstseinsozean, bin eins mit der Weltenseele und die Wahrheit fließt durch mich hindurch - eine wunderschöne Vorstellung. Die Spiritualität, die fünfte Dimension, die Schwingung der höheren, geistigen Bewusstseinsebene, zieht mich in ihren Bann, dennoch brauche ich (mein Verstand) wissenschaftliche Erklärungen, vielleicht weil ich Analyst bin und zuvor nie wirklich an Gott geglaubt habe. Aber der Gott im Sinne des Kurses ist auch nicht derselbe Gott, von dem die Institution Kirche spricht. Inzwischen glaube ich fest an eine höchste, lichtvolle und intelligente Kraft, die uns umgibt und über allem steht: die göttliche Quelle der Schöpfung bzw. das reine, universelle Bewusstseinsfeld, die Weltenseele.

Trotz unserer Geburt in einen physischen Körper und dem damit entstehenden Gefühl eines getrennten Ich-Bewusstseins, bleiben wir im Geist ein Teil dieses reinen, universellen Bewusstseinsozeans und somit trägt jeder Mensch als Teil des Ganzen diese göttliche, schöpferische Kraft in sich.

Bereits kurz nach der Geburt verschwindet das Gefühl der absoluten Liebe und Verbundenheit und das Ego, unsere Ich-Persönlichkeit, entsteht: die eigene Wahrnehmung unseres Selbst, getrennt von der Welt um uns herum und getrennt von der Quelle der Liebe. Das Ego ist die >>Blockade<< von der im oberen Kurs-Zitat die Rede ist. Es ist die Herausforderung, die wir überwinden müssen, um in den inneren Frieden und das langfristige innere und äußere Glück zu finden.

Die Sehnsucht nach unserem Ursprung, also der Liebe, bleibt tief in uns bestehen, aber nun, in unserem irdischen Dasein, regiert das Ego und lässt uns denken, die Liebe ist etwas, das wir uns verdienen müssen. Es flüstert uns zu: Mach was ich

dir sage und du bekommst Liebe, Zuneigung, Anerkennung und Macht. Aber die Liebe, die das Ego verspricht, ist nur eine Illusion, denn sie ist an Bedingungen und Abhängigkeiten geknüpft.
Unser Ego ist verantwortlich für alle angstvollen Emotionen wie Furcht, Sorgen, Traurigkeit, Sehnsucht, Wut, Gier, Scham, Schuldgefühle, Hass, Neid, Eifersucht, Minderwertigkeit, Falschheit, Leistungsdruck, Unsicherheit, Eigennützigkeit, Selbstgerechtigkeit, Überheblichkeit, Selbstmitleid etc.; und unser Ego ist der Urheber unserer Schutzstrategien wie Verdrängung und Projektion.
Das Ego trägt also das Gegenteil der Schöpfungsenergie und der Liebe in sich – die Angst. Der Kurs lehrt, dass wir immer die Wahl haben: wir können uns jederzeit zwischen der Liebe und der Verbundenheit mit der Quelle oder dem Ego, der Trennung und der Angst entscheiden. Und genau darum geht es in unseren Lebensaufgaben und Lebenserfahrungen, die unsere Seele in jedem Leben auf der Erde absolvieren will: Das Ego immer wieder aufs Neue zu überwinden und sich für ein liebevolles und mitfühlendes Verhalten, besonders uns selbst gegenüber, zu entscheiden und respektvoll, gleichberechtigt und wertschätzend in einer Gemeinschaft mit anderen zu leben. Jeder von uns ist hier, um seinen wahren Ursprung – die (Selbst-)Liebe und den Selbstwert – wiederzufinden, Eigenverantwortung zu übernehmen und seine Kräfte zum Guten und zum Wohle aller zu nutzen.
Deshalb findet auch niemand wahre Liebe und Anerkennung im Außen, solange er sich selbst nicht als >>gut (genug)<< empfindet.

Ich muss mich erst selbst mögen und auch meine Schattenseiten annehmen, bevor es andere aufrichtig können, denn der andere ist nur ein Spiegel meiner Selbst. Solange ich einen Mangel in mir fühle, versucht das Ego, diesen Mangel im Außen zu kompensieren. >>Ich bin alleine nicht glücklich, also suche ich mir einen Partner, der mich glücklich machen soll<<, denkt der Ego-Verstand.

Fast allen Beziehungen liegt dieses Mangelprinzip zugrunde: Ich liebe dich, solange du mir das gibst, was ich brauche, z.B. Zuneigung, Bewunderung, Anerkennung, Bestätigung, Befriedigung, Stabilität oder finanzielle Sicherheit.

Soweit meine kurze Einleitung zur heute gelesenen Textstelle, sie ist – wie alles andere auch – meine persönliche Interpretation:

Die unheilige Beziehung fußt auf Unterschieden, bei denen jeder denkt, der andere habe das, was er nicht hat. Menschen kommen zusammen, jeder um sich selber zu vervollständigen und den anderen zu bestehlen, und dann ziehen sie weiter.

Eine heilige Beziehung geht von einer anderen Voraussetzung aus. Jeder hat nach innen geschaut und keinen Mangel dort gesehen. Da er seine Vollständigkeit annimmt, möchte er sie ausdehnen, indem er sich mit einem anderen verbindet, der ganz ist wie er selbst. Zwischen diesen Selbsten sieht er keinen Unterschied. Er verleugnet seine eigene Wirklichkeit nicht, weil sie die Wahrheit ist. Wie weit von zu Hause weg kann eine Beziehung sein, die so dem Himmel gleicht? So wird in jede heilige Beziehung die Fähigkeit wiedergeboren, zu kommunizieren, anstatt zu trennen, und sie kann niemals enden.

Meine persönliche Bedeutung dieser Worte und eigene, tiefgreifende Erkenntnis beim Lesen dieser (von mir gekürzten) Textstelle werde ich nicht vermitteln können. Volker und ich sind beide Teile einer Einheit und unsere Beziehung ist heilig, weil sie über die physische Ebene hinausgeht, der Tod konnte uns nicht trennen. Deshalb spüre ich ihn noch – auf der Seelenebene, dem höheren, allumfassenden Bewusstseinsfeld! Über dieses Feld können heilige, verbundene Seelen miteinander kommunizieren, auch wenn sie zu Lebzeiten physisch voneinander getrennt sind.
Das Ganze erscheint mir immer mehr wie ein großes Puzzle, das beginnt, sich zusammenzufügen. Eine unsichtbare Tür hat sich geöffnet.

Welches Buch?

Puh, heute habe ich das anstrengende Textbuch des Kurses zu Ende gelesen (sechshundertzweiundsiebzig Seiten – Respekt!) und morgen starte ich mit dem einjährigen Übungsteil: eine Lektion für jeden Tag des Jahres, die darauf ausgerichtet sind, die im Ego, im Unterbewusstsein, gespeicherten falschen Glaubenssätze und konditionierten Denkmuster durch positive und liebevolle Gedanken, Absichten und Empfindungen - durch die Wahrheit - zu ersetzen.
Irgendwie flitzt immer mal wieder der Gedanke an das Schreiben eines Buches durch meinen Kopf?! Aber was für ein Buch? Über was könnte ich schon schreiben? Vielleicht ein Kinderbuch über die Grundwerte des Kurses in Wundern? Wie sehr wünschte

ich, so etwas Großartiges zu können, und wie gerne würde ich etwas von meinen vielen hilfreichen Erkenntnissen der letzten fünf Monate weitergeben. Wie wundervoll wäre es, wenn diese (für mich neue) Geisteshaltung eine ganz selbstverständliche Basis unseres Gesellschaftssystems wäre und schon in Schulen gelehrt würde? Ich hätte all das, was ich in den letzten Monaten gelernt und erfahren habe sehr gerne eher gewusst. Mein Leben wäre ganz anders verlaufen, viel leichter und sorgenfreier, zufriedener und unbeschwerter ... Ich bin nie auf die Idee gekommen, mein altes Leben und Denken - das im Allgemeinen als >>normal<< betrachtete Ego-Denken und Verhalten - und die Gesellschaftsnormen in Frage zu stellen. Wieso ist jetzt plötzlich so offensichtlich, dass die Welt da draußen, so wie sie ist, nicht wirklich und wahrhaftig sein kann, sondern eine Projektion unbewusster, überwiegend falscher (weil angstgesteuerter) Überzeugungen und Meinungen? Wieso ist dieses wertvolle Wissen so unbekannt?

Ich fühle mich wie eine Suchende, die einem wichtigen Geheimnis auf der Spur ist.

Verrückte Gedanken ... so was habe ich früher nie gedacht.

Wer liebt eigentlich seine Arbeit?

Das Alltags- und Arbeitsleben schlaucht mich enorm, trotz meines Dauerversuchs, dem Leben mit einer positiven Einstellung die Stirn zu bieten. Du fehlst mir so! Zu Hause läuft es eigentlich ganz gut ... naja, jedenfalls das Nötigste. Gefühlt schaffe ich fünfmal so viel wie früher. Außerdem habe ich

Hilfe von Mama und Papa, komme aber oft nicht gegen das Gefühl an, dadurch abhängig zu sein und unter Beobachtung zu stehen. Bin ich nicht in der Lage Hilfe anzunehmen, ohne ein schlechtes Gewissen zu haben? Wieso eigentlich? Ich weiß, dass sie es gerne machen und dass es ihre Art ist, mir ihre Liebe zu zeigen. Und trotzdem …

Mein Arbeitsleben belastet mich zunehmend, dabei habe ich mich in den ersten Wochen und Monaten im Job definitiv gut aufgefangen gefühlt. Was hat sich geändert in unserer Bank?

Wir befinden uns in einem Umstrukturierungsprozess, zwei Abteilungen - Analyse und Sachbearbeitung - wurden zusammengelegt und jeder soll den Fachbereich des anderen lernen, um anschließend beide umfänglichen Dienstleistungen mit entsprechendem Fachwissen aus einer Hand zu gewährleisten. Meine Kunden sind sozusagen die Kundenberater. Sechs Jahre bin ich als Analyst tätig und war der Meinung, endlich einen Job, der mir Spaß macht, gefunden zu haben. Die Zusammenarbeit mit den von mir betreuten Kundenberatern war immer gut und geprägt von Verlässlichkeit und Vertrauen. Mein Vorteil ist, dass ich selbst viele Jahre als Kundenberater tätig war, und daher die trockene Analysetätigkeit gut mit der Praxis verbinden kann.

Was hat sich noch geändert … in mir?

Ich galt immer als belastbar, zuverlässig, verantwortungsbewusst, schnell, gut organisiert, freundlich, stets gut gelaunt, teamorientiert, anpassungsfähig, als diplomatischer Vermittler und guter Zuhörer, dem andere ihr Herz ausschütten und nicht anders herum. Ich bin mir sicher, niemand in meinem Bekanntenkreis oder Kollegium käme auf den Gedanken,

dass ich mich mit meinen Ängsten auseinandersetze oder setzen müsste bzw. dass es Not täte. Mir wurde oft gespiegelt, dass ich nach Außen kompetent, empathisch, gefestigt und selbstbewusst wirke. Was passiert also gerade mit mir? Wieso sehe ich die Dinge - und mich - plötzlich so anders?
Ich hatte viele unglückliche Jahre in meinem Beruf. Warum habe ich mich nicht einfach umorientiert, als ich noch jung war? Ja, warum eigentlich nicht? An dir, Volker, hat es nicht gelegen. Im Gegenteil, ich erinnere mich an meine erste dramatische Krise im Arbeitsleben: Wir hatten damals noch kein Kind, kein Haus, keine Schulden und du sagtest, ich solle den Job doch einfach schmeißen und mir in Ruhe etwas anderes suchen. Dein Einkommen wäre doch ausreichend. Das war voll süß von dir! Natürlich fand ich den Gedanken absurd!
Und warum?
Absolutes Sicherheitsdenken! Wer gibt denn den Job in einer Bank mit einem gesicherten Einkommen auf? Und außerdem hatte ich nichts anderes gelernt. Selbst im zarten Alter von siebenundzwanzig Jahren erschien es mir völlig absurd, unser Leistungssystem in Frage zu stellen oder gar zu überlegen, welcher Beruf meiner Persönlichkeit besser entsprechen könnte. Der materielle Aspekt stand in meinen Entscheidungen stets im Vordergrund und ich war mir keinerlei Begabungen bewusst.
Warum habe ich nicht damals schon in mir geforscht, was mich erfüllen könnte? Oder mich gefragt, ob dieses Sicherheitsbedürfnis realistisch ist oder einfach nur unbewusst von anderen übernommen wurde. Und wie sieht es heute aus? Mache ich das, was mich erfüllt? Momentan eher nicht … abwarten, wie es wird nach der Umstrukturierung und

vorsichtshalber trotzdem anfangen in mir zu suchen, ob da eine Leidenschaft in der Tiefe meiner Seele schlummert, die ich noch nicht entdeckt habe.

Aktuell jedenfalls ist die Unzufriedenheit bei den Kollegen in meiner neuen, zusammengewürfelten Abteilung riesengroß und sicher auch die Angst; viele fragen sich: >>Schaffe ich es im Alter von fünfundvierzig bis fünfundfünfzig Jahren noch einen völlig anderen, anspruchsvollen Job so nebenbei zu erlernen?<< Was es noch schwerer macht, ist die kollektiv negative Einstellung und Stimmung. Klar, es ist Veränderung, aber keiner in unserer Abteilung (in anderen sehr wohl) muss um seinen Job bangen. Unsere Chefin ist natürlich an allem schuld ... immer gut, wenn einer schuld ist! Das ist ja einfacher, als für sich selbst Verantwortung zu übernehmen und dazu beizutragen, dass es besser wird. Vielleicht oder bestimmt hätte ich früher auch mitgejammert, aber heute denke ich: Luxusproblem. Vielleicht hat alles im Leben seinen Grund?! Auch eine Veränderung im Job. Das Leben bringt uns die Erfahrungen, aus denen wir uns weiter entwickeln können. Dafür sind wir hier. Die Seele will lernen. Es geht immer darum, eine Situation anzunehmen und zu versuchen, sie mit positiven Gefühlen wie beispielsweise Selbstvertrauen, Willenskraft, Mut oder Enthusiasmus zu lösen, anstatt in Negativität und Gejammer zu verharren. Vielleicht muss der eine oder andere auch die Entscheidung treffen, eine für ihn unerträgliche Situation zu verlassen. Ob der Job nach der Veränderung noch der richtige für mich ist, kann ich aber nur herausfinden, wenn ich mich der neuen Situation stelle, und das tue ich und bemühe mich um eine positive Geisteshaltung. Weiterentwickeln kann sich nur, wer es wagt, sich selbst

kennenzulernen und sich seinen inneren Belastungen zu stellen! Was sind meine Ängste? Warum empfinde ich neue Aufgaben zu erlernen als anstrengend und schwer, anstatt ihnen mit Neugier und Selbstvertrauen zu begegnen? Warum ziehe ich mich zurück, wenn es zu emotional oder zu anstrengend oder zu konfliktgeladen wird? Warum lasse ich mich immer wieder von Menschen verunsichern, die offensichtlich weniger Ahnung, dafür aber ein dominantes Auftreten haben?
Ich sehe schon, es macht Sinn, mich weiterhin in meinem Innersten zu beschäftigen: Was und wer stresst mich? Warum traue ich mir vieles nicht zu? Wie kann ich meine Traurigkeit überwinden? Wie wieder Freude in mein Leben ziehen? Oder Liebe? Warum habe ich immer wieder Schuldgefühle? Warum kann ich so schlecht Hilfe annehmen? Warum sehe ich immer nur, was ich noch nicht kann anstatt meine vielen Talente und positiven Charakterzüge zu würdigen?
Wer bin ich? Und wer will ich sein?
Was wünsche ich mir eigentlich, ganz tief in meiner Seele?
Wer und was gibt mir Kraft, anstatt sie mir zu rauben?
Genau dafür brauche ich Zeit, Ruhe und einen klaren Geist! Und diese notwendige Ruhe und Energie entzieht mir mein Arbeitsumfeld gerade. Ich sollte mir Hilfe holen, vielleicht kann Seraphina etwas für mich tun.

Endlich bist du da!

Seraphina bestätigt mir, dass ich energetisch völlig ausgepowert und am Rande des Zusammenbruchs bin und schlägt mir

Reiki vor: Die Übertragung von universeller Lebens- und Heilenergie zur Aktivierung der Selbstheilungskräfte. Reiki wirkt immer genau dort, wo es benötigt wird. Optimal bei Erschöpfungszuständen, da es Stressabbau und Tiefenentspannung bewirkt. Ich hau mich also auf ihre Liege und dämmere völlig entspannt eine dreiviertel Stunde vor mich hin. Nachdem Seraphina mich sanft in die Gegenwart zurückgeholt hat, fragt sie mich vorsichtig, wie es mir geht.

>>Gut, ich bin herrlich runtergekommen.<<

>>Hast du etwas wahrgenommen?<< Ich nehme verwundert eine ungewohnte Zaghaftigkeit in ihrer Stimme zur Kenntnis und schüttele verneinend den Kopf. >>Ich hoffe, es ist richtig, wenn ich dir davon erzähle: Dein Mann war die ganze Zeit hier.<<

Ich breche in Tränen aus, weil ich spüre, dass es wahr ist. Ich weine aus Dankbarkeit und grenzenloser Erleichterung, dass sich nun alles bestätigt, was ich selbst bereits fühle!

Seraphina berichtet, du seist sofort da gewesen und wolltest ihr so viel erzählen, dass sie es kaum aufnehmen konnte:

Es tut dir so unendlich leid, dass du uns so früh und so plötzlich verlassen musstest. Du sagtest, dass du uns über alles liebst und dass Jona und ich alles so gut machen und dass du sehr stolz auf uns bist. Jona soll mit achtzehn Jahren unbedingt ein Auto bekommen, das war dir ganz wichtig. Natürlich bekommt sie es, mach dir keine Sorgen, Volker.

Du bist die ganze Zeit bei mir gewesen und bist es auch jetzt noch! Du bleibst so lange bei mir, wie ich dich brauche, hast du zu Seraphina gesagt. Du bleibst so lange, bis ich sage, dass du weitergehen kannst …

Seraphina erklärt mir, wie wichtig es ist, dass du weitergehst, weiter ins Licht. Verstorbene müssen aufsteigen in die nächsten Ebenen, in eine höhere Schwingung.

Du hast bereits fünf Monate gewartet, weil du mich in meinem Schmerz nicht alleine lassen wolltest. Du hast gesagt, dass du bei mir bleibst, solange ich dich brauche.

Seraphina erklärt behutsam, dass ich mir keinen Druck machen soll, macht mir aber unmissverständlich klar, wie wichtig es ist, dich gehen zu lassen. Sie sagt auch, dass du traurig aussahst und dass du dir die ganze Zeit ans Herz gefasst hat.

Du bist so traurig, weil du mich leiden siehst!

Ob ich gerne Marzipanbrot esse, fragt Seraphina mich zu meiner Überraschung. Wieso? Sie forderte von dir einen Beweis, dass du es wirklich bist und deine Antwort war: >>Marzipan<<.

Das korrekte Code-Wort wäre >>blaues Marzipan<< gewesen, Schatz! Die Lieblingssüßigkeit von uns dreien: das teure Vollmich-Marzipan in dem blauen Papier. Das wurde bei jedem besonderen Anlass gekauft und genossen.

Seraphina kann dich auch gut beschreiben, obwohl sie dich nicht kannte.

>>Hattest du schon öfter Kontakt mit Verstorbenen?<<, frage ich nach einer Weile die ich brauchte, um das Ganze halbwegs zu verdauen.

Reiki habe grundsätzlich nichts mit hellsinniger Wahrnehmung zu tun, erklärt sie mir, es öffnet aber den Kanal in die höheren, geistigen Dimensionen und damit das Tor zur Quelle. Seraphina hat eine mediale Gabe, was ich bisher nicht wusste, denn sie hat nie davon erzählt. Seraphina hat dich nicht gerufen, du bist zu ihr gekommen!

Ich flehe dich seit Wochen an, mir zu zeigen, dass du noch da bist und du hast einen Weg gefunden, zum zweiten Mal!
Es ist so schön, dass du es geschafft hast! Es tröstet mich und bestätigt mir alles, was ich empfinde.
Wir haben uns nicht verloren, wir sind immer noch eins!
Und auch wenn ich dich loslasse und du in die höheren Ebenen aufsteigt, bleibt unsere Seelenverbundenheit bestehen und gibt mir Kraft und Zuversicht.
Einen Tag später, erneut beim Schwimmen, erreicht Volkers Botschaft erst richtig mein Innerstes. Ich versuche in Worte zu fassen, was eigentlich gar nicht möglich ist, denn innerhalb von wenigen Sekunden wurde mein Bewusstsein durch diese wundervolle, gefühlte Erkenntnis geflutet, von einem friedlichen Gefühl des Verstehens und tiefen Wissens:
Volker ist traurig, weil ich traurig bin. Er bleibt bei mir solange ich leide und ihn brauche und somit leidet auch er! Aber er möchte und muss dringend weitergehen ins Licht. Er war die ganze Zeit bei mir auf der irdischen, niedrig schwingenden Ebene, die ganzen fünfeinhalb Monate und das ist nicht gut für ihn. Wenn Volker sich quälen und leiden muss, weil ich in meiner Trauer unglücklich bin, und mein negativer Gefühlszustand ihn daran hindert nach Hause zu gehen … dann ist das ganz schön egoistisch von mir!
Also das Ego mal wieder …
Das Ego bewertet und verurteilt, es sagt mir, ich muss traurig sein und leiden. Trauer und Schmerz sind Gefühle der Angst und der Trennung. Aber ich weiß, dass es keine Trennung gibt. Volkers Liebe ist und bleibt bei mir, das hat er mir bewiesen. Ich habe den Schmerz die ganze Zeit bewusst gefühlt und muss

ihn nun genauso bewusst loslassen, um Volker in die ersehnte Freiheit zu entlassen. Dieser Gedanke, die Trauer loszulassen, verursacht mir Schuldgefühle, aber Volker nimmt die Schuld von mir, er möchte, dass es mir gut geht und er beruhigt weitergehen kann. Auch die Schuld ist ein Gefühl des Egos und der Trennung, aber wir sind nicht getrennt. Uns verbindet die Liebe. Die reine Liebe ist Unschuld. Alle Verfehlungen der physischen Ebene sind unbedeutend und oberflächlich, sobald diese tiefe Seelenverbundenheit, die gleichzeitig die Verbindung zur Quelle beinhaltet, spürbar ist. Vergeben ist unmittelbar alles, was auf der physischen Ebene an Schmerz erfahren wurde – das Unwirkliche löst sich auf.
Ich entscheide mich also, die Trauer und meine unsinnigen Schuldgefühle loszulassen, damit es Volker gut geht und gleichzeitig fühle ich mich doppelt erleichtert, denn ich spüre, dass es auch mir anschließend besser gehen wird. Es ist Volkers verzweifelte Bitte, die mich auffordert, eine verantwortungsbewusste Entscheidung zugunsten der Liebe anstatt des Egos zu treffen.
Tief im Herzen weiß ich nun, dass ich soweit bin. Alles ist gut, denn wir sind und bleiben im Herzen, in Geist und Seele eine Einheit. Es gibt keine Trennung und keinen Tod – beides ist nur eine Illusion. Die Welt, die ich bisher kannte, ist eine unbewusst erschaffene, kalte, lieblose Scheinwelt der Trennung und Angst, in der unser Ego-Verstand versucht bestmöglichst zu überleben. Die Liebe ist die einzige Wirklichkeit und bleibt über die verschiedenen Ebenen hinweg erhalten – sie ist der Urgrund, die Basis von allem, der Stoff aus dem alles gewebt ist. Die Liebe ist der göttliche Kern all dessen, was ist und existiert, und

die Essenz einer jeden Seele. Die Liebe hält alles zusammen, wir können sie aufgrund unserer Ego-Ängste nur leider nicht immer wahrnehmen, denn sie ist verborgen unter bzw. hinter dem äußeren Schein der weltlichen Dramen, aber sie ist immer da. Es liegt in unserer Macht und Verantwortung, nach ihr in uns zu suchen und uns für sie zu entscheiden, in ihrem Sinne zu handeln und jede Situation mit der Gewissheit, dass alles einen tieferen Sinn hat, anzunehmen.
Ein Wunder im Sinne des Kurses in Wundern bezeichnet jeden Moment, in dem wir erkennen, dass wir im Ego sind und diese falsche Wahrnehmung in eine Wahrnehmung der Liebe korrigieren. Und das Mittel der Korrektur ist die Vergebung.
Ich vergebe mir jeden Augenblick, den ich mit Ängsten und Sorgen verschwendet habe, anstatt ihn gemeinsam mit Volker und Jona zu genießen.
Ich vergebe mir …

Alles ist gut

Heute Nachmittag ist der zweite Reiki-Termin, ich bin sehr gespannt, ob du was von dir hören lässt und hoffe es natürlich aus tiefsten Herzen. Bitte tu mir den Gefallen!
Morgens beim Laufen sehe ich dich die ganze Zeit lachend vor meinem inneren Auge, eigentlich den ganzen Tag. Ich habe mich die ganze Woche über wohl gefühlt und spüre darüber hinaus, dass es jetzt auch dir gut geht. Ich weiß es.

Es funktioniert! Ich bin so dankbar! Seraphina kann dich beim

Reiki wahrnehmen. Du bist aufgestiegen und nun auf einer höheren Ebene, du hast dich auf den Weg gemacht – du bist glücklich und dankbar.
>>Da war sehr, sehr viel Dankbarkeit<<, sagt Seraphina lächelnd. >>Und du bist im vollständigen Frieden und sahst in meiner Vision glücklich aus, liebe Dana. Wie schön.<< Ich fühle, dass alles stimmig und richtig ist. Ich bin erleichtert und ich weiß, ich schaffe es nun weiter und werde wieder froh. Und du wirst mich immer begleiten. Das ist solch ein unbeschreibliches Gefühl. Als ich Seraphina von meinen Erlebnissen dieser Woche erzähle - meine Erkenntnis beim Schwimmen und dass ich selbst dich bereits glücklich wahrnehme, bekommt sie eine Gänsehaut; sie selbst sagt immer >>Engelshaut<<, ein sehr schönes Wort wie ich finde. Die kriegt sie immer, wenn die Engel ihr Zeichen geben, dass etwas wahr ist. Zustimmung tut immer gut, obwohl ich es inzwischen auch selbst spüre. Ich weiß es – in meinem Herzen. Einfach so. Keine Ahnung, woher diese Sicherheit auf einmal kommt.
Ich wurde in eine andere Welt katapultiert. Erst war sie so traurig und einsam, diese Welt in der mich Volker zurückgelassen hat, aber nun hat sie sich verwandelt in eine bessere Welt als die alte, jetzt bin ich sicher und beschützt in der spirituellen Verbundenheit. Und nicht mehr allein und einsam …
Während der Reiki-Sitzung sieht Seraphina außerdem, dass meine Zukunft bereits da ist, aber noch im Nebel liegt. Ich kann entspannt abwarten, bis sie sich zeigt. Aber sie existiert bereits. Ein Einhorn mit großen, liebevollen Augen, das bei mir stand, war auch Teil ihrer Wahrnehmung. Einhorn klingt cool - ist wohl ein gutes Zeichen.

Aber am wichtigsten ist, dass es dir gut geht, Volker! Ich sehe dich lachen …

Gestern Abend bin ich Rad gefahren und in der Spätdämmerung lag ein wunderschöner Nebel über den Wiesen an unserem kleinen Dorf-Bächlein. Ein Einhorn habe ich zwar nicht gesehen, aber es sah auch ohne unglaublich toll aus.

Nach dem Reiki fahre ich direkt zu Hannah, wir wollen essen gehen und anschließend ins Konzert. Ich möchte meiner Schwester so gerne von meinen Kontakten zu Volker erzählen aber traue mich nicht so richtig. Vielleicht denkt sie dann, ich spinne?! Ach, verschoben ist ja nicht aufgehoben, ich bin noch nicht so weit …

Irgendwie wirkt Hannah heute komisch und unruhig, wundere ich mich schon die ganze Zeit und nach dem Essen rückt sie dann endlich mit der Sprache heraus: Eine Bekannte von ihr, eine gelernte Krankenschwester, hat Hannah von ihren Erfahrungen in der Sterbebegleitung, Nah-Toderfahrungen, der Existenz der jenseitigen Welten und Seelenverträgen erzählt. Und sie kennt Möglichkeiten der Kontaktaufnahme mit Verstorbenen. Und davon war mein Schwesterherz so fasziniert, dass sie mich gerne mit dieser Bekannten zusammen bringen möchte (ein Begegnung, die mich später bereicherte) … Wahnsinn!

Da musste ich fast loslachen, das gibt es doch nicht! Was für ein Zufall! Da wurde meine Schwester ja perfekt auf meine wundersamen Geschichten vorbereitet! Ich lege schmunzelnd und entspannt los und berichte Hannah bis ins Detail von meinen übersinnlichen Begegnungen mit Volker und sie zweifelt keinen Moment. Langsam frage ich mich, wer da im Hintergrund die Fäden zieht …

Als wir beide dann abends den schönen Stimmen der A-Capella-Band Maybebop lauschen, schickt Volker mir ein weiteres liebevolles Zeichen mit dem Lied: >>Ich seh` dich<< und mir ist, als würde sich die ganze Welt in meinen Tränen auflösen und nur noch Volker und ich existieren – und der Raum um uns verfliegt, schwerelos ziehen wir durch die Galaxie …

Kaum Sterne sind zu sehen,
die nächtlichen Lichter der Stadt sind zu hell.
Ich trockne deine Tränen
und schau mit dir in des Himmels Pastell.
Ein Sturm hat dich bewegt.
Er traf dich hart, doch zerbrach er dich nicht.
Nun, da er sich gelegt,
streich' ich die Haare dir aus dem Gesicht.
Trauer und Scheu in deinem Blick, doch dahinter reines Licht.
Ich seh' dich. Ich seh' wie vollkommen du bist
und sich das Dunkel verliert.
Ich seh' dich, nichts mehr was zwischen uns ist
und unendlich viel, was zwischen uns passiert.
Die Tränen sind versiegt,
schutzlos erstrahlst du so schön wie noch nie.
Der Raum um uns verfliegt,
schwerelos ziehen wir durch die Galaxie.
Dass es noch weitere Menschen gibt ist im Moment nur Theorie.
Ich seh' dich. Ich seh' wie vollkommen du bist
und sich jedes Dunkel verliert.
Ich seh' dich. Nichts mehr das zwischen uns ist
und doch so unendlich viel, was zwischen uns passiert …
(Ich seh dich - Songtext von Mayebebop)

Die rote oder die blaue Pille?

Ich fühle mich langsam wie Keanu Reeves in Volkers und meinem Lieblings-Film Matrix: >>Willst du die rote oder die blaue Kapsel?<<, lautet die mystische Frage, die den Filmheld Neo vor die Wahl stellt, alles wieder zu vergessen und sein Leben wie bisher in der Matrix – der Scheinwelt – erinnerungslos weiterzuträumen, oder aber die wirkliche Welt, die Wahrheit zu erfahren.

Ich hab mich anscheinend schon für die rote Pille entschieden, denn mir wird immer öfter bewusst, dass ich beginne, die Dinge um mich herum anders zu sehen. In meiner alten, gefühlskalten Welt haben Trauer, Einsamkeit, Lärm, Hektik, Egoismus, Konkurrenzkampf und Leistungsdruck regiert. In meiner neuen Welt spüre ich erstmals das Gefühl von Urvertrauen und die Ahnung, ein Teil von etwas Großem zu sein. Etwas ist plötzlich da, das für mich sorgt und mich führt. Ich fühle mich nicht mehr allein! Und ich spüre, dass ich weit mehr Einfluss auf mein Leben nehmen kann, als ich es je für vorstellbar gehalten hätte.

Zugegebenermaßen pendele ich ständig und rasant zwischen Vertrauen und (Selbst-)Zweifeln hin und her, treffe meine Entscheidungen aber letztlich immer wieder zugunsten des Glaubens an eine neue, andere Welt – die Wirklichkeit hinter der Scheinwelt. Aus dem einfachen Grund: Es geht mir damit gut!

Alte Welt: Angst, Trauer und Einsamkeit, Trennung.
Neue Welt: Liebe, die über die physische Ebene und den Tod hinausreicht, Vertrauen, Schutz, spirituelle Verbundenheit und inneres Wissen.
Wie kann etwas falsch sein, das sich im Herzen so gut und richtig anfühlt?
Ich bleibe dabei, auch wenn ich mir gelegentlich verrückt vorkomme. Aber das ist mein Leben ja auch: ver–rückt, nichts ist mehr so, wie es vorher war, die Dinge sind in eine neue Perspektive gerückt – ins Licht.

Ich glaube, unser Kind ist schon eine sehr reife Seele, denn Jona macht automatisch so viel richtig, handelt oft aus dem Herzen heraus wie auch du, Volker, in deinem irdischen Leben.
Immer wenn sich die Gelegenheit bietet, bleibe ich in der Küche sitzen, während die Hausaufgaben erledigt werden, und dann haben wir wundervolle, tiefgründige Gespräche und manchmal wundere ich mich selbst über meine friedlichen Lösungsvorschläge, die ich heute an Jona weitergeben kann. Vor noch einem Jahr wusste ich oft selbst keinen Rat, angesichts der vielfältigen, zwischenmenschlichen Probleme von Mitschülern und Freunden. Jona selbst war bisher zum Glück kaum betroffen, aber durch unser erlebtes Trauma ist Jona noch verständnisloser für Streitereien und übertriebene Befindlichkeiten geworden, genau wie ich.
>>Mama, warum können nicht einfach alle freundlich und anständig zueinander sein? Warum gibt es immer Leute, die andere gemein oder von oben herab behandeln oder über andere lästern, selbst über diejenigen, mit denen sie eigentlich

befreundet sind? Warum gibt es immer Neider, Blender und Unruhestifter?<<

>>Ja es wäre echt toll, wenn die Idioten der Welt etwas selbstreflektierter wären, denn genau die haben ein minikleines Selbstwertgefühl, sie versuchen andere kleiner zu machen, verurteilen oder greifen an, um so selbst größer, besser und wichtiger zu wirken als sie sind. Aber wer sich auf Kosten anderer in den Vordergrund stellt und andere abwertet, denkt leider in der Regel am allerwenigsten über sein eigenes Verhalten nach und daran werden wir auch nichts ändern. Also können wir nur bei uns selbst anfangen und versuchen, uns zu ändern, um anschließend unser Umfeld positiv zu beeinflussen<<, antworte ich. >>Wer leidet oder merkt, dass seine Beziehungen, Freundschaften oder die Kommunikation immer wieder unbefriedigend verlaufen, kann nur sich selbst hinterfragen und sollte nicht die Schuld in dem anderen oder in der Situation suchen. Denn wenn uns etwas wehtut, hat der andere in unseren verdrängten Schattenthemen herumgestochert, die wir uns mal genauer anschauen sollten. Der andere ist immer nur der Spiegel, der uns vorgehalten wird:

Wenn wir uns ausgeschlossen fühlen, sollten wir überlegen, wie offen und ehrlich wir anderen Menschen begegnen oder warum wir ausgerechnet mit Menschen befreundet sein wollen, die uns doch offensichtlich nicht gut tun.

Und wenn wir mit Gemeinheiten konfrontiert werden, hat das meistens mit Unsicherheit und Minderwertigkeitsgefühlen zu tun, oder einem unbewussten Denken, etwas Schlechtes zu verdienen oder es nicht wert zu sein, gut behandelt zu werden. Du bist nur verletzbar, wenn du deine eigenen Schwächen und

Stärken nicht kennst oder annehmen willst.
Aber genau darin liegt eine unglaublich große Macht! Du hast alles in dir, um dein Leben neu zu gestalten. Jeder Mensch hat die Möglichkeit, sich aus seinen falschen, unbewussten Denk- und Glaubensmustern zu befreien.<<
Ein Mensch, der seinen wahren Ursprung kennt und in dem tiefen Wissen ruht, vollkommen und liebeswert zu sein, genauso wie er ist, wird nicht angreifen und kann nicht angegriffen werden, lehrt der Kurs in Wundern. Das ergibt für mich Sinn: Eine Kritik kann mich nur treffen, wenn ich davon überzeugt bin, genau in diesem Kritikpunkt eine Schwäche zu haben. Daher lösen unbedachte Bemerkungen auch bei verschiedenen Menschen sehr unterschiedliche Reaktionen aus. Der eine ist beleidigt, während ein anderer darüber lacht. Ist mir auch schon passiert, dass ich etwas gesagt habe, was den anderen unbeabsichtigt tief gekränkt hat und ich habe gar nicht verstanden warum. Oder eben, dass ich selbst tief verletzt reagiert habe, ohne dass der andere es beabsichtigt und sogar gemerkt hat. Daher bin ich heute davon überzeugt, dass es sich unbedingt für jeden Menschen lohnt, sich mit den eigenen, belastenden Emotionen und Reaktionen auseinanderzusetzen. Aber das ist ein langer, unbequemer Weg, ich weiß es aus eigener Erfahrung. Zum Glück hatte ich bereits vor Volkers Tod damit begonnen, genau genommen ein gutes, halbes Jahr zuvor, fällt mir auf … bei Seraphina, die mir empfohlen wurde. Interessanter Zufall! Natürlich bestand mein Anliegen bei unserer ersten Begegnung nicht aus der Bitte um das Aufspüren und die Bearbeitung meines Egos - von dessen Existenz wusste ich damals noch nichts - sondern ich sagte:

Hallo Frau Seraphina, ich habe Schlafstörungen, Haarausfall, Rückenschmerzen, diverse Allergien, Lebensmittelunverträglichkeiten und leide unter chronischer Müdigkeit, können Sie mir helfen? Und das konnte sie, auf eine mir bis dahin unbekannte, aber sehr wirkungsvolle Weise.

Was für ein Glück für mich, denn ohne mein erlerntes Wissen um die enorme Wichtigkeit einer positiven Gedankenausrichtung und Seraphinas Hilfe in den vergangenen, traurigen Monaten, wäre ich vielleicht in eine Depression abgeglitten oder Schlimmeres.

Gerade schleicht sich der Gedanke, ein bisschen auf Volkers Tod vorbereitet worden zu sein, in meinen Kopf. Auch meine berufliche Situation hatte sich in den letzten drei bis vier Jahren positiv entwickelt, so viel Freude wie in dieser Zeit hatte ich an meiner Arbeit gefühlt noch nie. Und privat ging es mir sowieso gut. Und dennoch hatte ich begonnen, mich mit mir selbst auseinanderzusetzen, denn neue Aufgaben und Situationen haben mich schon immer sehr unter Druck gesetzt … Mein Hang zum Perfektionismus … Bloß keinen Fehler machen! Warum fällt es mir so schwer, den Mund aufzumachen, wenn mich etwas stört und warum warte ich immer, bis mir der Kragen platzt? Konfliktscheu, harmoniesüchtig und natürlich die stets quälende Zukunftsangst …

Volker hatte meinen positiven Wandel bereits anerkennend wahrgenommen: >>Du hast dich echt verändert! Machst dir kaum noch Sorgen und du bist viel gelassener und fröhlicher. Toll!<<

Ja, ich habe mich auf den Weg gemacht. Es geht weiterhin darum, meinen inneren Frieden zu finden und zu der Überzeugung zu

gelangen, wertvoll und liebenswert zu sein, genauso wie ich bin in meinem vollen Potential aus Licht und Schatten.
Es geht nicht darum perfekt und fehlerfrei zu sein. Es geht darum, wie ich mit Fehlern und meinen Schwächen umgehe, denn auch Schwächen sind in Ordnung und keinesfalls schlecht. Ängste und Schwächen können sogar in Stärken transformiert werden.
Wir sind alle Teil der Einheit, dieser göttlichen, universellen Kraft und im Innersten einzigartig, wir haben es nur vergessen, denn wir wurden von Geburt an anders programmiert und haben unser Ego, unseren vermeintlichen Beschützer, entwickelt.
Aber es ist ja nie zu spät, sich dessen bewusst zu werden und in sich zu forschen, wie dieses falsche Selbstbild zustande kam. Jedes kleinste Verstehen ist ein Wiederentdecken meiner wahren Persönlichkeit und inneren Stärke.
Erkenne ich mich selbst so verändert das zwangsläufig meine Einstellung, und gleichzeitig auch die Reaktionen meines Umfeldes, denn ich ziehe entsprechend meiner neuen Überzeugungen passende Situationen und Menschen an, entsprechend des universellen Gesetzes der Resonanz.
Wenn ich beispielsweise mich selbst und meinen Körper mag und dies ausstrahle, kann ich über Beleidigungen meiner Figur oder Schönheit betreffend nur lachen und dann wird der andere auch aufhören, mich zu ärgern. Er wird gar nicht erst auf die Idee kommen zu sticheln!
Anderes Beispiel: Wenn ich davon ausgehe, etwas nicht zu können oder nicht gut genug zu sein, wird mir die Erledigung dieser Aufgabe auch sehr schwer fallen und ich blockiere spontane Lösungsideen. Schlimmstenfalls werde ich sogar

kritisiert oder versagen. Mein Gedanke ist zuerst da, sendet Energie und manifestiert sich im Außen! Die äußere Reaktion ist nur eine Spiegelung meiner (leider meist unbewussten) tiefsten Überzeugung und Erwartungshaltung.

Wenn ich also im Herzen davon überzeugt bin, dass ich etwas verdiene, werde ich es auch bekommen. Wenn ich großes Selbstvertrauen habe, werde ich auch erfolgreich sein. Wenn ich im Innersten weiß, dass ich gut bin, erhalte ich Anerkennung. Wenn ich mir meines besonderen Wertes bewusst bin, begegnet mir Wertschätzung im Außen. Wenn ich die Vollkommenheit in der Unvollkommenheit entdecke, kann ich meinen Perfektionismus aufgeben und leicht, locker und entspannt durchs Leben gehen.

Bewusst positive Gedanken, Absichten, Worte und entsprechende Handlungen können eine neue Welt erschaffen. Oder anders ausgedrückt: Ich kann mir die Welt genauso erschaffen, wie ich sie haben möchte!

Ich bin kein Opfer, niemand ist schuld, ich habe es selbst in der Hand, mich aus dem Gefängnis meiner negativen Emotionen zu befreien.

>>Würde jeder seinen Blick nach innen richten und anfangen, über sich selbst und sein Verhalten nachzudenken und daran arbeiten, sich selbst zu mögen und anzunehmen wie er ist, gäbe es auch keine Feindseligkeiten, keine Schuldzuweisungen, kein Mobbing, keinen Streit und Manipulationen, weder unter Kindern und Schülern, noch unter Erwachsenen<<, so in etwa endet der Gedankenaustausch mit Jona. Und dann fällt mir noch folgender Ratschlag ein:

>>Ich habe allerdings festgestellt, dass unser Ego mit dem

Verstand nicht zu knacken ist. Ich habe schon so viel über dieses Thema gelesen und weiß daher auch um viele meiner Schwächen, aber ich bekomme sie immer noch nicht abgestellt. Das ist der Haken an der Geschichte: Es ist verdammt schwierig das Ego zu erkennen und unser Verhalten zu ändern, denn dazu müssen wir unsere Bequemlichkeit und unseren Stolz überwinden. Ist ja nicht alles schön, was bei genauster Selbstbetrachtung an die Oberfläche kommt … Ganz oft merke ich bereits, dass ich in Konfliktsituationen die gleiche Reaktion wie immer runterspule, was zwar schon ein Fortschritt ist (es zu merken), aber trotzdem gelingt es mir oft noch nicht, Dinge anders zu machen. Und dann ärgere ich mich total über mich selbst.

Wissen reicht nicht, es geht um das Fühlen! Wenn ich die Gefühle, die mich belasten, nicht zulasse, kann ich mich nicht ändern. Aber die Angst, diese unangenehmen Emotionen nicht aushalten zu können, hält uns davon ab, die Ursache eines Konfliktes bei uns selbst zu suchen. Sich als Opfer und die Schuld im anderen, dem Täter zu sehen, ist die wesentlich bequemere Variante.<<

Tja das Fühlen ist verdammt schwer, weil wir sehr früh verinnerlicht haben, dass es besser ist, Gefühle nicht zu zeigen.

Dazu gehört eine Menge Mut und Übung.

Ich habe den letzten Monaten ganze Seen mit Tränen gefüllt … wenn ich alleine war.

>>Bloß nichts anmerken lassen, keine Schwäche zeigen und Haltung bewahren<<, dieses falsche Denkmuster habe ich in mir entdeckt und festgestellt, dass es die meisten Menschen überfordert, mit Emotionen, insbesondere mit Trauer,

umzugehen, denn es ist eher unüblich, offen zu seinen Gefühlen zu stehen und sie zu zeigen.
Während unserer Unterhaltung weinen wir auch gemeinsam um Volker und um die globale Welt voller Streitigkeiten und Elend, und mir wird mal wieder bewusst, wie schwer es auch Jona fällt, Gefühle zu zeigen und das macht mir natürlich sehr zu schaffen. Daher überlege ich am Abend, wie ich Jona beim Ausdrücken der Gefühle helfen kann und schreibe es auf:

Mein allerliebster Schatz,
ich möchte dir gerne etwas Wichtiges sagen und schreibe es (wie immer) lieber auf, so fällt es mir leichter, die richtigen Worte zu finden.
Ich denke, es ist richtig gut, dass deine Traurigkeit wegen Papa nun ihren Raum beansprucht und sich immer wieder bemerkbar macht. Bisher warst du noch nicht so weit und hättest es noch nicht ertragen können, daher hast du den Weg der Ablenkung und Vollauslastung gewählt, um ja nicht zur Ruhe zur kommen. Und das war auch richtig so. Dein Schmerz war so groß, dass er erst einmal weggeschlossen werden musste, weil du ihn nicht ertragen hättest. Dass er jetzt wieder auftaucht, ist ein Zeichen, dass du nun stark genug bist, um ihn zu fühlen. Das ist auch der Grund, warum du in letzter Zeit ständig die Sorge hast, etwas zu vergessen und dich unkonzentriert fühlst. Das Gefühl der Trauer will sich nicht mehr unterdrücken lassen, sondern möchte, dass Du es zulässt. Es möchte, dass du zur Ruhe kommst und du dir die Zeit nimmst, es zu fühlen und anzunehmen. Damit es anschließend wieder gehen und aus dir herausfließen kann und zwar endgültig.

Lass den Schmerz und die Trauer einfach da sein! Das ist völlig normal und etwas Gutes und Positives! Frag Dich nicht, warum du gerade jetzt traurig bist, es ist egal. So ist es einfach, nicht dagegen ankämpfen.

Mir zerreißt es das Herz, wenn du leidest und ich fühle mich dann so machtlos. Ich bin überglücklich, wenn du aussprichst: >>Mama, ich bin gerade traurig<<, und ich dich in den Arm nehmen darf. Aber ich verstehe auch, wenn du alleine sein willst. Sag mir dann doch bitte trotzdem, dass du dich zurückziehen möchtest, weil du traurig bist. Ich wähle ja auch oft den Weg, alleine zu trauern. Allerdings auch, um dich nicht zusätzlich belasten, denn ich bin die Erwachsene. Du belastest mich aber auf keinen Fall! Du brauchst niemals Rücksicht zu nehmen!

Oft habe ich gedacht: >>Warum überfällt mich die Traurigkeit ausgerechnet jetzt und so schlagartig?<<, aber inzwischen denke ich nicht mehr über das >>warum gerade jetzt<< nach, sondern bin einfach traurig und erstaunlicherweise geht es mir anschließend viel schneller wieder besser. Und dann überlege ich, was ich mir denn nun Gutes tun kann: mit Dir in der Küche sitzen und erzählen, anstatt zu putzen oder Erledigungen zu machen, mit dir Shoppen fahren, Schwimmen gehen, radeln, mich mit Freunden treffen, mir einen Blumenstrauß schenken oder ich hole mir einen Massagetermin.

Ich habe für mich gelernt, dass Trauer endlich zuzulassen und anzunehmen, viel leichter und einfacher ist, als Angst davor zu haben, sie zuzulassen. Das Schöne ist nämlich, wenn du sie willkommen heißt und mal ausprobierst, wie sie sich anfühlt, geht das Gefühl der Trauer (wie auch jedes andere Gefühl) anschließend von alleine weg. Klingt blöd, aber so einfach ist es eigentlich: Gefühle gehören zu dir und möchten beachtet werden. Und solange du das nicht tust, gehen sie nicht weg. Sie verstecken sich eine Zeit, tauchen aber dann immer wieder auf und zwar jedes Mal intensiver. Und wenn sie dann immer noch ignoriert werden, machen sie dich krank. Sie fordern Aufmerksamkeit - deine Beachtung - ein! Die Angst vor dem Fühlen ist es, die krank macht, nicht das Gefühl selbst. Das verdrängte Gefühl möchte nur wahrgenommen werden und dann abfließen.

Wenn Du merkst, dass die Trauer kommt, weine unbedingt und dann stell dir vor, die Traurigkeit wäre ein Tier und ruf es einfach. Schau mal, wo es in deinem Körper sitzt und locke es heraus. Mein Tier (meine Trauer) sieht aus wie eine Art Luchs mit ganz großen traurigen Augen. Und der sitzt meistens in meinem Herzen, das sich dann anfühlt, als würde es auseinandergerissen werden. Manchmal sitzt sie auch in meinem Hals und drückt ihn zu. Ich kann das aber auch nur spüren, wenn ich mich darauf konzentriere. Und dann stelle ich mir vor, dass ich meinen Luchs rufe und in den Arm nehme und streichele und sage:

>>Du bist ein Teil von mir, du darfst da sein, es ist in Ordnung wenn du traurig bist.<< Und dann ist der Luchs gar nicht mehr traurig, sondern glücklich, weil er gesehen und getröstet wird. Er wollte ja nur wahrgenommen werden, denn er gehört ja zu mir. Und dann geht es ihm sofort gut und mir auch wieder. Ich glaub inzwischen, um richtige, intensive Freude empfinden zu können, muss man zunächst die Trauer tief in seinem Herzen gespürt haben. Also kommen gute Zeiten auf uns beide zu. Wir werden beide irgendwann, hoffentlich bald, ein ganz intensives

Leben in Freude erleben, wie es nur Menschen können, die die andere Seite kennen gelernt haben, denn Trauer und Freude sind nur die gegensätzlichen Pole ein und desselben Gefühls. Du wirst immer wissen, auf was es im Leben ankommt und die richtigen Prioritäten setzen.
Ich habe dich ganz dolle lieb!
Du bist das tollste Kind der Welt!
Deine Mama

Ich will kein Opfer sein

Bin aufgewacht mit dem Gedanken, dass mir heute eigentlich alles zu viel ist, Haushalt, Hecke schneiden mit Papa, möchte aber unbedingt lesen, bin mit einer Freundin zum Laufen verabredet und vielleicht Kino, aber das hatte ich schon abgehakt, bin viel zu müde. Wieder mal kaum Schlaf in letzter Zeit (seit fünf Monaten ...), heute Nacht um 2.00 Uhr Jona abgeholt, konnte natürlich anschließend nicht mehr zur Ruhe kommen ... Und es regnet. Hatte gerade überlegt, das Treffen abzusagen und alles doof zu finden bzw. mich überfordert zu fühlen, wie ich es seit Wochen tue und auch jedem erzähle, der fragt.
Traurig schlage ich wie jeden Morgen den Kurs in Wundern auf und lese:
Ich bin nicht das Opfer der Welt, die ich sehe. (ÜB, L 31)
Okay, danke für den Hinweis. Dies ist ein schöner Tag, weil ich es will und weil nur dieser gegenwärtige Augenblick - die Gegenwart - zählt. Sowohl die Vergangenheit, die mich traurig macht als auch die Zukunftsgedanken, die mich gerade

überfordern, existieren nur in meinem Kopf. Ich muss nur aus der Gegenwart das Beste machen, ich verzichte nicht auf die Dinge, die mir gut tun, ich will leben … Ich treffe mich heute auf alle Fälle mit meiner Freundin!

Die Trennung als Illusion

Das Wort >>Sünde<< hat im Kurs nur eine einzige Bedeutung: Der Glaube des Menschen, von Gott getrennt zu sein, was von unserem Ego als nicht korrigierbar angesehen wird. Denn wenn wir erkennen, dass wir keine getrennte Identität sind, sondern alle mit einem universellem Bewusstsein (Gott), in Form einer Einheit, verbunden sind, würde unser Ego, dieser verflixte Schweinehund, ja seine Existenzberechtigung verlieren. Wieder vereint, wären wir glücklich und unser Ego überflüssig. Allerding hätten wir dann auch nicht die Chance, unsere Seele durch Lernaufgaben bewusst zu erfahren, denn wie könnten wir uns für das Gute - die Liebe - entscheiden und wertschätzen, wenn wir das Gegenteil nicht kennen?! Das Ego gehört also dazu - zu uns - und ist unser Trainingspartner. Der Sinn des Lebens ist es, sich mit uns selbst auseinanderzusetzen, anstatt die Augen zu verschließen und mehr oder weniger unglücklich und unbewusst vor sich hin zu träumen.

Das Ego arbeitet mit folgendem Trick: Damit wir uns auch ja nicht an die Wahrheit erinnern, sorgt es ständig dafür, dass wir uns schuldig fühlen und denken, wir bräuchten seine Hilfe.

>>Schuld ist die Summe aller negativen Gefühle und Überzeugungen, die wir uns selbst gegenüber hegen und die Summe aller negativen Erfahrungen, die wir gemacht haben

(Konditionierungen aus der Kindheit). Schuld kann sich in Form von Selbstablehnung, in Gefühlen von Inkompetenz, Versagen und Leere oder dem Gefühl, dass es uns innerlich an etwas mangelt oder wir uns einfach falsch fühlen, zeigen.

Fühlen wir uns erstmal schuldig, dann glauben wir, für unsere Sünden bestraft werden zu müssen und haben demzufolge Angst. Und wenn wir dann Angst haben, bitten wir paradoxerweise wiederum das Ego um Hilfe und sagen: >>Hör mal, du musst etwas unternehmen! Ich kann die Angst (Trauer, Wut, Falschheit, Einsamkeit, Eifersucht, Minderwertigkeit, Scham, Ablehnung usw.) nicht ertragen. Bitte tu was! <<

Dieses Zitat von Kenneth Wapnick, bringt es auf den Punkt.

Und was tut das Ego? Es hat zwei Möglichkeiten uns zu schützen: die Verdrängung und die Projektion.

Dinge und Situationen, die wir nicht fühlen oder wahrhaben wollen, weil sie zu schmerzhaft sind ins Unterbewusstsein zu verdrängen, ist wohl die am häufigsten gewählte Schutzstrategie, deshalb erkennen wir unsere eigenen Muster der sich praktisch täglich zeigenden negativen Emotionen in der Regel nicht. Auf einer tieferen Ebene spüren wir dennoch, dass die Schuld und Angst vorhanden ist, und wenn wir uns nicht mit ihr beschäftigen, wird sie uns erst unzufrieden und dann krank machen.

Die zweite Schutzstrategie des Egos gegen negative Erfahrungen, die Projektion, ist einer der fundamentalsten Gedanken des Kurses in Wundern. *Projektion bedeutet, dass wir etwas aus unserem Inneren nehmen und behaupten, dass es in Wirklichkeit nicht dort, sondern außerhalb von uns in jemand anderem ist. Wir nehmen unser eigenes Schuldgefühl und sagen: >>Die Schuld ist nicht in mir, sondern in dir. Du bist schuld. Nicht ich bin für mein Elend und Unglück verantwortlich, sondern du!*<< Der Partner, der Chef, die Eltern, der Job, die Umstände ... Immer, wenn andere Menschen etwas sagen oder tun, das in uns Schmerz, Ärger, Ablehnung, Wiederstand, Verurteilung, Kritik, Schuld- oder Schamgefühle auslöst, ist dies ein Zeichen dafür, dass wir etwas aus unserem Inneren nach außen projiziert haben. Solange uns diese Tatsache nicht klar ist, werden wir entweder den Rückzug antreten (vor dem Angreifer flüchten, aber eigentlich vor uns selbst) oder wütend werden und selbst angreifen (Schuld nach außen verlagern).

Was bliebe wohl übrig, wenn wir das Ego komplett abschütteln könnten?

Was verbirgt sich tief in unserem Inneren, unter unserer gesellschaftlich angepassten Persönlichkeit? Hinter unserer Maske, die wir tragen, um unserem Umfeld und auch uns selbst zu gefallen und um den Anforderungen der Gesellschaft stand zu halten?

Unser wahres, ursprüngliches Selbst: Das tiefe innerste Wissen, Teil des Ganzen zu sein, geliebt zu werden und Liebe zu sein – vollkommen und einzigartig, so wie wir sind.

Vollkommenheit bedeutet jedoch nicht, perfekt genormt zu sein - das denkt nur das Ego. Vollkommenheit bedeutet, in Ordnung und richtig zu sein mit all unseren Licht- und Schattenseiten, und mit Neugier und Begeisterung Erfahrungen machen zu dürfen. Es gibt kein >>falsch sein<< und auch keine Fehler.

Was für ein wundervoller Traum: jenseits von Bewertung und Kritik leben zu dürfen, jenseits von Urteilen, Konkurrenz, Leistungsdruck, Wettbewerb und Vergleichen, nie wieder

Angst vor Fehlern, vorm Scheitern, vor Verlust oder verlassen zu werden, nicht zu genügen oder nicht geliebt zu werden. Wenn ich wirklich keine Angst mehr in mir trage, auch keine ins Unterbewusstsein verdrängte, kann mir nichts davon wiederfahren! Dann bin ich frei von Schmerz, Kummer, Schuld und Scham, und darf einfach nur >>sein<<.
Stattdessen träumen wir unbewusst, solange wir unreflektiert vor uns hinleben und denken, wir seien falsch – die erdrückende Sorge vor dem Versagen oder >>nicht zu genügen<< entsteht in unserem denkenden Verstand! In Wahrheit sind wir und waren wir schon immer Teil eines schöpferischen Einheitsbewusstseins und sind somit der Liebe entsprungen, und die Liebe ist die Quelle der schöpferischen Macht. Wir müssen uns nur daran erinnern, uns dessen bewusst werden und diese Kraft in uns aktivieren! Auf die Suche gehen und unser Innerstes erforschen, um unser wahres Selbst zu finden und uns unseren Schattenthemen stellen - wissen, dass anstrengende oder schmerzhafte Beziehungen und Situationen Lernaufgaben sind, die angenommen werden wollen und der Selbsterkenntnis und dem Seelenwachstum dienen. Unsere Schattenseiten sind tiefe, verdrängte Seelenverletzungen, die gesehen und losgelassen werden wollen.

Je tiefer ich in den Kurs in Wundern eintauche, desto offensichtlicher erkenne ich Parallelen:
Volker trug all die grundlegenden Werte, die der Kurs vermitteln möchte, bereits in sich. Ich brauche nur zurückzublättern und nachlesen, wie ich Volker, nur wenige Tage nach seinem Tod, beschrieben habe. Volker war ein seltenes Exemplar

von Mensch, der wenig vom Ego und umso mehr von liebevollen Gedanken und selbstlosen Handlungen gesteuert war. Liebevoll, hilfsbereit, sanftmütig, ruhig und gelassen. Streiten und „Recht haben“ lohnt nicht, war seine Philosophie. Niemanden verurteilen und jede noch zu doofe Situation gelassen hinnehmen.

Für mich fühlt es sich so an, als wäre Volkers Tod meine persönliche Inszenierung der >>Trennung von Gott<< auf kleiner Bühne … ein kleines Schauspiel des Kurses in Wundern … nur für mich?!

Damit ich aufwache?

Erst Tod und Trennung, dann Schuldgefühle und Einsamkeit und allmählich das Erkennen dieser Illusion. Die Welt, wie ich sie bisher kannte, ist eine Illusion - eine mentale Scheinwelt - erschaffen von meinen unbewussten Gedanken, Überzeugungen und (Ego-)Begrenzungen. Es gibt keinen Tod, denn Volker ist noch da, wir sind nicht getrennt, wir sind im Geiste und im Herzen - auf der Seelenebene - immer noch verbunden. Wenn Volker noch existiert, gibt es auch keine Trennung von der göttlichen Quelle – der geistigen Einheit und Kraft, dem universellen, intelligenten Bewusstseinsfeld, der Weltenseele.

Alles ist eins und alle Menschen sind auf höherer Ebene miteinander verbunden. Und diese allumfassende Einheit wirkt durch mich und durch jeden anderen Menschen, durch unser Bewusstsein - wir können diese höchste Kraft bewusst lenken, sobald wir uns ihrer bewusst und mit ihr verbunden sind und in ihrem Sinne handeln. Das ist mit schöpferischer Macht gemeint.

Volker, stell dir vor, jeder Mensch würde sich seinen eigenen

kleinen, friedlichen, harmonischen Kosmos erschaffen, einfach indem er versteht, dass Trennung, Schuld und Angst die große, selbst produzierte Täuschung der materiellen Welt ist. Und stell dir vor, dass jeder Mensch aus diesem Verständnis heraus die Verantwortung für seine persönliche, selbst erschaffene Welt übernimmt und endlich damit beginnt, seine Gedanken und damit sein Leben bewusst zu verändern. Ja, stell dir das vor! Dann könnte sich niemand mehr auf Dogmen berufen und sich einreden, Kriege im Namen einer Religion zu führen sei rechtens oder im Sinne Gottes. Dann gäbe es weder Ausbeuter noch Beherrschte, weder Machtgerangel noch Konkurrenz, weder Täter noch Opfer.
Nur ein Mensch, der unbearbeitete Angstthemen - alte Wunden und Verletzungen - in sich trägt, läuft weg, greift an oder denkt, er müsse sich verteidigen. Nur der Mensch, der sich (unbewusst) zutiefst minderwertig und ungeliebt fühlt, hat das Bedürfnis, Macht über andere auszuüben, um sich selbst - seinen Wert - damit zu erhöhen. Wer in sich selbst ruht und Kontakt zu seiner inneren Essenz gefunden hat, ist friedlich und strahlt dies aus, denn er ist verbunden mit der Quelle, dem Ursprung der Liebe.

Ganz tief in uns spüren wir doch bereits, dass sich das Bewusstsein der Welt kollektiv verändern muss und auch verändern wird. Denn es trägt bereits jeder eine leise Ahnung davon in sich, dass es im Leben um mehr geht als Karriere, Wettbewerb, soziale Anpassung, materielle Werte und äußeren Reichtum. Kaum ist ein Ziel erreicht, klopft schon wieder die Unzufriedenheit an die Tür, denn rein materielle, oberflächliche Eroberungen befriedigen immer nur kurzfristig. Ich schaue mich um und sehe wenig ausgeglichene Menschen, dafür viele Suchende auf der Jagd nach dem Glück: durchhalten bis zum Urlaub, aber dann! Oder bringt es der neue Job? Ein neues Hobby? Eine neue Beziehung? Neue Freunde? Mehr Geld? Ein Haus? Die Heirat? Ein Baby? Irgendwie ist doch die Realität des Lebens immer etwas bescheidener als unsere Träume, zumindest wenn sie substanzlos - nicht der Liebe entsprungen - sind. Wir suchen einfach nur an der falschen Stelle!

Ablenkung oder die Suche nach Liebe im Außen konnte und kann mich langfristig weder trösten noch befriedigen. Die Momente des Friedens erreiche ich nur in dem wohltuenden Gefühl, Teil von etwas Großem zu sein, das mich beschützt und führt und das Volker mit einschließt. Ich habe den Abstieg ins Innere begonnen, denn ich glaube, nur dort kann ich das Glück, die Freude und die Leichtigkeit - Erfüllung, ein erfülltes Sein, das nichts mit vorzeigbaren Errungenschaften zu tun hat - wiederfinden.

Mein wirkliches Selbst erkenne ich nur, wenn ich mich mit meinem Ego auseinandersetze. Es sagt: Trennung, Trauer, Isolation, Einsamkeit, Schuld, Angst: >>Etwas stimmt nicht mit dir, sonst würdest du dich nicht so fühlen, sonst wäre jetzt jemand da, der sich emotional auffangen könnte, der dir Halt gibt. Du verdienst es nicht, gehalten zu werden.<<

Nun kann ich mir endlich dieses schreckliche Schuldgefühl, das mich seit Volkers Tod in mir trage, erklären:

Warum bin nicht ich gestorben, sondern du?

Du warst ein so viel besserer Mensch als ich.

Habe ich es verdient, dich zu verlieren? Habe ich was falsch gemacht? Hätte ich es verhindern können? Ist es eine Strafe? Und falls ja, wofür?

Strategie des Egos: Fühl dich schlecht, meine Liebe, denn wenn du die Wahrheit erkennst, höre ich auf zu existieren!<

Und nun erkenne ich sogar meine eigene Projektion: Ich habe meine Schuldgefühle auf meine Mama projiziert, die meine tief in mir schlummernden, furchtbaren Gedanken ausgesprochen hat: >>Warum bist du nicht mitgefahren, dann wäre Volker vielleicht nicht am Steuer eingeschlafen?!<<

Oder der Satz: >>Ich kann damit nicht so gut umgehen wie du!<< Heißt das, dass ich etwas falsch mache? Dass ich nicht genug leide? Diese Frage hat mich monatelang gequält.

Ich bin mir sicher, wäre ich frei von Schuldgefühlen, wären mir diese Worte niemals im Außen begegnet – gespiegelt worden. So aber hat es mir den Dolchstoß versetzt: Ich bin schuld!

Mir kommt in den Sinn, dass diese tiefen, unbewussten Schuldgefühle nichts mit diesem Leben zu tun haben.

Meine alte Schutzstrategie zur Vermeidung von Trennung, vom >>alleine gelassen werden<< war: Ich verhalte mich so, wie ich denke, dass es andere von mir erwarten. In mir steckte die unbewusste Angst, dass, wenn ich mich falsch verhalte, mein Umfeld mich abgelehnt - was ja auch passiert ist, als ich mich anders verhalten habe, als von mir erwartet wurde … eine, von meinen Eltern unbeabsichtigte (!) Kindheitsprägung, denn diese Generation wurde selbst so geprägt und hat dieses Verhalten unbewusst so weitergegeben. Meine Eltern mussten einfach überleben und sich aus der Armut der Nachkriegszeit heraus mühselig etwas aufbauen, das war nicht die Zeit der Innenkehr, Selbstreflektion und Sinnfindung.

Erst jetzt, in meinem emotionalen Ausnahmezustand, beginne ich, die Funktionsweise meines Ego und meine Konditionierung zu erkennen und fange an, mir die Dinge bewusst anzusehen und zu ändern … weil meine Seele es nicht mehr aushält in dem alten, falsch- und fremdprogrammierten, mentalen Gefängnis meines denkenden Verstandes. Meine Seele will ausbrechen und endlich frei sein, atmen, leben, lachen und lieben.

Ich hatte in den letzten Wochen oft Ausschlag um die Augen, was sogar dazu geführt hatte, mich zweimal bei der Arbeit krank zu melden. Plötzlich erkenne ich, dass sich mein quälender Versuch >>richtig zu sein<< in einer körperlichen Reaktion gezeigt hat. Mein Unterbewusstsein hat meine Traurigkeit nach außen sichtbar gemacht.

>>Ich habe meinen Mann über alles geliebt! Seht ihr, wie sehr ich trauere! Bitte erlöst mich doch und sagt mir, dass ich nicht schuld bin und genug trauere! Gebt mir bitte das Gefühl, alles richtig zu machen – richtig zu sein!<<

Nachdem mir dies klar geworden ist, war der Ausschlag weg und ist nie wieder gekommen, denn nur ich kann mir bestätigen, alles richtig zu machen. Ich darf so sein, wie ich bin! Ich bin richtig, so wie ich bin!

>>Am liebsten würde ich morgens gar nicht mehr aufstehen.<<

Auch so ein Satz von Mama, die Trost bei mir gesucht hat, mir aber stattdessen jegliche Energie und Kraft raubte, die ich bis dahin mobilisieren konnte. Denn ich schaffe es ja irgendwie, jeden Morgen aufzustehen. Ist das falsch? Nein natürlich nicht. Aber mein Ego ist so mächtig und flüstert mir immer wieder ein, dass ich verlassen wurde, weil ich so klein, unbedeutend und unwichtig bin … nicht liebenswert – nicht der Liebe wert.

Wieso denke ich so von mir?

Weil ich mich als Kind alleine gelassen gefühlt habe? Oder mir oft gesagt wurde, was ich falsch mache? Weil ich Vieles nicht ausprobieren durfte, aus Sorge meiner Eltern, es könnte mir etwas passieren? Weil eine kindliche Meinung damals nicht zählte oder Kinder ausgelacht wurden für ihre naiven Vorstellungen? Völlig egal, denn entscheidend ist, dass mein, mich noch heute beherrschendes Selbstbild im zarten Alter von vielleicht zwei bis sechs Jahre entstanden ist! Meine kindliche Interpretation der Dinge entsprach nie der Realität und war ganz sicher nicht von meinen Eltern beabsichtigt, und dennoch steckt diese Prägung noch heute in mir und beeinflusst meine Emotionen! Zumindest immer, wenn Ausnahmezustände oder Stresssituationen diese falschen Glaubenssätze an die Oberfläche befördern und ich meine alten Verhaltensmuster abspule. Dann bin ich im Ego, in meinem antrainierten Verhalten, das mich besser aussehen lassen soll, als ich mich tatsächlich fühle. Das Ego trennt mich von meinem wahren Selbst.

Wieso erkenne ich plötzlich, was mein ganzes Leben lang im Verborgenen lag?

Volker hat mir ein Tor geöffnet und mein Herz hat mich zu ihm geführt. Unsere gegenseitige Liebe hat die Trennung aufgehoben und mich wieder mit der Quelle verbunden – mit den Antworten … mit der Wahrheit! Durch die Aufhebung der Trennung verschwindet auch die Illusion der Schuld. Es gibt keine Schuld. Nur Vergebung.

Vergebung bedeutet alle schmerzhaften Gedanken und Gefühle loszulassen und zu verstehen, dass ich selbst sie unbewusst produziert habe.

Eine sanfte Stimme steigt auf aus der Tiefe meiner Seele und

flüstert:
>>Wach auf! Erinnere dich, dass du träumst!<<

Ja, ich habe geträumt, mein ganzes Leben lang … ich habe unbewusst vor mich hin geträumt, denn ich war mir meiner verdrängten Ängste, meiner Ego-Schutzstrategien, Projektionen und der Fremdbeeinflussung, durch die mein falsches Selbstbild entstanden ist, nicht bewusst. All das plötzlich sehen zu können bezeichnet das >>Erwachen<< und den Beginn des spirituellen Bewusstwerdungsprozesses. Ich bin so viel mehr als ich mein Leben lang dachte zu sein … und ganz anders. Ich will wissen, wer ich wirklich bin!

Solange ich mich von meinem Ego steuern lasse, werde ich traurige und lieblose Bilder träumen und im Spiegel (im Außen) sehen, alte, in meinem Unterbewusstsein gespeicherte Programmierungen und Emotionen, die mich klein machen und festhalten in einem selbst errichteten Gefängnis, in einer kleinen Box, die mir inzwischen viel zu eng geworden ist und mir die Luft zum Atmen nimmt, die mich erdrückt.

Ich will da raus! Ich habe die Wahl!

Ich selbst entscheide, was ich >>träume<< und in die materielle Ebene projiziere!

Ich habe die Macht, schöne Träume wahr werden zu lassen.

Ich bin nicht in der Welt, die Welt ist in mir! Sie entsteht durch meine Gedanken, Überzeugungen, Erwartungen, Worte und Gefühle und alles, was ich im außen sehe, ist nur die Spiegelung meines Selbst.

Mein innerster Wesenskern ist die Quelle all dessen, was existiert. Ich bin eins mit allem, was ist. Jeder Mensch spiegelt einen Teil von mir. Jede anstrengende Beziehung, jeder

Konflikt hat seinen Ursprung in mir selbst und kann nur dort gelöst werden. Und das gibt mir die Macht, genau die Welt zu erschaffen, die ich haben möchte: eine harmonische und friedliche Welt.
Ich kann den Frieden in mir finden, indem ich mich von der Herrschaft des Egos befreie … Theorie und Praxis …
Wo sind die Ego-Verletzungen und Strategien noch gleich abgelegt? Im Unterbewusstsein – es heißt so, weil uns die dort gespeicherten Informationen und emotionalen Reaktionen nicht bewusst sind und im Verborgenen liegen! Na dann viel Erfolg …

Ein Tag danach:
Das erste Mal in meinem Leben schneide ich unsere Hecke alleine und es macht richtig Spaß. Hey Volker ich sehe dich: Du grinst mich die ganze Zeit feixend an!
Ich nehme Volker tagelang lachend vor meinem inneren Auge wahr und es geht mir so gut. Er ist stolz auf mich und noch wichtiger: Ich bin stolz auf mich.
>>So gut wie letzte Nacht habe ich seit einem halben Jahr nicht geschlafen<<, sage ich zu Jona, kann aber auf das >>Warum?<< leider nicht antworten. Ach Jona, ich würde es dir so gerne erzählen, aber ich traue mich (noch) nicht. Irgendwie verstehe ich das alles selbst noch nicht und fühle mich nicht in der Lage, mein neues bewusstes Sein und diese wunderbaren Seelenerkenntnisse zu kommunizieren, ich kann dieses innere Geschehen einfach nicht ausdrücken. Deshalb schreibe ich es auf - meine einzige Möglichkeit, mich gedanklich zu sortieren.
Ich bin mir sicher, auch du spürst Papa, aber diese vielen, neuen,

ver-rückten Wahrnehmungen sind im Moment sicher noch zu viel für deine Sinne. Ich versuche weiterhin die Wahrheit zu finden und zu verstehen, denn du sollst dein Leben so früh es geht anders leben: bewusster und in dem tiefen Wissen und Vertrauen, dass du beschützt, behütet und begleitet bist. Und in dem Wissen, dass du selbst der Schöpfer deines Lebens bist und alle deine Träume verwirklichen kannst.

Schon wieder verlassen

In meiner heilen, spirituellen Wolke fühle ich mich so gut und sicher, aber der Alltag will nicht so richtig mitspielen!
Meine Chefin hat heute verkündet, dass mein Arbeitsbereich vorübergehend an eine fremde Firma vergeben wird, auch Outsourcing genannt, damit wir Analysten nun endlich Freiraum zum Erlernen der Sachbearbeitung haben. Hurra. Freude am Job >>outgesourct<< ...
Und um dem noch einen drauf zu setzen, erzählt mir am gleichen Tag mein Kollege Tom, mit dem ich am engsten und sehr gerne zusammenarbeite, dass er kündigt und unser Haus in sechs Monaten verlässt. Ich versuche mich für ihn zu freuen, denn ich weiß, wie wichtig ihm ein berufliches Vorankommen ist und überspiele erfolgreich meinen gefühlten Absturz ins Bodenlose, denn für mich ist die Vorstellung, dass wir getrennt werden, schrecklich. Lieblingskollege und Lieblingsjob weg, damit wird mein Rettungsanker der vergangenen Monate nun auch noch gekappt. Und dass mich erneut ein Mensch verlässt, an dem mein Herz hängt, gräbt mein Verlusttrauma wieder

aus. Ich fühle mich emotional ein halbes Jahr zurückgeworfen. Ich verstehe meine starken Gefühle selbst nicht. Wieso trifft mich das so hart?
Was hat das zu bedeuten?
Soll ich beruflich einen anderen Weg gehen, weil nichts mehr übrig bleibt, was mich halten könnte? Die Ahnung, dass sich mein Leben ändern wird oder muss, um dem Ganzen einen Sinn zu verleihen, nagt bereits seit Wochen an mir. Soll das hier nun ein weiterer Hinweis sein?
Habe ich mir für dieses Leben vorgenommen, das Thema Verlust- und Ablehnungsängste abzuarbeiten? Das war schon immer mein größtes Problem, wird mir nun klar:
Als Kind hatte ich Angst, dass meinen Eltern etwas passieren könnte. Ich kann mich noch genau daran erinnern, dass ich interessanterweise immer dachte, alleine wäre ich nicht überlebensfähig. Später dann die Dauersorgen um Volker und Jona. Kein Auge habe ich zugetan, bis beide, insbesondere nach Feiern, nachts wohlbehalten zu Hause waren. Tja, Sorgen machen hat jedenfalls nichts genützt.
Kein Vertrauen ins Leben und in mich selbst, die ständige, innere Druck nicht gemocht zu werden oder nicht dazuzugehören, zu den Coolen und Leistungsstarken. Alleine dazustehen … zurückgelassen zu werden …
Dazu passen meine gesundheitlichen Beschwerden wie Asthma, Rückenproblemen und Neurodermitis. Körperliche Symptome haben oft seelische Ursachen, das weiß ich schon lange von meinem ganzheitlich beratenden Hausarzt.
Viele Beschwerden und Krankheiten transportieren unsere verdrängten Verletzungen und Ängste an die Oberfläche mit

dem Sinn, sich ihnen zu stellen.
Trotzdem kann ich es gerade überhaupt nicht ertragen, noch jemanden zu verlieren! Also, blödes Leben, was soll das? In der Theorie ist das Wissen um die Illusion der Trennung ja ganz schön, aber so viel Realität und Umsetzungserfahrung brauche ich im Moment nun doch nicht! Vielleicht soll ich erkennen, dass mein Glück nicht von anderen Personen abhängt, sondern einzig und allein von mir?
Ich versuche zu ergründen, was in mir vorgeht:
Durch den Verlust des einzigen Menschen, der mich bedingungslos liebte, fühle ich mich getrennt und verlassen und versuche verzweifelt, woanders ein bisschen Zuneigung und Aufmerksamkeit zu finden. Liebe, Halt und Geborgenheit. Das Gefühl, noch (für jemanden) wichtig zu sein.
Ich suche Halt bei meinen Eltern, die so gerne helfen wollen, jedoch mit ihrer eigenen Suche nach Trost und ihrer Unsicherheit stattdessen Erwartungsdruck in mir auslösen und meine Einsamkeit noch verstärken. Mama spiegelt mir darüber hinaus meine eigenen Schuldgefühle. Aber ich glaube inzwischen, das gehört zum höheren Plan, damit ich lerne, zu verstehen.
Jona braucht alle Liebe, die ich geben kann und nicht umgekehrt. Ich darf mein Kind nicht manipulieren, um mich selbst gut zu fühlen. Hoffentlich habe ich es nur selten getan in meiner eigenen Verzweiflung. Ich gebe dir die Freiheit, du selbst zu sein, Jona. Nichts soll dich belasten.
Was kann mir noch Halt geben? Fünfundzwanzig Berufsjahre, ein Kampf um Anerkennung und Zufriedenheit. Fünfundzwanzig Jahre Kampf um den Platz eins in der Beliebtheitsskala der Kollegen und dann der ewige Druck, das

hohe Leistungsniveau, das ich erreicht habe, auch halten zu können. Und nun endlich, in meinem aktuellen Job, denke ich gerade, meinen Wohlfühlplatz gefunden zu haben, da stellt sich heraus, er beruhte in erster Linie auf der damit verbundenen zwischenmenschlichen Beziehung. Das war mir bisher nicht klar. Und durch das Outsourcing bleibt nun nicht einmal mehr die Job-Routine.

Ich ziehe los und bettele um Halt und Liebe und >>Puff<<, nach und nach verschwindet alles und jeder, von dem ich glaubte, dass es meinem Leben wieder Stabilität geben würde.

Meine alte Welt löst sich auf …

>>Was du dir ersehnst, wirst du im Außen nicht finden<<, flüstert eine Stimme in meinem Herzen.

Vertraue nicht auf Illusionen, sie werden dich enttäuschen, heißt es im Kurs. Ich habe in einer Welt der Illusionen gelebt, in einem unbewusst entstandenen Klartraum, indem ich egogesteuert permanent nur funktioniert habe.

Ich mache die Welt los, von allem, wofür ich sie hielt und wähle meine eigene Wirklichkeit an ihrer statt. Das ist eines meiner Lieblingszitate aus dem Kurs.

Die Erkenntnis, ein Beobachter meines eigenen Traumes zu sein, gibt mir ein Gefühl der Klarheit und Ruhe.

Frieden breitet sich in mir aus, nun kann ich wieder entspannt meiner künftigen Arbeit entgegensehen.

Ich bin jeder Herausforderung gewachsen und wenn ich irgendwann feststelle, dass mir mein Beruf keine Freude mehr bereitet, werde ich etwas ändern.

Mir wird gerade bewusst, dass Tom mehr für mich ist, als nur ein Kollege und gleichzeitig verstehe ich diese tiefe, gefühlte

Verbundenheit nicht, sie irritiert und überfordert mich. Es fühlt sich so an, als würde ich meinen letzten Halt verlieren, aber diese starke emotionale Reaktion scheint mir völlig unangemessen. Ich verstehe gerade nicht was ich fühle und will es auch nicht. Des Denkens müde fallen meine Augen zu und ich versinke in mir selbst:

Ich sehe mich in meiner farbigen Phantasiewelt, in einem kleinen Garten stehend und behutsam Samen in die Erde - in die Wunden meines Herzens - legend … der Traum im Traum … oder Wirklichkeit? Ich gieße die Pflanzen und sie wachsen ganz schnell und sind wunderschön. Ich hüpfe und tanze mit meiner Gießkanne in der Hand durch diesen zauberhaften Garten und genieße die Leichtigkeit des Seins.

Meine alte Welt kann mir das, was ich am meisten brauche, nicht geben und sie kann mir nichts mehr wegnehmen. Wovor sollte ich noch Angst haben?

Eine Decke der Sicherheit und des Friedens umhüllt mich:

„Fordern oder brauchen" ist aussichtslos und immer nur ein Scheinerfolg von kurzer Dauer. Wenn ich mir meiner eigenen, inneren Liebe und meiner Wertigkeit - meines Selbstwertes - bewusst bin, benötige ich nichts mehr von anderen. Dann bin ich in der Lage zu geben und zu teilen, was ich habe und der innere Kampf hört auf. Und noch besser: Meine bewusste Selbstakzeptanz, das Erkennen der Vollkommenheit meines Seins, dass unter meinen Ängsten verborgen liegt, zieht zwangsläufig eine entsprechende Spiegelung in mein Leben wie ein Magnet - ein unausweichlicher Ausgleich von Liebesenergie und Bewusstsein.

Eine Vision

Horch in tiefen Schweigen. Sei ganz still und öffne deinen Geist, lese ich heute Morgen im Kurs und versuche es, indem ich die Augen schließe und an nichts denke.
Was ich sehe, erkenne ich erst später als zukunftsweisende Vision. Erst beim Schreiben dieses Buches verstehe ich die Botschaften, da die Bilder sich dann bereits teilweise in der physischen Welt materialisiert haben:
Ich hüpfte über eine Blumenwiese auf einen See zu, springe hinein, tauche lachend wieder auf, gehe an Land und sehe ein Einhorn mit großen, warmen Augen.
Der Nebel verzieht sich schleichend und legt eine wunderschön phantastische, farbige Landschaft frei. Ich sitze in dieser unbeschreiblich zauberhaften Märchenwelt in entspannter Meditationshaltung, Beine gekreuzt, Arme auf den Knien und Hände nach oben geöffnet. Ich fühle mich klar und rein. Über meinem Kronenchakra öffnet sich eine violette Blüte.
Dann sehe ich mich bei der Arbeit, jemand erklärt mir meinen neuen Job und ich verstehe alles mühelos und arbeite entspannt drauf los. Und plötzlich tummeln sich alle meine Kollegen mit mir auf der Blumenwiese in meiner farbigen Phantasiewelt. Es ist ein riesiger Spielplatz und alle lachen, toben, wippen und schaukeln. Ich nehme alle der Reihe nach in den Arm und denke dabei an deren Nöte und sofort sind diese verschwunden: Meine Chefin schafft unbeschwert ihre vielen Aufgaben, eine Kollegin ist von den Sorgen um die Gesundheit ihrer Mutter befreit, eine andere von den Ängste um ihre Kinder. Eine weitere Kollegin sehe ich schmollend im Sandkasten sitzen. Ich rufe sie und

reiche ihr die Hand, aber sie kommt nur widerwillig und kann nicht richtig lächeln. Sie passt nicht so richtig in dieses friedliche Bild, wundere ich mich. Vielleicht weil sie andere Menschen oftmals unerträglich findet? Sie versteht noch nicht, dass alle Menschen ebenbürtig sind und dass jeder Mensch einen Teil von uns selbst widerspiegelt; alles, was uns an dem anderen stört, aufregt oder ärgert, was uns verunsichert, triggert oder was wir ablehnen, hat immer etwas mit uns selbst zu tun, es dient der Selbsterkenntnis. Wer innerlich friedlich ist, dem werden die Menschen friedlich begegnen, wer innerlich wütend, zerstreut oder aufgebracht ist, dem werden Konflikte und Chaos im Außen begegnen. Wer sich selbst ablehnt, fühlt sich von anderen abgelehnt. Wer seinen eigenen Wert nicht sieht, sucht erfolglos nach Anerkennung und Wertschätzung im Außen.

Dann sehe ich wieder mich, auf der Blumenwiese sitzend, Volker hinter mir und mich umarmend, Jona vor und von mir umarmt, und wir verschmelzen, wir drei sind eins!

Und dann sehe ich erstaunt Tom an meiner Seite liegend, mit dem Kopf in meinem Schoß, und ich lege schützend meinen Arm um ihn.

Schemenhaft erkenne ich einen großen Mann auf mich zukommen und mich herzlich umarmen. Aber das Bild wirkt verschwommen, nicht so klar wie der Rest, vielleicht liegt es noch in weiter Zukunft?

Dann ist meine sehr gute Freundin Marie da, ich umarme auch sie und ihre nicht enden wollenden familiären Sorgen fliegen wie Seifenblasen davon.

An der Seite des ganzen Geschehens stehen drei wichtige, liebe Menschen und nicken mir stolz zu: Seraphina und Marianne,

meine spirituellen Begleiter und meine beste Freundin Carina, mein stetiger Fels in der Brandung, mein Halt und meine Erdung in der physischen Welt.
Dann gehe ich auf Mama zu und nehme sie in den Arm, sie ist kleiner als sonst, geschrumpft auf Kindergröße. Jeglicher, in ihrer schweren Kindheit geprägter Kummer und Groll fliegt davon und sie ist sehr erleichtert und lacht ausgelassen. Papa umarme ich auch liebevoll und die schwere Last seiner finanziellen Verantwortung als Familienoberhaupt in den, für meine Eltern schweren Zeiten, löst sich auf. Beide können nun frei und erlöst auf die Reise gehen, wenn sie soweit sind, kommt mir in den Sinn.
Dieses kraftvolle, wunderschöne Bild fühlt sich so real an, als wenn es parallel zu meinem >>normalen<< Leben existiert, und es ist meine erste klare Vision dieser intensiven Art.
Ich öffne die Augen, weil Jona aufgewacht ist, wir beide machen gerade einen Kurzurlaub an der See.
Ich trage diese phantastischen Seelenbilder tagelang mit einem wohligen Gefühl der Wärme in meinem Herzen und frage mich immer wieder, was sie zu bedeuten haben.

Der Schatten offenbart sich

Es ist 19.00 Uhr und ich bin auf dem Heimweg nach einem langen Arbeitstag. Ausgelaugt fahre ich im Auto die dunkle Straße entlang, nachdem ich mich wieder mal neun Stunden lang wacker durch den Arbeitsalltag gekämpft und funktioniert habe. Eine unerträgliche Traurigkeit und Erschöpfung, die sich über den Tag aufgestaut hat, bricht aus mir heraus. Ich bin völlig fertig und weine, wie so oft in letzter Zeit beim Autofahren nach der Arbeit - die unbeobachtete Zeit. Ich kriege meine positive Energie und seelische Unterstützung aus meiner neuen Wahrnehmung nicht in den Alltag integriert. Ich fühle mich hin und her gerissen zwischen zwei Welten, die unvereinbar erscheinen:

Zum einen ist da mein neues, zart und langsam wachsendes Pflänzchen des erwachten Bewusstseins, in dem ich eine starke Verbundenheit und geistige Führung spüre, und in der es mir unbeschreiblich gut geht. Dort gelange ich aber nur hin, wenn ich alleine bin in der Stille, und ich kann meine innere, neue Wahrnehmung nur mit sehr wenigen Menschen teilen, denn kaum jemand kennt diesen Zustand aus eigener Erfahrung und weiß, wovon ich spreche und was ich fühle. Und wenn mir ein solcher Mensch begegnet, bin ich unglaublich dankbar.

Zum anderen erschlägt mich die raue, kalte, alte Welt, der hektische, lieblose Arbeitsalltag, in dem gefühlt wirklich jeder ums Überleben kämpft und kaum Harmonie und Eintracht herrscht, und schwierige Zeiten der Veränderung zu bewältigen sind.

Innere Ruhe zu finden, fällt mir gerade schwer, Zeit zum Lesen und Schreiben nehme ich mir bis in die Nacht - meinen Fernseher könnte ich eigentlich verschrotten. Wie viel Zeit habe ich bloß früher damit verschwendet! Und wieso sind mir früher diese vielen, erdrückenden Unsinnigkeiten, die Fremdbestimmung, der Lärm, der Egoismus und die Schwere des (Berufs-)Lebens nicht aufgefallen?

Wie war das noch gleich? Fühle das Gefühl! Nicht denken, nicht

analysieren, sondern fühlen. Sag das mal der Analystin … Gar nicht so leicht, habe ich festgestellt, aber das finden offenbar auch viele andere Menschen, denn es gibt sogar Bücher, die sich nur damit beschäftigen, wie man Zugang zu seinen Gefühlen findet?! Irre! Sollte doch das Einfachste der Welt sein.
Okay, dann fühle ich halt.
Ich konzentriere mich auf meinen Atem.
Wie fühlt sich mein Körper an? Trauer, wo hast du dich versteckt?
Hey, da ist ja tatsächlich was?!
Eine Enge im Brustkorb … mir ist, als würde jemand mein Herz zerreißen … Ich stelle mir die Trauer wieder wie ein verwundetes Tier vor, ich sehe also meinen Luchs mit seinen riesengroßen, traurigen Augen … >>Komm her!<<, denke ich und nehme das traurige Tier mitfühlend in den Arm. >>Du darfst da sein, alles ist gut<<, und wir gehen gemeinsam an meinen See. Der See aus meiner Vision, die wunderschöne Landschaft in meinem Herzen. Mein Ort des Friedens. Der Ort, den Volker mir gezeigt hat …
Aber halt - da ist doch noch mehr?
Ich spüre einen Druck im Rücken … oben, Bereich Schulterblätter … hä? Das hatte ich vorher noch gar nicht gemerkt?! Ich spüre weiter … die Schmerzen werden immer stärker, ein unglaublicher Druck lastet auf mir … eine Last … es fühlt sich so an, als läge ich auf dem Bauch und werde von einer gewaltigen, dunklen Kraft niedergedrückt … und dann sehe ich es sogar vor meinem inneren Auge: Ich sehe mich platt wie ein Bogen Papier auf dem Boden liegen, zerquetscht!
Nun bin ich hochkonzentriert, während ich wie im Trancezustand und dennoch klar bei Bewusstsein durch die Dunkelheit

fahre, kein Auto kommt mir entgegen, keine Ablenkung. Ich bin der sachliche Beobachter meiner inneren Bilder und Gefühle, nicht mehr Opfer meiner Emotionen, nicht mehr traurig, einsam und erschöpft. Was drückt mich runter? Was macht mich klein, platt wie eine Briefmarke?
Eine große, gruselige, schwarze Gestalt! Sie wird immer größer! Ihr Fuß ist so groß wie mein ganzer Körper, die Gestalt ragt meterhoch empor und ich werde immer kleiner …
>>Interessant<<, ich bin keineswegs erschreckt oder beeindruckt, sondern nur interessiert beobachtend. WER ist das? Wer will mich kleinhalten, mich erdrücken, zerquetschen, auslöschen, töten? Diese Worte kommen mir in den Sinn, denn genauso fühlt es sich an! Mein Verstand rast, also wer?
Blitzschlag! Plötzlich weiß ich es!
Als ich diese irre Wahrnehmung einige Tage später Seraphina erzähle, unterbricht sie mich an dieser Stelle und sagt:
>>Dein Ego!<<
Ich fasse es nicht!
>>Ey, wieso weißt du das denn schon wieder?! Da kommt doch kein Mensch drauf.<<
Richtig, mein Ego! Genau das schoss mir in an diesem düsteren Abend beim Autofahren durch den Kopf. Spannend! Mein Ego hat mich in diesen negativen Gefühlszustand gelotst und mir eingeredet, dass ich klein, schwach, machtlos und überfordert bin, und alle anderen an meinem Elend schuld sind. Nun hat es sich geoutet.
Mein Ego ist der Teil in mir, der mir einflüstert:
>>Du schaffst es nicht. Du bist nicht gut genug. Keiner mag dich, wenn du nicht den Erwartungen der anderen entsprichst;

wenn du keine Leistung bringst, wirst du abgelehnt, nicht akzeptiert, nicht geliebt. Du bist zu dick, zu hässlich, zu doof.<< Das Ego gibt mir das tiefste Gefühl, von allen >>getrennt zu sein<<, einsam und verlassen und dem Leben nicht gewachsen, und anschließend will es mir weismachen, Verdrängung oder Projektion sei die Lösung. Das Ego spielt mit meinen Sehnsüchten, um sich unentbehrlich zu machen. Natürlich findet all das üblicherweise unbewusst – im Unterbewusstsein – statt, ich habe es früher nicht bemerkt, aber irgendetwas ist mit mir geschehen, so dass ich es heute sehen und bewusst wahrnehmen kann. Ich fühle mich wie aus einem Tiefschlaf gerissen – aus dem unbewussten Klartraum erwacht. Es kommt mir so vor, als würde ich immer öfter neben mir und dem Geschehen stehen, als in ihm zu sein.
Okay, mein Ego will mich kleinmachen und kleinhalten.
>>Aber das ist nicht die Realität!<<, schießt es mir in den Kopf – eine phänomenale Erkenntnis! Nur weil mir mein Ego gerade schlechte Gefühle einflüstert, entspricht dies noch lange nicht der Wahrheit. Die Wahrheit ist, dass ich gerade im Auto sitze, nach Hause fahre und mich entscheiden kann!
Ich kann mich entscheiden, ob ich meinem Ego Raum gebe und in negativen Emotionen versinke und leide, meinen Kollegen oder meiner Chefin oder der Welt die Schuld an meiner Erschöpfung und Verzweiflung gebe oder ob ich selbst die Verantwortung für meinen Gefühlszustand übernehme und ihn gegebenenfalls verändere. Vielleicht steht mein Ego ja nur im Weg, und dahinter verbirgt sich etwas ganz anderes, jemand anderes?! Schützt es mich oder will mein Ego nicht, dass ich herausfinde, wer ich wirklich bin?

Mich schlecht, klein oder niedergeschlagen zu fühlen, fühlt sich nicht nach Schutz an, sondern nach Unterdrückung …
Was ist der Ursprung, meine Quelle, die Essenz, aus der ich geschaffen wurde? Wie bin ich mit der Einheit verbunden?
Die Liebe ist die Verbindung zu Volker und zur Wahrheit – zum wahren Wissen und zu meinem wahren Selbst! Unsere Liebe hat mich mit einer höheren Welt, von deren Existenz ich bisher nichts wusste, verbunden; sie hat einen Kanal geöffnet und mich gelehrt, dass die Trennung nur eine Illusion ist. Nur weil wir etwas nicht sehen, bedeutet es nicht, dass es nicht da ist!

Liebevolle Gedanken, liebevolle Absichten und aus dem Herzen heraus handeln … Liebe zu mir selbst … in Liebe annehmen, was ist … all das darf ich gerade lernen und in mein Sein integrieren.
Die Liebe hat das Universum erschaffen und hält es zusammen, sie ist die Schöpferkraft, die Essenz der Verbundenheit. Um das zu Verstehen und zu Lernen, sind wir hier – die Erde ist eine Scheinwelt, ein Bewusstseinskonstrukt, die Spiegelung unseres Bewusstseins, um uns selbst zu erkennen und uns zu lehren, verantwortungsbewusst, liebevoll und mitfühlend zu denken, zu entscheiden und zu handeln.
Mein in vierzig Jahren verfestigtes Selbstbild zerbröckelt von Erkenntnis zu Erkenntnis mehr und ich darf einen kurzen Blick auf das erhaschen, was darunter verborgen liegt: Ich bin verbunden mit der Quelle. Ich bin Liebe und ich bin vollkommen, sobald ich die - durch das Ego geschürte - Angst loslasse, denn Liebe und Angst können nicht gleichzeitig existieren. Diese Erkenntnis erfüllt mich mit Frieden, jeglicher Druck und die Last des Tages sind verschwunden.

Ich denke an die unzähligen, wunderschönen Momente, in denen Volker mich angeschaut hat, als könne er meine Essenz, dieses Licht in mir leuchten sehen: mein wahres Selbst. Wahrscheinlich konnte er es … als einziger Mensch in diesem Universum und ich fühle mich deshalb nun so alleine und fremd.
Sobald dieses gefühlte Wissen meine Sinne flutet und ich die schwarze Gestalt als mein Ego erkenne, wirkt sie nicht mehr bedrohlich – sie hat ihre Macht über mich verloren und schrumpft auch schon zusammen, ich lasse mein Ego kleiner und kleiner werden und gleichzeitig stehe ich – mein wahres Selbst – auf. Und ich werde größer und immer größer, ich wachse über mich hinaus und strahle.
Ich stelle mir die schwarze Ego-Gestalt wie ein kleines, Fußball spielendes Kind vor und lasse es in mein Herz hinein. Denn mein Ego gehört ja zu mir, es wird nie ganz verschwinden. Aber jetzt weiß ich, wo es steckt bzw. wie es sich bemerkbar macht und das ist ein echter Fortschritt. Das ist ungefähr so, als wenn ich bereits weiß, dass hinter der nächsten Ecke jemand steht, der mich erschrecken und mir Angst einjagen will. Und wenn er dann hervorspringt, kann ich sagen:
>>Alles klar, hab` dich schon gesehen, du bringst mich nicht aus der Ruhe. Kannst wieder gehen!<<

Als ich zu Hause ankomme, geht es mir richtig gut, die depressive Stimmung ist verflogen.
Seit diesem Tag sehe ich tatsächlich gelegentlich mein Ego in Form dieser schwarzen Gestalt vor meinem inneren Auge, denn immer wenn es mir schlecht geht, hole ich sie mir bewusst

ins Gedächtnis. Und dann lasse ich das Schattenmonster erneut schrumpfen und schicke es spielen. Ich will mir nicht einreden lassen, dass es mir schlecht geht! Natürlich habe ich oft Momente, in denen mir dies leider nicht gelingt, aber meine Emotionen überrollen mich nicht mehr so intensiv und meine Trauer wird immer stiller und friedlicher.

Filou

Im Oktober 2016 wird unsere Katze Filou von einem Auto angefahren, sie überlebt und schleppt sich tapfer nach Hause. Die Bilanz: Trümmerbruch des rechten Hinterbeines, der kleine Katzenoberschenkel wurde in elf Teile zersplittert und die Wunde ist offen und blutend. Das Bein kann vorerst durch eine sehr aufwendige Operation gerettet werden, die Wochen danach verlaufen jedoch höchst dramatisch, eine Beinamputation steht noch über ein halbes Jahr im Raum. Schreiben kann ich darüber erst Wochen später. Mir fehlen die Worte, das Verständnis ... wieso das denn jetzt auch noch?! Das Schicksal fordert mich erneut heraus.
Filou ist eine Erinnerung an Volker, sie hat am liebsten auf seinem Schoß gelegen und gehört seit fünf Jahren zur Familie. Die Vorstellung einer Beinamputation finde ich schrecklich. Jona sieht es entspannter:
>>Dann ist Filou die besondere Katze mit drei Beinen in unserem Dorf.<<
Das ist so rührend und liebevoll, dass ich weinen muss und die Möglichkeit der Amputation nun deutlich leichter akzeptieren

kann. Wie konnte ich nur denken, dass ein Makel, eine Unvollkommenheit, an Jona oder meiner Liebe zu Filou etwas ändern könnte?

Für mich bedeutet dieser Trümmerbruch vom ersten Tag an eine Spiegelung meines in Trümmern liegenden Lebens. Es scheint mir eine Projektion meines seelischen Zustandes auf die physische Ebene zu sein. Und ich bin mir sicher, Filous Bein wird nur heilen, wenn ich heile. Der Tierarzt erklärt mir, dass sich die zerbrochenen Knochenteile mit der Zeit von alleine wieder an die richtige Stelle schieben werden, was für einen Laien eigentlich unvorstellbar ist. Als Überbrückung dient vorerst ein eingesetzter Pin, eine Art Nagel, der den Oberschenkel ersetzt und mit einem Fixateur befestigt wird, der außen aus dem Bein heraus ragt. Die arme, zarte, kleine Katze!

>>Wenn ich es schaffe, die zerbrochenen Trümmerteile meines Lebens wieder zusammenzusetzen, wird auch Filou wieder gesund<<, dieser Gedanke kreist immer wieder durch meinen Kopf. Mein neues Dasein kommt mir vor wie ein Puzzle, das aus Fragen, Erkenntnissen, immer neuen Fragen und Erleuchtungsmomenten besteht, und es ist meine Aufgabe, Antworten zu finden, zu verstehen, zu fühlen und alles zu einem Ganzen zusammenzufügen.

Da Filou monatelang keinesfalls springen darf (der absurde Vorschlag des Arztes war, sie wochenlang in eine Kiste zu Sperren), räume ich einen kleinen Raum neben meinem Schlafzimmer leer, der ursprünglich als begehbarer Kleiderschrank gedacht war. Die gleiche Prozedur erfolgt in meinem Schlafzimmer. Um mein Bett werden Rampen aus Decken gebaut, damit Filou und ich es etwas gemütlicher haben. Ich erwähne das, weil ich entgegen meinem früheren Verhalten, diese Aktion gestartet habe, bevor klar war, dass Filou die Geschichte überhaupt überlebt. Früher hätte ich erst abgewartet was wird und dann gehandelt. Diesmal habe ich bewusst alles bereits arrangiert und auf eine positive Erwartung ausgerichtet. Ich bin heute davon überzeugt, dass alles, was wir auf tiefster, oft unbewusster Ebene glauben oder erwarten, unsere Wirklichkeit prägt. Deshalb ist es auch so wichtig, eine positive, bewusste Einstellung zu erzeugen.

Ich stelle mir die ganze Zeit vor, dass Filou es schafft: Ich visualisiere Bilder, in denen mir der Arzt die gute Nachricht überbringt, sehe wie Filou mit vier Beinen auf der Pirsch nach einem Vogel durch den Garten schleicht, der ihr dann kurz vorm Zuschnappen vor der Nase davonfliegt. Ich visualisiere, wie sie auf einen Stuhl springt, fühle ihr flauschiges Fell beim Streicheln und ich höre ihr wohliges, warmes Schnurren.

Kurz bevor ich Filou nach einer Woche nach Hause holen darf, habe ich einen sehr realistischen Traum:

>>Mama, Filou steht vor der Tür!<<, ruft Jona.

>>Das kann nicht sein<<, antworte ich, >>Sie ist in der Tierklinik<<.

Und dann öffneten wir die Tür und Filou humpelt auf ihren vier Beinen herein!

>>Bist du den ganzen Weg nach Hause gelaufen?<<, rufe ich entsetzt - es sind immerhin siebzig Kilometer - und schließe sie glücklich in die Arme.

Als ich aufwache, weiß ich, dass alles gut wird. Filou kommt nach Hause und wird gesund!

Einen Tag nach Filous realer Heimkehr, habe ich einen

Zusammenbruch, trotz des vierzehntägigen Urlaubes, der gerade hinter mir liegt. In der Woche vor Filous Unfall hatte ich mich entschlossen, Trauerarbeit zu leisten und angefangen, einige Sachen von Volker wegzuräumen und seine Kleidung zu verschenken. Außerdem waren Jona und ich für ein paar Tage an die See gefahren. Unser erster Urlaub ohne Volker ...

Und dann die Sache mit Filou. Nach der guten Nachricht und dem Heimholen werde ich durch die ausgehaltene Anspannung, dem Zittern der letzten Tage und letztlich durch den Kummer der Trauerarbeit ins Bodenlose zurückgeworfen.

Da ist sie wieder, die Dunkelheit, der tiefste Abgrund, den ich hoffte, bereits überwunden zu haben.

Diese Krisensituation ohne Volker durchstehen zu müssen, ist so unerträglich.

Anfangs fahre ich täglich in die Tierklinik zur Wundversorgung, eine Stunde Hin- und eine Stunde Rückfahrt.

Was wäre anders, wenn Volker jetzt hier wäre?

Was hätte er tun können? Klar, wir hätten uns den Mehraufwand im Alltag geteilt. Aber der Aufwand ist nicht das eigentliche Problem, sondern eher, den ungewissen Ausgang der Situation allein aushalten zu müssen.

Am meisten und schmerzhaftesten fehlen mir Volkers beruhigende Worte und seine liebevollen Umarmungen: >>Schatz, mach' dir keine Sorgen, das kommt alles wieder in Ordnung!<<

Aber auch Volker hätte nicht wissen können, dass alles gut wird und er konnte auch keine Wunder vollbringen! Trotzdem hat er mich immer beruhigt, Lasten und Sorgen von meinen Schultern genommen.

Haben wir uns die Verantwortung geteilt oder habe ich sie auf ihn abgeschoben?

Ich meine die Verantwortlichkeit, Entscheidungen zu treffen, zum Beispiel, ob es eine Qual oder eine Hilfe für ein Tier ist, was wir gerade tun? Wer Verantwortung abgibt, braucht sich nicht mit der Angst vor Fehlern und Fehlentscheidungen auseinanderzusetzen.

Diesen Dingen kann ich mich stellen. Also beschließe ich, was Volker kann, kann ich auch und sage es mir eben selbst:

>>Dana, alles wird gut. Du hast dich richtig entschieden, aus dem Herzen heraus. Nimm die Situation so an, wie sie gerade ist, mehr kannst du nicht tun. Hab Vertrauen! Alles ist gut.<<

Ich spüre, wie Volker lächelt und eine Last fällt von mir. Ich weiß, dass du jetzt genauso mit mir fühlst, als wärst du hier bei mir, aber trotzdem würde ich alles dafür geben, wenn du mich jetzt nur in den Arm nehmen könntest …

Mitte Dezember muss Filou nochmals operiert werden und im April 2017 erneut. Und wieder kam der Hinweis des Arztes, dass wir uns in einem Wettlauf mit der Zeit befänden, Knochenheilung gegen Material, erneut kombiniert mit dem feinfühligen Spruch: >>Zur Not muss das Bein eben ab<<. Trotzdem fahre ich erstaunlich gelassen nach Hause und sage mir: >>Jetzt, für diesen Moment, am heutigen Tag, ist alles in Ordnung, die Operation ist gut verlaufen, Filou geht es gut.<<

Jona geht es gut. Und mir geht es gut.

Nicht sorgenvoll an die Zukunft denken, nicht jammern wie anstrengend die letzten Wochen waren. Nein, ich bleibe in der Gegenwart, heute ist alles gut! Ich bin ruhig und gelassen. Ich bin bei mir.

Was will ich eigentlich?

Ende Oktober 2016: Ich fühle mich nach den zermürbenden Wochen extrem ausgelaugt, Überstunden bei der Arbeit sind ein Dauerzustand, auch wenn ich gar nicht weiß, warum ich sie mache, niemand zwingt mich dazu. Und zuhause weiß ich nicht mehr, was ich zuerst und zuletzt erledigen soll. Fulltime-Katzenbetreuung: kaum betrete ich das Haus, jault Filou auch schon erbärmlich, da sie den ganzen Tag eingesperrt ist und leider auch in diesem Raum bleiben muss, denn sie darf keinesfalls auf einen Stuhl oder sonst was springen. Gleichzeitig möchte Jona, in der Küche Hausaufgaben machend, vom Tagesgeschehen erzählen. Im Haushalt läuft nur noch das absolut Nötigste. Regelmäßige Fahrten in die Tierklinik - zwei Stunden täglich plus Behandlung. Keine Zeit für Ruhe, ohne die ich es kaum noch aushalte, denn nur in der Stille bin ich in meiner neuen, friedlichen und guttuenden Welt.

Seit zwei Wochen denke ich jeden Morgen auf dem Weg zur Arbeit: Heute schaffe ich es, ich komme gut durch den Arbeitstag. Ich erhalte mir meinen inneren Frieden!

Und mittags, manchmal auch abends, fahre ich dann doch wieder heulend nach Hause.

Dabei weiß ich bereits die Lösung: Nicht darüber nachdenken und am besten auch nicht darüber reden, wie ich das alles schaffe und schon gar nicht, dass ich es nicht schaffen kann. Stattdessen einfach arbeiten und mich immer nur auf die eine Sache konzentrieren, die ich gerade mache. Eins nach dem anderen. Nicht gedanklich abschweifen, alle Aufmerksamkeit auf den gegenwärtigen Augenblick fokussieren. Nur im >>Jetzt<< sein, in der Gegenwart. Leicht gesagt, schwer umzusetzen.

Zu Hause gelingt es mir das deutlich besser. Da kann ich inzwischen alles so nehmen, wie es kommt und genieße trotzdem die Zeit mit Jona und auch die Abende, die ich bei Filou verbringe. Filous treuen, dankbaren Blick, wenn sie abends im Bett eng an mich gekuschelt in meinem Arm liegt, wird mir immer als ein Bild der bedingungslosen Liebe und Dankbarkeit im Gedächtnis bleiben.

>>Ich habe ja doch Ruhe und Zeit für mich<<, fällt mir gerade auf: Die Zeit mit Kind und Katze ist kein Stress, sondern eine heilende Zeit des >>nach innen Gehens<<.

Aber bei der Arbeit schaffe ich es irgendwie noch nicht, Ruhe und Ausgeglichenheit zu bewahren, dort fühlt es sich eher an wie ein Ertrinken in der stürmischen See, während alle anderen mit sich selbst beschäftigt sind. Kann mir nicht jemand einen Rettungsring zuwerfen? Sieht denn niemand meine Überbelastung?

Aber wie auch? Die Kollegen können ja auch nicht hellsehen und ich gebe natürlich alles, um mir nichts anmerken zu lassen, wie immer. Wie paradox! Ich schauspielere mich durch den Arbeitstag und erwarte trotzdem … ja was denn? Sonderbehandlung? Nein, das ist es nicht. Mitleid? Auf keinen Fall, absolut nicht!

Was will ich eigentlich? Bewunderung dafür, alles irgendwie zu meistern und so gut zu funktionieren? Ein Wort der Anerkennung? Ja gerne, aber Moment mal! Gelegentlich bekomme ich es doch gesagt: >>Du machst das gut!<< Aber ich spüre auch das damit einhergehende Aufatmen, dieses: Ein Glück, sie kommt schon irgendwie klar, sie ist so wie immer.

>>Danke!<< habe ich noch nie gesagt und mir auch nie selbst anerkennend auf die Schulter geklopft.

Also was will ich eigentlich?

In den Arm genommen werden! Und die stillen Worte: >>Ich seh` dich! Ich kann es nicht ändern, aber ich bin für dich da!<<

Echtes Mitgefühl! Von den Menschen, die mir wichtig sind.

Mitgefühl und Achtsamkeit ist das, was Menschen miteinander verbindet … ein liebendes Bewusstsein.

Wer wahrlich mit-fühlen, also wahrnehmen kann, was der andere fühlt, schenkt damit ein tiefes Gefühl des Verstehens und erzeugt innige Nähe. Mitgefühl hebt die Einsamkeit und das Gefühl des Getrenntseins auf.

Voraussetzung ist natürlich, zu merken, dass es jemandem schlecht geht, also aufmerksam auf Menschen im eigenen Umfeld zu schauen. Und sich auf das (Mit-)fühlen einzulassen. Wer sich nicht traut zu fühlen, kann nicht helfen und niemals selbst die Erfahrung echter Nähe und Liebe machen.

Dass ich mich in meinem Privatleben gut aufgefangen und verstanden fühle, liegt daran, dass ich dort von wundervollen Menschen umgeben bin, die diese empathische Gabe >>mitfühlen zu können<<, haben. Schmunzelnd erkenne ich, wie geschickt und unaufdringlich regelmäßige Treffen mit mir arrangiert werden, damit ich nicht in die Leere der depressiven Lethargie falle. Wahre Freunde und Familie, welch ein kostbarer Schatz!

Dennoch fehlt mir dieses Verständnis so sehr in der rauen Arbeitswelt. Wie wichtig ist es doch, über den Freundeskreis hinaus auf andere Menschen zu achten!

Tue ich es? Denn auch die anderen haben ihr Päckchen im

Leben zu tragen. Ich schaue mich um und denke: >>Hier könnte fast jeder einen Rettungsring gebrauchen, aber fast alle sind Einzelkämpfer.<<

Ich nehme mir vor, die Augen und das Herz noch mehr für meine Kollegen und meine Umwelt zu öffnen.

Ein aufmerksames, verständnisvolles Miteinander oder ein ehrlich gemeintes Lob kann so viel Positives bewirken, warum ist es im leistungsorientierten Arbeitsleben so selten anzufinden? Was hält uns davon ab, mehr Gefühl zu zeigen und Anerkennung auszusprechen?

Emotionale Offenheit birgt die Gefahr der Verletzung, Zurückweisung oder Enttäuschung mit sich. Oder ist es die Angst, etwas falsch zu machen? Aber wie kann eine gute Absicht falsch sein? Emotionalität wird in unserer Gesellschaft oft als Schwäche angesehen. Warum?

Ich verurteile niemanden, denn ich konnte es selbst nicht besser. Als vor drei Jahren Volkers Schwester genauso plötzlich verstarb, war ich dankbar und froh, dass Volker sich um die Familie seiner Schwester gekümmert hat. Ich habe die Verantwortung aus Unsicherheit und Bequemlichkeit von mir weggeschoben, aber Volker hat mitfühlend wie immer gehandelt.

>>Du hast es vermasselt, du schlechter Mensch. Du hast vergessen, dich für die Liebe zu entscheiden<<, meldet sich gerade mein Ego zu Wort. Aber da ist noch eine andere Stimme, die sagt: >>Mach dir keine Sorgen, es ist in Ordnung. Bleib einfach aufmerksam, dann wirst du immer öfter liebevoll und mitfühlend handeln. Akzeptiere dich selbst mit allen deinen Schwächen, dann wird das Ego bedeutungslos. Niemand ist perfekt.<<

Ich stelle die hohe Erwartung an bestimmte Personen, sich auf meine Gefühlswelt einzulassen, und bin enttäuscht, dass sie sich nicht trauen, obwohl ich es früher selbst nicht besser konnte. Und nun fühle ich mich einsam und im Stich gelassen. Ein Teufelskreis. Meine Erkenntnis ist, dass jeder es so gut macht, wie er eben unbewusst kann und ich wieder einmal an der falschen Stelle suche.

Ich suche schon wieder etwas im Außen, was ich nur in mir selbst finden kann oder mit den weisen Worten von Paul Ferrini gesprochen:

Du kannst mir nichts geben, was ich nicht schon besitze. Und es gibt auch nichts, was du mir wegnehmen könntest, was ich wirklich besitze. Wenn ich etwas erwarte, das du mir nicht geben kannst, sagt das etwas darüber aus, was ich mir selbst geben muss.

Wenn du andere akzeptierst, segnest du damit dich selbst. Denn was du nach außen gibst, kommt zu dir zurück.

Einen Tag später lese ich im Kurs:

Vielleicht denkst du, dass du mit Leiden etwas erkaufen kannst, und vielleicht glaubst du immer noch ein wenig, es erkaufe dir das, was du willst.

Ist doch verrückt, wieso passen die Tageslektionen denn immer so haargenau zu meiner aktuellen Situation?! Krass … Danke, ich habe es verstanden!

Reiki

Zusätzlich tanke ich ein bisschen Kraft bei Seraphina, die es mal wieder richtet und vereinbare rein intuitiv, und damit

völlig entgegen meiner Analysten-Natur, für Mitte November einen Termin für meine Reiki-Ausbildung und bestelle mir erst anschließend Bücher, um mich zu informieren und vorzubereiten. Was ist Reiki? Hier ist mein Erklärungsversuch nach meinem Verständnis und damit ohne Haftung:
Das bereits erwähnte reine universelle, aus Energie bestehende Bewusstseinsfeld, aus dem wir bestehen und das uns umgibt, bildet den Ursprung der gesamten Schöpfung und enthält somit alle erdenklichen Informationen und Kräfte. Ist ein Mensch als >>Reiki-Kanal<< geöffnet worden, so fließt diese universelle Lebensenergie in konzentrierter Form durch ihn hindurch in seine Hände und somit in den Reiki-Empfänger und kann dessen Selbstheilungskräfte aktivieren, wenn der Empfänger es möchte und zulässt. Reiki harmonisiert auf allen Ebenen (Körper, Geist und Seele) und bewirkt Stressabbau und Tiefenentspannung. Aber Achtung! Eine Heilung liegt nicht in der Macht des Reiki-Gebenden, denn dieser bildet lediglich den Kanal, er stellt die Verbindung her! Der Behandelte heilt sich bestenfalls selbst, wenn seine Seele dazu bereit ist. Reiki unterstützt den Heilungsprozess. Zu einer langfristigen Heilung gehört generell immer, die Ursachen anzuschauen und Verantwortung zu übernehmen, und dazu muss die Bereitschaft vorhanden sein, oft auch auf unbewusster Ebene. Selbst hier spielt wieder das Ego eine große Rolle und der Mut, sich mit dem eigenen Unterbewusstsein und den verdrängten Schattenthemen auseinanderzusetzen, und natürlich Veränderungen zu wagen. Dieser Zusammenhang wird mir erst jetzt klar, wie so Vieles andere auch … Natürlich rate ich trotzdem jedem, der ernsthafte Erkrankungen oder Traumata zu bearbeiten hat, parallel

professionelle, medizinische, therapeutische oder ärztliche Hilfe in Anspruch zu nehmen. Ich glaube, dass ein Mensch, der sich durch alternative Heilmethoden selbst heilen kann, innerlich sehr weit fortgeschritten sein muss, und die Verantwortung für die Wahl einer Heilmethode trägt jeder Mensch selbst.

Als ich mich spontan für die Reiki-Einweihung entschied, motivierte mich insbesondere das prägende übersinnliche Erlebnis von Volker Kontaktaufnahme bei meiner eigenen Reiki-Behandlung. Vielleicht ist meine innigste Hoffnung, dass ich selbst einen direkten Draht zu Volker und den geistigen Welten hinbekomme. Aber ich weiß natürlich, dass Reiki an sich nichts mit Medialität zu tun hat. Volker hat lediglich Seraphinas außergewöhnliche Begabung nutzen können, als der >>göttliche Kanal nach oben<< geöffnet war.

Tatsächlich neu in meinem Leben sind inzwischen diese selbstbewussten, intuitiven Entscheidungen auf Herzensebene: einfach zu wissen, dass etwas richtig und was zu tun ist. Einfach den Weg zu gehen, den meine innere Stimme mir vorgibt, ohne im Kopf zu analysieren. Ebenso spontan entscheide ich mich dazu, im November 2016 an dem Medialen Seminar in Hamburg teilzunehmen, was mir später die Eingebung für das Schreiben dieses Buches bescherte. Ich habe diesen besonderen Tag im Prolog dieses Buches beschrieben.

Die Energie fließt

Email an meine Reiki-Lehrerin:

Liebe Seraphina,

ich muss dir unbedingt von meinen wundervollen Erlebnissen der letzten Wochen berichten:

Nach meiner Reiki-Einweihung vor drei Wochen hatte ich zugegebenermaßen eine Menge Zweifel, dass das Ganze einfach so bei einem Laien wie mir funktionieren könnte. Umso überraschter war ich, als ich abends meine Hände ganz eigenartig, heiß und kribbelig anfühlten, fast als könnten sie platzen und schon am nächsten Morgen, bei meiner ersten Selbstbehandlung, konnte ich das Fließen der Reiki-Energie spüren. Wahnsinn! Also versorge ich mich nun jeden Morgen mit Reiki und das bringt mich energiegeladen durch den Tag und abends ist dann Filou dran.

Nach einer Woche hat sich die erste Freundin als mutiger Proband zur Verfügung gestellt und ich war total aufgeregt. Habe bestimmt zwanzig Minuten gebraucht, bis ich die Energie in meinen Händen spüren konnte, war ziemlich ungewohnt, ein >>Klient<< atmet ja …

Sie hat innerlich nichts gespürt, fand es aber sehr schön und entspannend und hat nicht gemerkt, wie die Zeit verflog … für den Anfang nicht schlecht, dachte ich. Danach hatte ich leider sehr wenig Zeit (wegen Arbeit und der regelmäßigen Fahrten mit Filou zur Tierklinik), und dachte, >>Naja, dann eben erst in ein paar Wochen<<. Und vor drei Tagen wusste ich auf einmal, dass ich unbedingt meine Mama behandeln soll … eigentlich wollte ich erst an meinen Freunden üben, weil ich dachte, meine achtzigjährige Mutter kann damit nichts anfangen. Sie hat sich gleich bereitwillig darauf eingelassen und ich habe die Reiki-Energie sofort so stark wie noch nie gespürt, dachte zwischendurch, meine Hände fangen gleich Feuer, und bei einigen Positionen ließ die Energie ewig nicht nach. Es waren dann auch sechzig Minuten insgesamt. Mama setzt sich auf und ist total aus dem Häuschen, weil sie ganz starke Empfindungen hatte, sie hat bestimmt fünf Mal gesagt: >>Das gibt es doch nicht! Zeig nochmal mal deine Hände<<, und konnte nicht fassen, dass sie sich wieder >>normal kühl<< anfühlten.

Sie hat eine extreme Hitze wahrgenommen und sich gefühlt, als würde sie schweben und als sei etwas, die Energie, um ihre Knie gesaust. Das ist … verrückt … nein wundervoll! Ich war völlig baff von ihrer starken Reaktion, damit hatte ich echt nicht gerechnet. Wir waren beide völlig geflasht, und ich hab mich so sehr gefreut, dass ich mir dieses Kribbeln in den Händen nicht einbilde. Jetzt hab ich den Beweis.

Ich konnte sogar Mamas Gefühle wahrnehmen: ganz furchtbare Enge in der Brust und im Herz, als wenn der Kummer sich da eingenistet hat.

Hab` sie hinterher darauf angesprochen und sie bestätigte diese Empfindung. Ob das am Kurs in Wundern liegt? Oder ist das normal, nach nicht mal drei Wochen im

ersten Reiki-Grad und der zweiten Fremdbehandlung?

Was mag da denn noch kommen?

Ganz liebe Grüße – Dana

Antwort von Seraphina:
Liebe Dana, ich danke dir für deine liebe Email! Toll, was bei dir alles passiert ist! Ich freue mich!
Ich glaube, dass du noch eine großartige Zukunft vor dir hast und ich habe dir ja nach dem Tod von Volker schon gesagt, dass das zu deiner Aufgabe gehört! Ich hatte damals schon das Gefühl, dass du mal ein Buch über deine Erfahrungen schreiben und damit anderen helfen wirst!?
Warte einfach ab, was passiert! Alles kommt zur rechten Zeit!
Fühl' dich gedrückt und lieben Dank für deine Worte,
Deine Seraphina

Wie kommt sie auf die Sache mit dem Buch? Ich bin mir sicher, nichts davon erzählt zu haben, denn ich habe es niemandem erzählt! Viel zu abwegig das Ganze, ich hatte die Idee bereits verworfen. Das ist echt verrückt! Was geht denn hier vor?
Ich weine während ich Seraphinas Antwort immer und immer wieder lese. Aber es ist jetzt ein anderes Weinen als in den letzten acht Monaten. Aus den Tränen der unendlich tiefen Traurigkeit und Fassungslosigkeit sind Tränen der Erkenntnis, der Hoffnung und tiefer Dankbarkeit geworden. Der Erkenntnis, weil ich mir meiner Begleitung durch die geistige, lichtvolle Welt gewiss bin und langsam beginne, zu glauben und zu vertrauen. Hoffnung, weil ich mir so sehr wünsche, dass sich etwas Gravierendes in meinem Leben verändert. Und Dankbarkeit, weil ich dieses wundersame neue Sein erfahren darf und weil ich mein gemeinsames Leben mit Volker unendlich zu schätzen weiß und er mich auch jetzt noch auf meinem neuen Weg unterstützt.

Alles steht in einem größeren Zusammenhang, das spüre ich. Es kommt mir vor wie eine Bestimmung. Es gibt einen Plan. Und wenn das so ist, war auch Volkers früher Tod im gewissen Sinne >>vorbestimmt<< und das wäre eine Erlösung für mich. Aber wie kann ich das je mit Sicherheit wissen?
Und wie kann dies alles irgendwem helfen?
Ich verstehe es einfach nicht ... aber dass meine, gefühlt aus dem Nichts ... einer anderen Welt? ... inspirierte, Idee mit dem Buch nun auch noch durch meine hellsinnige Seraphina bestätigt wird, lässt mich wagemutig werden. Auch wenn ich noch nicht absehen kann, wie dies alles endet, so merke ich doch, dass ich beginnen soll. Mir fließen tagelang ganze Textpassagen zu verschiedenen Themen durch den Kopf, die ich am liebsten unmittelbar von dort aufs Papier kopieren würde. Aber wie könnte ich das Erlebte bloß strukturieren? Aber hey, ich habe doch alles bereits aufgeschrieben, in meinen Tagebüchern! Der Inhalt ist längst geschrieben und zur Struktur sage ich nur: ich bin die Analystin! Es ist mein Job, aus einem Stapel Papier das Wesentliche herauszuarbeiten und es auf den Punkt zu bringen. Das schaffe ich. Und wenn ich mich nicht täusche und es tatsächlich mein Seelenauftrag ist, dieses Buch zu schreiben, bekomme ich Hilfe. Ich habe doch bereits die ganze Zeit Hilfe und geistige Begleitung.
Als ich am Abend den Kurs in Wundern aufschlage, kann ich wieder einmal nicht fassen, wie unglaublich treffend die heutige Kurs-Tageslektion zu meinem Erlebten passt und mich zutiefst in meinem Vorhaben, meinem Seelenwunsch, bestätigt:
Du bist tatsächlich wesentlich für Gottes Plan. Ohne deine Freude ist seine Freude unvollständig. Ohne dein Lächeln kann die Welt nicht

erlöst werden. Solang du traurig bist, ist das Licht, das Gott selbst zum Mittel bestimmte, die Welt zu erlösen, trüb und glanzlos, und niemand lacht, weil jedes Lachen nur ein Echo deines Lachens sein kann. Genauso wie dein Licht jedes Licht, das im Himmel leuchtet, verstärkt, so ruft deine Freude auf Erden jeden Geist hier auf, seinen Kummer loszulassen und seinen Platz in Gottes Plan neben dir einzunehmen … Trauer ist ein Zeichen dafür, dass du eine andere Rolle spielen möchtest als die, die Gott dir zugewiesen hat. Wenn du traurig bist, ist deine Rolle nicht erfüllt, und aller Welt wird dadurch Freude entzogen wie dir auch. Gott bittet dich, glücklich zu sein …
(Kurs in Wundern, ÜB, L 100)

Reiki-Erfahrungen

Liebe Seraphina,
Lass dich von der Menge nicht erschlagen, du kannst dir auch gerne Zeit lassen mit dem Antworten, ich weiß, dass du viel um die Ohren hast!
In der letzten Woche hatte ich aufgrund meines Urlaubes endlich ein bisschen Zeit für Reiki-Fremdbehandlungen und meine Familie und Freunde haben sich gerne und mehrmals zur Verfügung gestellt. Ich bin erstaunt, wie unterschiedlich es verläuft. Und ich überlege natürlich oft, was das eine oder andere zu bedeuten hat. Oder brauche ich das gar nicht wissen, weil die Reiki-Energie ja weiß, was sie tut? Es heißt ja, Reiki sei eine intelligente Heilkraft, die dort hin fließt, wo sie benötigt wird. Bei meiner Mama habe ich nun vier Behandlungen geschafft. Die ersten zwei waren wie gesagt sehr intensiv, mit ganz

heißen, teilweise brennenden Händen und danach floss die Energie ruhiger und gleichmäßiger. Ist das der Normalfall, dass in Folgebehandlungen entsprechend weniger Reiki fließt, weil der Körper sozusagen schon energetisch aufgetankt ist?
Jedenfalls meinte Mama nach den Behandlungen, dass es ihr viel besser geht und sie alles leichter nimmt und ihre unerträglichen Dauer-Kopfschmerzen sind verschwunden.
Dann ist mir schon drei Mal aufgefallen, dass ich kurz Empfindungen von den Behandelten übernommen habe, alle haben mir hinterher bestätigt, dass sie sich tatsächlich oft so fühlen.
Und ein bisschen gruselig war es bei einer Freundin, da habe ich selbst plötzlich solch extreme Kopfschmerzen bekommen, dass ich fast die Hände weggenommen hätte. Und als ich sie darauf angesprochen habe, sagte sie mir, sie mache sich bereits Sorgen, einen Tumor im Kopf zu haben wegen ihrer starken Kopfschmerzen. Ich habe ihr dringend geraten, es abchecken zu lassen. Nach der dritten Reiki-Behandlung waren ihre Schmerzen allerdings weg.
Und total verrückt war ja folgende Behandlung einer Freundin, die ich schon vorher als den sensitivsten Menschen aus meinem Freundeskreis eingeschätzt habe.
Ich hab sie gebeten, mir aufzuschreiben, was sie empfunden hat, weil ich es sonst nicht hätte wiedergeben können, also hier ihr Bericht:
Ich hatte überhaupt keine Erwartungen und eigentlich mag ich es nicht, angefasst zu werden. Sobald deine Hände auf meinem Kopf lagen, spürte ich eine angenehme Wärme, deine Hände waren heiß. Ich spürte, wie sich mein Kronenchakra öffnete,

ich sah innerlich große grüne und weiße durchsichtige Tropfen durch meinen Kopf und Hals schweben bis zum Brustkorb. Sehr angenehm. Dort kamen sie nicht weiter wie bei einer Mauer. Dann öffnete sich mein Herzchakra und ich spürte, visualisierte, dass mein Astralkörper sich gleichmäßig von rechts nach links schlängelte und wandte, bis er tatsächlich seitlich aus meinem physischen Körper hinaustrat. Das war sehr angenehm. Mein Astralkörper befand sich anschließend wieder im physischen Körper, ist jedoch innerlich losgelöst von diesem, wie eine in der Verpuppung befindliche Raupe, beweglich und frei – sehr angenehm.
Ich hatte während der Behandlung die ganze Zeit ein Gefühl der Geborgenheit und Versunkenheit. So etwas hab ich noch nie erlebt, gespürt. Danke!

Liebe Seraphina, Reiki zu geben macht einen riesen Spaß und ich fühle mich nach jeder Behandlung selbst mit Energie und Kraft aufgetankt. Und ich sehe diese wunderbaren Erfahrungen als Beweis dafür, dass Menschen tatsächlich über ein, uns umgebendes Energiefeld, miteinander verbunden sind.
Durch die phänomenalen Reaktionen meiner Freunde ist mir erst bewusst geworden, was die fast vier Wochen Reiki-Selbstbehandlungen bei MIR bewirkt haben: Es geht mir mental verhältnismäßig gut! Ich könnte bei diesem trüben Wetter, der Vorweihnachtszeit, dem Gedanken an und das Überstehen von Volkers Geburtstag im November, und auch Jonas Geburtstag im Dezember, auch dauer-heulend und depressiv im Bett liegen. Ich erinnere mich, vor vier Wochen eines Morgens kurz darüber nachgedacht zu haben, wie ich dieses Jahr wohl an einen

Weihnachtsbaum komme und sofort geweint bei der unerträglichen Vorstellung an eine Weihnachtszeit ohne Volker. Jona möchte es nun so wie immer: wir beide und meine Eltern (ich hätte auch gerne meine Schwester mit ihrer Familie gefragt, ob sie kommt – mehr Trubel und Rückzugsgelegenheit für mich), aber inzwischen ist es okay für mich. Und das kann nur am Reiki liegen! Die Energie geht bei mir direkt und positiv wirkend in die Psyche, ins Loslassen.
Ach und übrigens … ich habe ich mir ein Notebook bestellt … zum Schreiben …
Mir kommen immer wieder Ideen für das Buch in den Kopf, mein Verstand hüpft ständig zwischen verschiedenen Themen hin und her und ich denke ganz oft: >>Oh Mann, hoffentlich vergesse ich das nicht alles wieder!<< Ich glaube, es ist eine Aufforderung, zu beginnen. Und mir wird schon das Richtige zum richtigen Zeitpunkt wieder einfallen und eigentlich habe ich ja bereits alles aufgeschrieben und tue es auch heute noch. Ist doch im Nachhinein verrückt, dass ich überhaupt so viel Gedanken zu Papier gebracht habe bei meinem Zeit- und Leidensdruck der ersten Monate. Ich komme mir langsam vor wie ferngesteuert … himmlisch geführt ist vielleicht die bessere Bezeichnung. Aber weißt du was? So gut wie beim Schreiben habe ich mich seit achteinhalb Monaten nicht mehr gefühlt! Und deshalb tue ich es.
Heute hatte ich meinen ersten Arbeitstag nach dreizehn Tagen Urlaub und bin wieder (fast) jeglicher Energie beraubt nachmittags nach Hause gekommen, trotz morgendlichem Reiki - ich hatte den Wecker wie jeden Morgen auf 5.30 Uhr gestellt, damit ich es schaffe, inklusive der täglichen Passage aus dem Kurs in Wundern. Die Realität hat mich wieder … oder

ist dieses hektische, zermürbende Arbeitsleben die Illusion? Dabei wünsche ich mir so sehr, diese heilende Energie in meine Berufswelt tragen und etwas davon ausstrahlen zu können.
Heute komme ich mir mit der Idee an ein Buch schon wieder lächerlich vor … ja, ich weiß was du jetzt sagt: >>Gib deinem Ego sofort einen Tritt in den Hintern, liebe Dana!<<
Ja du hast Recht, Selbstzweifel geben dem Ego die größte Daseinsberechtigung, sich zu tummeln, zumindest bei mir. Wenn ich merke, dass ich im Ego bin, versuche ich mir immer wieder bewusst zu machen: Im Selbstzweifel und in der Trauer gefangen, fühle ich mich schlecht, aber das Schreiben lässt mich die Zeit vergessen, gibt mir Frieden und ein gutes Gefühl. Wie kann es also falsch sein?
>>Tu das, was sich gut anfühlt, die belastenden Emotionen sind nicht echt<<, das sagt diese neue Stimme in mir immer und immer wieder.
Eigentlich wollte ich meine Email an dieser Stelle beenden und war gerade am nochmal Durchlesen, da bittet Jona, die Skepsis in Person, mich doch tatsächlich um eine Reiki-Behandlung! >>Okay<<, sage ich und das haben wir eben mal dazwischen geschoben und davon möchte ich dir noch kurz berichten:
Ich hatte, genau wie gestern bei Jonas ersten Reiki-Behandlung, wieder das ganz starke Gefühl von Volkers Präsenz. Ich stelle mir beim Reiki immer einen nach oben gehenden Lichtkanal vor und bei Jona ist er aber jedes Mal farbenfroh und schön. Und dann kamen mir wieder die Tränen, genau wie gestern. Ich kam heute aber nicht dagegen an, weil die Traurigkeit noch viel intensiver über mich kam. Habe es gerade so hinbekommen, nicht zu schluchzen und Jona still weinend zu Ende behandelt,

und auf einmal wusste ich, dass das gar nicht meine Tränen sind, sondern Jonas! Ich habe es anschließend (immer noch weinend, ich kam nicht dagegen an) ausgesprochen und Jona hat sofort und heftig angefangen zu weinen. Und dann haben wir uns ganz lange im Arm gehalten und zusammen geweint. Das war sehr schön und überhaupt nicht traurig, sondern erlösend …

Ich danke dir für alles, liebe Seraphina!

Ich hoffe, du findest noch ein bisschen Zeit, die Vorweihnachtszeit zu genießen.

Ganz liebe Grüße – Dana

Alles was ich berühre, nimmt ein leuchtendes Licht an, das segnet und heilt. (Ein Kurs in Wundern)

Neujahrsgedanken

Ich mache die Welt los, wofür ich sie hielt, und wähle meine eigene Wirklichkeit an ihrer statt. Überzeugungen sind tatsächlich machtvoll. Die Gedanken, die du denkst, sind mächtig, und Illusionen sind ebenso stark in ihren Wirkungen, wie es die Wahrheit ist. Du brauchst nur dein Denken über das zu ändern, was du sehen willst, und die ganze Welt muss sich entsprechend auch verändern. Ideen verlassen ihre Quelle nicht. Kranke werden geheilt, wenn du jeden Gedanken an Krankheit loslässt, und Tote stehen auf, wenn du Gedanken an das Leben alle Gedanken ersetzen lässt, die du je über den Tod gedacht hast. (ÜB, L 132)

Der Kurs in Wundern verspricht heute, an diesem sonnigen Neujahrsmorgen im Jahr 2017, dass ich selbst entscheide, wie mein Leben weitergeht. Die Welt, wie ich sie sehe, ist lediglich

eine Spiegelung meiner tiefsten Überzeugungen, meines Selbstbildes und meiner Erwartungshaltung.
Ich erschaffe meine Realität quasi selbst, und bin somit auch für die Welt, in der ich lebe - meinen eigenen, kleinen Kosmos - verantwortlich!
Also was will ich?
Mir fällt eine Menge ein:
Filous Bein ist geheilt.
Jona verarbeitet die Trauer angemessen und ist wieder glücklich.
Ich schreibe mein Buch, finde einen Verlag und berühre mit meinen Worten die Herzen vieler Menschen.
Meine Geschichte inspiriert, gibt Zuversicht und ermutigt viele Menschen, ihre Gedanken, ihr Leben - sich selbst - zu verändern … und damit die ganze Welt, die gespiegelte äußere Realität.
Ich finde eine Tätigkeit, die mich erfüllt und der ich mit Begeisterung und Leidenschaft nachgehe, ein Fundament zum Reiki, es fehlt noch etwas, es ist noch nicht greifbar, aber ich finde es und lasse mich ausbilden.
Bis dahin arbeite ich gerne in meinem jetzigen Beruf und nehme alle dort anstehenden Veränderungen positiv und gelassen an, ich verstehe und lerne alles Neue mit Leichtigkeit und Freude.
Neue, gleichgesinnte Wegbegleiter treten in mein Leben, helfen mir und bereichern mein Leben.
Sobald meine Seele bereit ist, öffne ich mich für eine wertschätzende und hingebungsvolle Beziehung mit einem Seelenpartner, der mich genauso liebt wie ich ihn. Wir teilen alles was wir sind. Wir sehen uns – von Seele zu Seele.
Ich erstrahle in Freude, Begeisterung und Lebendigkeit.
Ich bin glücklich.

Der Spiegel

Ach ja, das Arbeitsleben: Aufruhr und Empörung machen sich breit. Grund sind die jährlichen Beurteilungsgespräche, in denen unsere Chefin in diesem Jahr einigen Mitarbeitern gegenüber Kritik bezüglich mangelnder Kooperation während unseres Veränderungsprozesses geäußert hat. Die Meinungen über diese direkte, ungewohnte Vorgehensweise gehen natürlich weit auseinander und die Verunsicherung ist riesengroß, zumal sich ausnahmslos alle Mitarbeiter, mich eingeschlossen, seit Monaten absolut überlastet fühlen.

Mein Beurteilungsgespräch findet heute statt und ich überlege, ob es etwas an meiner Arbeitsweise auszusetzen gibt. Tatsächlich hatte ich über einen sehr langen Zeitraum immer wieder das Gefühl, quantitativ nicht genug zu schaffen.

>>Was ist nur los mit mir?!<<, habe ich mich oft unzufrieden gefragt und den Grund gefunden: In den ersten Monaten nach Volkers Tod hatte ich immer mal wieder >>Kondolenzbesuche<< von mitfühlenden Mitarbeiter, auch aus anderen Abteilungen, da ich in meinem fünfundzwanzigjährigen Berufsleben schon an vielen anderen Standorten und Filialen gearbeitet habe. Und auch das regelmäßige, aufmerksame Nachfragen zu meinem Befinden seitens engerer Kollegen, hat ihren Raum beansprucht und ich war sehr dankbar und auch froh, mir Dinge von der Seele reden zu dürfen. Mit der Zeit habe ich allerdings festgestellt, dass es in den Gesprächen immer häufiger um die Sorgen meiner Kollegen und weniger um mich ging, was mich nicht im Geringsten gestört hat. Außer vielleicht, weil ich gelegentlich die Sorge hatte, meine Arbeit durch die zeitintensiven Gespräche

nicht immer zu schaffen. Das hat mir lange Zeit Stress bereitet, aber irgendwann habe ich einfach akzeptiert, dass dies wohl gerade meine Aufgabe in unserer Bank ist: Ich wirke wie ein Magnet auf Menschen, die einen Zuhörer brauchen, vielleicht auch mal einen Ratschlag, aber wohl in erster Linie Mitgefühl. Und (mit-)fühlen habe ich inzwischen gelernt.
Mit dieser Erkenntnis kam auch die Entspannung und ich wusste, dass alles so seine Richtigkeit hat. Für andere da sein und damit etwas von dem zurückgeben, was ich zuvor bekommen hatte, ist gerade viel wichtiger als überdurchschnittlich viel Arbeit zu bewältigen ... zu leisten.
Nun, kurz vor meinem eigenen Beurteilungsgespräch bin ich jedoch schon etwas nervös. Wird meine Chefin es mir vorwerfen?
Ich glaube nicht und wenn doch, weiß ich, dass ich richtig gehandelt habe und messe meiner Beurteilung heute keinen wirklichen Stellenwert mehr bei. Ich muss mein Handeln nur mir selbst und sonst niemanden gegenüber vertreten können. Ich selbst muss ehrlich beurteilen, ob ich nach meinen eigenen Werten handele. Früher war Außenbestätigung und Anerkennung unverzichtbar für mich und ein Tadel bei der Arbeit wäre der Weltuntergang gewesen. Hat überhaupt schon mal jemand zu mir gesagt: >>Frau Andersen, da haben sich ja einen richtigen Bock geschossen, großer Fehler, das ist ja höchst dramatisch!<< Nein, das ist natürlich nie vorgekommen. Aber die unbewusste Angst davor hat mich immer enorm vereinnahmt und mir genug sorgenvolle Stunden beschert. Wie bescheuert! Heute denke ich ständig, wie viel von meiner wertvollen, gemeinsamen Zeit mit Volker

und Jona ich für belastende Gedanken an meine Arbeitsleistung und Anerkennung verschwendet habe, anstatt glücklich und gelassen jede kostbare Minute zu genießen.
Zurück zum aktuellen Geschehen: Ich setze mich also entspannt ins Gespräch mit meiner Chefin und warte, was kommt. Und werde sehr überrascht, damit habe ich überhaupt nicht gerechnet: Sie sagt, sie sei sehr beeindruckt von der Art und Weise, wie ich mit Volkers Tod umgehe und dass sie meine Rolle und meinen positiven Einfluss im Team sehr bewundere. Außerdem sei es ihr sehr wichtig, mich wissen zu lassen, dass sie meine gute Arbeitsleistung nicht an meiner schwierigen Zeit messe, sondern diese auch unter normalen Umständen genauso positiv eingeschätzt hätte. Meine Chefin hat sich sogar große Mühe gegeben, es schriftlich in meiner Beurteilung festzuhalten, darüber habe ich mich dann doch sehr gefreut:
>>Frau Andersens Handeln war viel von Verständnis und Rücksichtnahme geprägt. Dies hatte ich – vor allem vor dem Hintergrund ihres privaten Schicksalsschlages – in dieser Ausprägung nicht von ihr erwartet. Sie hat mit ihrem Verhalten meines Erachtens sehr dazu beigetragen, innerhalb des Teams negative Stimmungen und Entwicklungen aufzuhalten bzw. einzufangen. Frau Andersen hat in 2016 andere mehr gestützt als dass sie von anderen gestützt werden musste. Dem gilt meine Hochachtung.<<
Am Spannendsten und der eigentliche Grund, warum ich diese kurze Geschichte erwähne, ist meine Überzeugung, dass es sich um eine direkte Spiegelung meiner inneren Erkenntnis handelt.

Ich selbst bewerte mein Verhalten, meine Rolle bei der Arbeit, aus tiefster Überzeugung als wichtig und richtig, also bekomme ich entsprechende Resonanz. Wäre ich in meiner ursprünglichen Haltung, nämlich nicht genug zu leisten und dies als schlecht zu verurteilen verharrt, wäre das Gespräch anders verlaufen. Bestimmt nicht vorwurfsvoll, aber anders, davon bin ich heute überzeugt.
Ich erinnere mich noch an einen Job in einer anderen Abteilung, in dem ich nach Anerkennung gelechzt, sie aber nie von meinem damaligen Chef bekommen habe. Ich war so wütend damals. Aber leider auch nicht selbst von meinem Wert überzeugt. Mein Ego hatte mir eingeredet, dass ich nicht gut genug bin und mir geraten, auf meinen eigenen Vorteil zu achten, mich mit anderen zu vergleichen und mich durch immer mehr Leistung aus der Masse hervorzuheben, damit es mein (doofer) Chef auch merkt und mir die gebührende Anerkennung zollt.
Ich dachte bisher, ich bin nur gut, wenn es mir jemand sagt. Anerkennungsjunkie … Und nicht ein Mal loben, nein: ständig bitte, und bitte nicht nur von Kollegen, es müssen auch die Kundenberater sein, die Chefs, die Bereichsleiter, der Verbandsprüfer und am besten noch der Papst!

Ich glaube, das geht vielen Menschen so: Kaum haben wir das lang ersehnte Lob endlich eingeheimst, sind wir auch schon wieder unzufrieden und begeben uns erneut auf die Jagd nach einer neuen Herausforderung in der Hoffnung auf Anerkennung.
Warum ist das so? Warum reicht es nie?

Weil wir nie etwas von außen bekommen können, wovon wir nicht im Innersten überzeugt sind. Solange wir Lob von außen brauchen, fühlen wir uns im Innersten klein, ungenügend, ungeliebt. Und dann kommt das Ego ins Spiel und sagt: >>Wenn du mehr leistest und besser bist als alle anderen, merkt keiner wie unwichtig und klein du eigentlich bist. Also streng dich an! Und mach ja keine Fehler! Du glaubst doch wohl nicht, dass dich irgendjemand einfach so lieben könnte, ohne dass du was dafür tust?!<<

Und der Witz an der Sache ist, sobald wir erkannt haben, dass das Ego nur eine Illusion ist und unser wahres, authentisches Selbst endlich zum Vorschein kommt, prasseln die inzwischen bedeutungslos gewordenen Bestätigungen wie ein warmer Regen auf uns herunter.

Die äußere Welt ist nur der Spiegel unserer selbst.

Versuche dir einfach die Wahrheit vorzustellen: Den Tod gibt es nicht!

Klartraum

Volker fährt mit dem Auto vor und ich warte mit zwei Koffern, einen für Jona und einen für mich. Während Volker aussteigt und das Gepäck ins Auto einladen will, wundere ich mich und bin ganz erschrocken darüber, dass ich für Volker nichts eingepackt habe und sagte verwirrt zu ihm: >>Wir können noch nicht weg. Ich muss erstmal einen Koffer kaufen und ihn für dich packen!<< Ich bin am Boden zerstört und verstehe einfach nicht, wie ich Volker vergessen konnte!
Seine Anwesenheit kommt mir so echt vor …

Ich frage Seraphina per Email, was das bedeuten könnte, da ich weiß, dass sie in Sachen Traumdeutung im Thema ist und sie antwortet:
Liebe Dana, ich denke, dass sich durch deine (vor wenigen Tagen stattgefundene) Einweihung in den zweiten Reiki-Grad nun deine Emotionen lösen und der Traum von Volker deine Sehnsucht, mit ihm gehen zu dürfen, aufzeigt. Dass nur für dich und Jona Koffer da waren, zeigt ganz deutlich, dass eure Reise hier noch weitergeht. Euer Gepäck muss noch >>bearbeitet<< werden. Du hast sozusagen auf unbewusster Ebene deine Sehnsucht verarbeitet und Bewusstsein erschaffen! Das ist gut! Du bist auf dem richtigen Weg!

Schreib alles auf, ich sehe dich schon als Schriftstellerin mit einer Tasse Tee, idyllisch im Grünen oder am Meer sitzen und Bücher schreiben.
Alles Liebe - Seraphina

Eigentlich hatte ich mir als Traumberuf eine heilende Tätigkeit manifestiert, Schriftstellerin klingt aber auch gut. Lässt sich das noch ändern? Oder ergänzen?

Warum bin ich hier?

Während meiner, kürzlich absolvierten Einweihung in den zweiten Reiki-Grad, interviewe ich Seraphina nach in Frage kommende Fortbildungsmöglichkeiten. Am meisten interessiert mich die psychotherapeutische Richtung und da gibt es durchaus Alternativen zu einem Fernstudium, höre ich gespannt. Am Ende dieses sehr emotionalen Tages im Februar 2017 gehe ich bereichert um eine weitere Reiki-Einweihung und einem Zettel voller Adressen nach Hause.
Wenige Tage später: Nach einem langen, mal wieder anstrengenden Arbeitstag, entdecke ich den Zettel in meiner Hosentasche und beginne zu googlen. Nach einer Stunde Recherche gebe ich entnervt den letzten Namen des Zettels, eine Heilpraktikerin für Psychotherapie, ein und öffne ihre Startseite und … bekomme eine megafette Gänsehaut! Okay, hier bin ich richtig! Sofort bin ich hellwach und gespannt wie ein Flitzebogen. Geduldig klicke ich mich durch alle Reiter dieser sehr umfangreichen Internetseite und warte, dass sich

meine starke Reaktion wiederholt. Aber es tut sich nichts. Nanu?! Erst als ich den allerletzten Reiter mit der wenig versprechenden Bezeichnung >>Analysen<< lustlos öffne, ist es plötzlich wieder da, dieses starke Gefühl! Und zwar bei dem Angebot der >>Kabbalah-Analyse<<. Was ist denn das? Noch nie gehört!
Die Kabbalah umfasst ein uraltes Geheimwissen der jüdischen Mystik. Sie ist eine Möglichkeit der Selbstfindung: Anhand Ihres Geburtsnamens und Geburtsdatums offenbart sie Ihr persönliches Lebensziel sowie Ihre Lebensaufgaben und Anlagen, allerdings auch die damit verbundenen Leidenswege, wenn Sie Ihre Lernaufgaben nicht ausreichend für Ihre Seele >>angehen<<. Wenn die Kabbalah eins nicht ist, dann nett!<<
Okay, wenn schon nicht nett, dann aber doch interessant. Und ich bin versehentlich mal wieder beim Thema der >>geplanten Inkarnation einer Seele zur Erfüllung von Lernaufgaben<< gelandet. Gänsehaut, also nicht lange fackeln und raus mit der Bestellung und Vereinbarung eines anschließenden persönlichen Gesprächstermins. Wenige Tage später öffne ich neugierig den Umschlag mit der fünfzehnseitigen Analyse, hier nur einige wenige Kernaussagen:
Warum bin ich hier?
Weg 10 – Glück erkennen
>>Mit diesem Weg als Karma haben Sie vermutlich in einem früheren Leben nicht genug auf sich selber gehört. Sie trauten Ihrer eigenen inneren Stimme nicht und haben sich damit immer selber im Weg gestanden. Niemand - nur Sie allein - sind für Ihr Glück und Ihren Erfolg zuständig.<<
Na, da gibt es ja Schlimmeres, wobei: Mir selber im Weg stehen kann ich immer noch ganz gut.

Der nächste Satz trifft mich unerwartet wie ein Messerstich ins Herz, mir schießen sofort die Tränen in die Augen:
>>Ihr Karma sollte Ihnen mit etwa dreiundzwanzig Jahren bewusst sein.<<
Mit knapp dreiundzwanzig Jahren bin ich Volker begegnet, der Beginn meines glücklichen Lebens!
Mitgift: Was wurde mir für dieses Leben mitgegeben?
>> Ihre Mitgift haben Sie sich bereits in Ihren früheren Leben erworben und dieses unbewusste Wissen hilft Ihnen, die Aufgaben des Lebens zu meistern, die Sie sich selbst vorgenommen haben:
Weg 5: Religion leben<<
>>Sie haben als Mitgift eine starke spirituelle Ader, die Sie nicht verleugnen sollten. Sie können starken Halt in der Religion finden, da Sie hinter den Schleier der Dogmen schauen und sich den wahren Inhalt erschließen können. Wichtig ist für Sie, dass Sie sich nicht hinter Ihrem >>Kopf<< verstecken und diese wichtige Gabe verdrängen, sondern es zulassen, dass sie sich entwickelt.<<
Ähm, das ist ja jetzt wieder verrückt. Es stimmt ja in der Tat, dass ich gerade in einem sehr starken Glauben Halt finde, durch den Kurs in Wundern, den Worten Jesus Christus, der jedoch anderes lehrt als die kirchliche Institution. Ich zerbreche mir noch tagelang den Kopf, ob es in meinem bisherigen Leben je einen Weg in diese Richtung gab, den ich nicht (wahr-) genommen habe. Nein! Gab es nicht. Ist das ein weiterer Hinweis, dass wirklich alles nach Seelen-Plan verlaufen ist? Mein ganzes Leben? Dann hätte auch Volkers Tod einen vorbestimmten höheren Sinn, denn er war der Auslöser dafür, dass ich meine

>>Religion<<, meinen Glauben, meine Wahrheit gefunden habe bzw. gerade dabei bin.

Was ist meine Lebensaufgabe?

Weg 14: Ausbalancieren der Macht

>>Sie sind hier, um positive schöpferische Energie in die Welt hineinzutragen.<<

Bedeutet: Die Schöpfungsenergie des universellen Bewusstseinsfeldes anzapfen, um die eigenen Wünsche (Intention) im Einklang mit der Quelle zu verwirklichen - mittels Vorstellungskraft und Aufmerksamkeit Materie erschaffen, meine eigene, bewusst manifestierte Wirklichkeit.

Ja, ich arbeite bereits daran herauszufinden, wie das funktioniert.

Desweiteren steht dort bezüglich der Berufswahl geschrieben:

>>Obwohl Sie sehr verletzbar und sensibel auf Kritik und Ablehnung im Berufs- und Privatleben reagieren, sind Sie die geborene Überlebenskünstlerin und verfügen über enorm viel Kraft, Empathie und Willensstärke. Es ist wichtig, dass Sie sich Ihre Macht zu eigen machen und erkennen, dass Sie einen starken Willen und die Fähigkeit besitzen, sich das Berufsleben zu erschaffen, dass Sie sich wünschen. Sollten Sie Ihre Macht nicht in Anspruch nehmen, bekommen Sie leicht das Gefühl, dass andere, mächtigere Leute Sie beherrschen. Fürchten Sie sich nicht davor, Ihre Stärke offen zu zeigen. Sie brauchen einen Beruf, der Tiefgang erfordert und Ihre ganze Gefühlspalette beansprucht.<<

Auch die folgenden Seiten mit der Beschreibung meiner Anlagen finde ich sehr treffend, im positiven wie im negativen Sinne. Je öfter ich es lese, desto mehr erkenne ich mich und natürlich mein Ego, mit dem ich mich ja bereits sehr intensiv beschäftige. Auf diesen Teil bezieht sich wohl der Zusatz: >>Die Kabbalah ist wirklich nicht nett!<< Sich seine Schattenseiten einzugestehen, dazu gehört schon eine gehörige Portion Mut und Selbstreflektion.

Auch die Krankheiten meines Leidensweges kommen mir bekannt vor. Ein Beispiel: Ich hatte viele Jahre Neurodermitis und Asthma. Das ist laut der Kabbalah das Signal, dass ich nicht zu mir stehe. >>Man möchte, kann aber scheinbar nicht aus seiner Haut, seinem Panzer, heraus. Fragen Sie sich: Wo werde ich durch andere Menschen fremdbestimmt? Tue ich immer das, was andere von mir wünschen und tue ich nie das, was ich will? Vermeide ich aus Angst heraus Lebensumstände oder neue Erfahrungen, die mich glücklich machen könnten?<<

Ja, kommt mir irgendwie bekannt vor.

>>Ihre Hauptenergie strömt ins Hals-Chakra und bewirkt, dass Sie die Aufgabe gewählt haben, durch den Einsatz Ihrer Sprache und Ihrer Hände Ihren wesenhaften Selbstausdruck zum Wohle aller einzubringen.<<

Na, das ist ja mal cool! Das ist mein Lieblingssatz! Mit Sprache ist hoffentlich auch >>schreiben<< gemeint. Und die Hände beziehe ich mal auf Reiki.

Aber ist das nicht verrückt?! Nein, für mich ist das eine weitere Bestätigung. Es gibt keine Zufälle.

Das persönliche Nachgespräch bringt eine weitere, vom Himmel geschickte Person in mein Leben: meine künftige Innere-Kind-Therapeutin Fiona.

Wir landen im Zuge unseres herzlichen (Kabbalah-)Gespräches zufällig bei Ausbildungsmöglichkeiten und siehe da: Sie hat Infos über eine sehr gute einundeinhalbjährige Coaching-

Ausbildung, Psychotherapie praxisnah, das klingt total spannend. Ich bin sehr interessiert, der neue Kurs startet erst im Januar 2018, in neun Monaten, also habe ich noch Zeit. Dennoch spüre ich, das Richtige gefunden zu haben. Und wieder einmal brauchte ich mich nicht anzustrengen, ich wurde hierher geführt. Was mich ebenfalls sehr reizt, ist ihr Therapie-Angebot Innere-Kind-Arbeit mit der Möglichkeit einer anschließenden Ausbildung in diesem Bereich.
Ich verlasse Fiona gut gelaunt und habe nun endlich einen Plan: Coaching als Fundament, die Arbeit mit dem Inneren Kind und Reiki. Mein Thema, denn das innere Kind ist der Schauplatz des Egos. Das innere Kind steht für unser Unterbewusstsein und dort sind unsere in der Kindheit konditionieren Glaubenssätze, Verhaltens- und Denkmuster abgespeichert. Also die optimale Chance, das eigene Ego besser zu verstehen. Das innere Schattenkind ist nur ein anderer Begriff für das Ego. Das innere Sonnenkind ist unser befreites, unschuldiges Seelenselbst.
Termine für die Therapie sind für Mai und Juni vereinbart. Ich bin total gespannt.

Das Richtige kommt auf mich zu

Passend an dieser Stelle ist ein kurzer Exkurs zum Thema: die richtige Hilfe in Anspruch nehmen. Ich hatte mich in den letzten Wochen aus meiner Ungeduld heraus noch an zwei weitere Energie- und Heilanbieter gewandt, weil ich unbedingt Fortschritte erzwingen wollte. Und bin damit voll auf die Nase gefallen: Die eine Heilerin hat mir versprochen, sie könnte

Kontakt zu Volker herstellen, das Ganze erfolgte in einer Meditation, in der ich selbst Volker sehen oder wahrnehmen sollte (ich dachte immer, das Medium nimmt Kontakt auf), was nicht so wirklich funktionierte. Und darüber hinaus bekam ich noch den Hinweis, von Volker >>besetzt<< zu sein und wurde mit dieser frohen Kunde und um einige Euro erleichtert nach Hause entlassen. Danach war ich völlig fertig und meine Seraphina musste das wieder geraderücken. Und sie beruhigte mich anschließend mit den schönen Worten: >>Du bist längst soweit. Vertraue deinem eigenen Gefühl! Du hast doch gleich gemerkt, dass da etwas nicht stimmt.<< Ja, das hatte ich, kam mir alles komisch und unprofessionell vor.

>>Siehe es als eine Art Prüfung. Du kannst zu zehn Heiler, Therapeuten oder Ärzten gehen und jeder wird dir was anderes erzählen. Was richtig ist, kann dir nur deine eigene Intuition sagen. Du kannst dich auf dein Gefühl verlassen. Du selbst triffst die Wahl, wem du vertraust.<<

Trotzdem konnte ich mich nicht beherrschen und habe später noch jemanden konsultiert, bereits auf der Suche nach Ausbildungsmöglichkeiten. Diese Heilerin arbeitete mit Karten, die aus überwiegend negativen Schlagwörtern bestanden. Ich hatte z.B. die Karten: Haltung, Zwang, Verwirrung, Opfer, Machtkampf und Kummer. Ich hätte mir ein sehr schweres Leben für meine Inkarnation ausgesucht, war unter anderem ihre Aussage dazu. Sie wusste allerdings viel über meine Krankheiten und Anlagen, die mir Probleme bereiten, meine Ego-Baustellen sozusagen. Klar, über mein Geburtsdatum, das sie zu Beginn von mir wissen wollte. Das ist keine Hexenkunst, weiß ich inzwischen, denn ich habe mich natürlich (ganz die

Analystin) mit Kabbalah und Numerologie (Lebenszahl und Lebensweg) auseinandergesetzt. Beides gibt uns (und somit auch jedem der unser Geburtsdatum kennt) tiefe Einblicke in unseren Charakter, unsere Stärken und Schwächen und den damit verbundenen Leidenswegen. Aufgrund dieses Vorwissens war ich bei dem besagten Termin nicht mehr überrascht oder schockiert und habe beschlossen, nichts mehr erzwingen zu wollen. Das Richtige kommt zu mir, ich kann es nicht kontrollieren und auch nicht beschleunigen. Alles kommt zur rechten Zeit. Ich muss nur achtsam sein.

Wer Hilfe im Heiler-, therapeutischen- und medizinischen Bereich in Anspruch nimmt, sollte sich bei dieser Person immer gut aufgehoben fühlen und niemals mit ängstlichen oder sonstigen negativen Gedanken und Empfindungen nach Hause gehen. Wo ich mich geborgen, verstanden und gut fühle, bin ich richtig, so ist es mit allem im Leben. Und wer sich bei wem gut aufgehoben fühlt, ist von Mensch zu Mensch unterschiedlich gemäß dem Gesetz der Resonanz und des individuellen Weges. Beide Heilerinnen sind seit Jahren erfolgreich tätig. Aber ich war dort nicht richtig.

Und mein Weg ist keinesfalls auf andere übertragbar.

Wichtig ist, dass jeder seinen eigenen Weg findet und auch geht, und nicht versucht, andere Menschen oder Wege zu >>kopieren<<. Und jeder Mensch begegnet dann, wenn er sich entschieden hat loszugehen, seinen eigenen Helfern und Wegbegleitern, die ihn voran bringen und sicherlich manchmal auch herausfordern. Beides gehört dazu: die richtige Hilfe und Unterstützung, aber auch die Herausforderungen und Blockarden, die uns zwingen, uns unseren Ängsten zu stellen.

Deshalb bedarf es auch einer gehörigen Portion Mut, Stärke und Willenskraft, die Reise ins Ich anzutreten … und Vertrauen. Urvertrauen und Vertrauen in die eigene Intuition, unsere innere Seelenstimme und göttliche Führung.

Endlich Gewissheit

Ich hatte Fiona damals gebeten, mir auch für Volker eine Kabbalah zu erstellen, in der Hoffnung, einen Hinweis auf seinen Tod oder und seine Lebensaufgabe zu finden. Aber Fiona hat mir davon abgeraten, was ich sehr sympathisch fand, denn sie hätte ja Geld damit verdienen können.
>>Eine Kabbalah besteht aus allgemeinen Textbausteinen und die kann man unterschiedlich interpretieren. Da wirst du keine Antworten finden.<<
Aber sie hatte einen anderen Vorschlag: Sie kenne ein Medium, eine ältere Dame, die Kontakt zu Verstorbenen herstellen kann und wirklich kompetent ist.
>>Wenn Volker dir antworten möchte, wird er es tun.<<
Ich bin mir sicher, es wird funktionieren, denn Volker hat ja bereits Wege gefunden, mich zu erreichen. Er will! Und ein professionelles Medium wäre mit Sicherheit die einfachste Variante für ihn.
Den Wunsch hatte ich schon die ganze Zeit, aber ein echtes Medium ist, wie gesagt, nicht so leicht zu finden. Und nun ist es zu mir gekommen … von alleine und zur richtigen Zeit.

Volkers Botschaft

Bereits am folgenden Tag nehme ich telefonisch Kontakt zu der sympathischen Dame namens Martha auf und übermittele ihr anschließend alle erforderlichen Daten per Email. Keine persönlichen Informationen über Volkers Leben oder seinen Charakter, nur Geburts- und Sterbedaten, Angaben zum Unfall, ein Bild von ihm und meinen persönlichen Brief mit den Fragen, die mir so sehr am Herzen liegen. Sie erklärt mir, dass es ein paar Tage dauern kann, da alle Rahmenbedingungen für ein Verstorbenen-Reading gegeben sein müssen und es nur funktioniert, wenn Volker auch möchte.

Er wartet darauf, daran habe ich keinen Zweifel, nun muss ich mich gedulden. Nach zehn Tagen erhalte ich die ersehnte Nachricht von Martha, mit der Bitte, ihr anschließend mitzuteilen, wie es mir damit geht und dem Angebot, eines nachträglichen Telefonates.

Übermitteltes Reading:

Ich bitte meinen Guide mich mit Volker zu verbinden. Seine Frau Dana bittet um diesen Kontakt.

Er ist mit mir geduldig, ihr Mann … Längst hat er den Kontakt zu mir hergestellt, schneller als ich mich zu ihm hindenken und mich verbinden kann.

>>Das macht doch nichts, Martha!<<, sagt er zu mir. Er sitzt an meinem Schreibtisch. Seine Körperhaltung interpretiere ich, als ob er Schwierigkeiten beim Sitzen hat. Da er mich auch ohne Worte versteht, bewegt er als Antwort vorsichtig seine Schultern und Hals.

Auch ich verstehe ihn ohne Worte, ohne dass er es aussprechen muss: Das hat noch mit seinem Körper zu tun, mit seinem körperlichen Tod. Er hat hier jetzt seinen Körper manifestiert für mich bzw. für Dana. Das ist für ihn neu und ungewohnt und etwas beschwerlich, weil mit der Körperlichkeit ja auch sein Versterben (teilweise) wieder erfühlbar ist.

Volker: Tsch … Tsch … Alles gut!

Ich freu mich auf dieses Gespräch. Ich freu mich, damit für Dana etwas tun zu können.

Ich: Lieber Volker, Dana möchte dir ihren Brief übergeben. Darf ich dich für Dana zunächst etwas beschreiben, wie ich dich empfinde?

Volker: Du bist doch schon längst dabei …

Ich: Du bist wohl ein sehr freundlicher Mann gewesen. Geduldig, hab ich ja gerade gemerkt! Harmonie war dir wichtig. Ich empfinde, du hast gern das Gute in einem Menschen gestärkt und das Negative erst gelten lassen, wenn es sich >>bewahrheitet<< hatte. Manche deiner Zeitgenossen haben dir das eher als >>Weich-Haltung<< angedichtet. In Wahrheit war (und ist) es Weisheit, eine, die ohne Pathos auskommt.

Ich empfinde dich als einen Menschen mit Führungspersönlichkeit im positiven Sinn und ich spüre dich als sehr >>alte<< Seele, die schon viele Erkenntnisstufen durchlaufen hat. Könnte sein, dass dein plötzliches Ableben etwas damit zu tun hat …

Du hast gern geliebt, gern genüsslich genossen und gern >>deinen<< Spaß mit anderen gemacht, auf eine liebe Art, die niemanden seine Würde nimmt.

>>Würde ist ein Menschenrecht!<<, sagt er in meine Gedanken hinein in einer Weise, dass ich merke, wie wichtig ihm das ist.

Und wenn du traurig warst, warst du sehr traurig. Nach innen - außen, wenn's geht lieber versteckt - aber in dir drin. Ich meine damit, dass du eine große emotionale Bandbreite gelebt hast.

Volker: Ja, ein glückliches Leben trotz und mit allem, was es mir gegeben hat. Ich hab´s gern gehabt, ich bereue nix und würde das Meiste wieder tun, genauso wie es gewesen ist.

(Er schmunzelt) Das Meiste, wie gesagt …

Ich: Möchtest du mir ein paar Impulse oder Bilder für Dana übermitteln?

Bild: Ich sehe ihn lesen, ein mehrseitiges Schriftstück, das er sehr intensiv studiert, geistig völlig darin versunken, bis ein schriller Warnton ihn mächtig erschreckt *(ich weiß sofort, was dieses Bild bedeutet: das Lernen nach Feierabend für das Betriebswirtschaftsfernstudium, das Volker noch im Alter von fünfundvierzig Jahren begonnen hat!)*

Bild: Sehr kleine Bälle oder sehr große Murmeln. Volker spielt mit einem kleinen Kind. Beide sitzen auf dem Boden und die Bälle rollen zwischen ihnen hin und her (Volker und Jona)

Bild: Ein rotes und ein weißes Auto nebeneinander stehend. >>Na, DAS aber lieber nicht<<, sagt Volker dazu. *(Volker war von Beruf KfZ-Meister).*

Bild: Ein Garten. Ein alter Obstbaum. Eine Leiter steht da angelehnt … Ist wohl Erntezeit.

Impuls: Der Duft von frischer Wäsche, die an der Luft getrocknet ist.

Impuls, den ich höre und dadurch weiß: ein Perpetuum-Mobile, ich höre das sich ständige wiederkehrende Klack-Geräusch.

Ich: Danke Volker, ich lese dir jetzt Danas Brief für dich vor:

Lieber Volker,
ich liebe dich sehr, denke oft an dich und spreche mit dir, kannst du mich dann hören?
Wie geht es dir? Warum bist du gegangen? Hattest du deine Lebensaufgabe erfüllt? Was war deine Lebensaufgabe? Ist alles nach deinem Seelenplan verlaufen?
Möchtest du mir etwas sagen? Ich möchte dir gerne hiermit die Möglichkeit dazu geben, weil ich weiß, dass du es schon öfter versucht hast.
Du fehlst uns immer noch so sehr, aber mach dir keine Sorgen, wir schaffen das.
Wir sehen uns,
in ewiger Liebe - Deine Dana

Ich sehe seine Berührtheit.
Volker: Sag Dana bitte zu allererst: Ich bin gegenwärtig! Heut und morgen und für Dana vor allem!
KEINER, der >>geht<<, ist wirklich verschwunden.
Mein Herz, freilich höre ich dich.
Aber doch nicht mit meinen Ohren, die brauche ich dazu nicht mehr. Ich >>fühle<< jeden Gedanken, den du für mich und um mich hast. JEDEN ... Dana. Manchmal ist es schwer auszuhalten zu fühlen, was du fühlst (denkst) und nicht erfahrbar für dich reagieren zu können. Aber ich reagiere, glaub mir. Mit all meiner Liebe bin ich bei euch. Das bleibt und das wird uns immer verbinden und uns einander erkennen lassen, wo immer und wann das sein wird.
Und das darf ich dir auch (durch den Schleier hindurch) mitteilen. Wir haben uns nicht zufällig getroffen und wir

werden wieder füreinander da sein … Dana, du weißt, dass unsere Seelen eine alte Verbindung haben, weißt es auch ohne meine Worte an dich.
Ja – meine Zeit war begrenzt und manchmal hab ich das auch gefühlt (Traurigkeit?)
Erinnere dich …
Es ist im Großen und Ganzen vorbestimmt – von der Seele und ihren Möglichkeiten im körperlichen Leben. Krankheit war kein Weg für mich.
Ich bin so stolz auf dich, wie tapfer du bist. So stolz, wie du managst und so froh, wenn ihr lacht und schmust …
Auch das >>Loslassen<< übst du schon und erspürst in dir, wie wichtig das ist. Wir können uns nicht verlieren, aber wiederfinden können wir uns nur, wenn wir vorher losgelassen haben. Nicht wahr, du weißt es, Dana? Denn du bist auch eine weise (weiße) alte Seele …
Volker schmunzelt(?) dabei: Und das wird jetzt erst mal gelebt – JAWOLL!!!
Er schmunzelt und doch, es klingt etwas ruppig, wie er das sagt. Ich glaube, er ist jetzt sehr berührt und mit sich beschäftigt und sucht deshalb mehr Distanz.
Und gleich darauf sagt er auch zu mir:
So Martha, für heute ist es genug … Lass mich dir noch einmal herzlich danken.

Jeder Versuch in Worten auszudrücken, was diese Nachricht für mich bedeutet, wäre unzureichend. Zu Martha sage ich in unserem anschließenden Telefonat, dass meine quälendste Frage nun beantwortet sei. Nun weiß ich, dass Volkers früher

Tod im höheren Sinne so >>vorbestimmt<< war.
Er hat es mir gesagt.
Martha antwortet: >>Sie haben Recht, das hat er gesagt. Wie schön, dass Sie es alleine erkannt haben. Ich hätte nicht gedacht, dass es Ihnen sofort klar ist.<<
Doch, ich habe es verstanden (… Es ist im Großen und Ganzen vorbestimmt – von der Seele und ihren Möglichkeiten im körperlichen Leben. Krankheit war keine Option für mich …). Volkers Leben war begrenzt, unser gemeinsames, glückliches Leben sowie das abrupte, schmerzhafte Ende waren auf Seelenebene vereinbart. Alles ist nach dem großen Plan des göttlichen Prinzips verlaufen und unsere Seelen haben diesem höheren Plan vor unserer Inkarnation in dieses Erdenleben zugestimmt. Tief in meinem Herzen fühle ich es.
>>Erinnere dich …<<
Der Unfall war kein unglücklicher Zufall oder Pech.
Den Tod gibt es nicht, denn er konnte uns nicht trennen. Wir leben jetzt lediglich in verschiedenen Schwingungsebenen und können uns daher noch erreichen, wir fühlen uns.
Die Gewissheit mit einem größeren Ziel verbunden zu sein, gibt meinem Leben und Volkers >>Tod<< einen tieferen und höheren Sinn. Der Gedanke an einen höheren Willen oder eine göttliche Bestimmung ist sehr tröstend und macht mich innerlich weit und friedlich. Meine Reise führt mich zum eigentlichen Zweck meines Daseins. Ich bin auf dem richtigen Weg, bis hierher begleitet von Volker. Mein ganzes Leben lief nach Plan, nur war es mir nie bewusst.
Aber nun weiß ich es und auch wenn das Ziel noch nicht erkennbar ist, so spüre ich doch immer stärker die höhere,

göttliche Führung, die mir den Weg leuchtet. Und das ist unglaublich erlösend und beruhigend. Den Weg gehen, das ist leben! Zu denken, ich wäre erst glücklich, wenn ich am Ziel bin, ist eine Illusion.
Ich will nicht mehr kämpfen oder mich vor der Zukunft ängstigen. Alles geschieht aus einem bestimmten Grund zu der vorgesehenen Zeit. Ich brauche nur achtsam zu sein, die Hinweise und Botschaften zu sehen, ihnen zu folgen und meiner Intuition zu vertrauen, dann werden auch die Richtung und das Ziel klar. Das Ergebnis ist eigentlich belanglos, ich konzentriere mich auf die Reise, indem ich das mache, was sich richtig und gut anfühlt.

Abschiedsbrief

Hallo mein liebster Schatz,
ich habe dir lange nicht geschrieben, weil ich versucht habe, dich loszulassen und weiterzugehen. Ich merke, so richtig ist es mir noch nicht gelungen.
Ich wusste immer, du folgst jedem meiner Gedanken. Und ich war mir absolut sicher, dass du dich bei Martha melden wirst … das hast du ja bereits mehrfach geschafft, so war es am einfachsten für dich.
Martha erzählte mir, es war auch für sie ein außergewöhnliches Reading, denn du seist eine ganz besondere Seele. Und eine sehr humorvolle dazu. Ja, das bist du … das liebe ich so sehr an dir …
Sie wollte sich schon zwei Tage eher mit dir verbinden, es

ging ihr aber nicht gut und du hast ihren Kopf aufgeklappt, hineingeschaut und gesagt: >>Alles Müll<<, und dabei geschmunzelt. Sie sagt, die Verstorbenen müssen sich den Gedanken des Readers bedienen und du wolltest sichergehen, dass sie alles korrekt empfängt, daher wolltest du auch erst mit ihr sprechen, wenn sie wieder gesund ist.

>>Eine weise, alte Seele ist Ihr Mann, schon fast ein Guide, ein Schutzengel<<, sagte sie beeindruckt.

Ich antwortete Martha auf ihre Frage, wie es mir mit dem Reading gehe, dass ich dich beim Lesen quasi bildlich vor mir sitzen und schmunzeln sehe, so authentisch erscheint mir die Beschreibung von dir.

Das Bild mit dem >>Lesen des Schriftstückes<< stammt ganz klar aus der Zeit deines Fernstudiums. Es ist mir wichtig dir auch jetzt noch einmal zu sagen, wie unglaublich stolz ich bin, dass du das geschafft hast! Mit achtundvierzig Jahren die Prüfung zum Technischen Betriebswirt erfolgreich zu absolvieren, nach vier Jahren des anstrengenden Lernens, häufig nach einem Zehn-Stunden-Arbeitstag. Hut ab! Das wolltest du dir unbedingt noch beweisen. Und das hast du. Respekt! Du bist der Beste!

Ich bin dir so dankbar, dass du meine quälendste Frage beantwortet hast! Du sagst mir damit auch, dass ich mich auf alles verlassen kann, was ich fühle und genau danach handeln muss. Nicht mit dem Verstand, sondern mit dem Herzen … meine Seele leuchtet mir den Weg … Du bestätigst mir damit auch, dass meine eigentliche Aufgabe noch vor mir liegt. In meiner Kabbalah steht: Ich werde durch den Einsatz meiner Sprache und meiner Hände, meinen wesenhaften Selbstausdruck zum Wohle der Menschheit einbringen. Na, dann tue ich das mal.

Ich habe angefangen zu schreiben, ein Buch sozusagen, auch wenn ich noch nicht weiß, ob und wie das jemandem helfen könnte, geschweige denn, worauf das Ganze hinausläuft. Ich bekomme ständig Zeichen, dass ich es tun soll, also tue ich es, denn es fühlt sich so gut und erfüllend an zu schreiben … aber das weißt du ja alles …
Verstanden habe ich nun auch, dass meine Sehnsucht zu dir und jeder trauriger Gedanke, jede Träne, die ich weine, dich unendlich traurig macht und dich leiden lässt (manchmal ist es schwer auszuhalten…), und ich dich damit jedes Mal aus deiner neuen, lichtvollen Welt, in der du noch gar nicht richtig angekommen bist, zurückhole auf die niedere, physische Schwingungsebene, zurück zu mir.
Es quält dich, wenn ich leide und du möchtest dann bei mir sein und mir Kraft geben. Aber das ist unendlich anstrengend für dich und reißt dich jedes Mal aus deinem Frieden und deiner lichtvollen Entwicklung. Martha hat deine emotionale Betroffenheit gespürt und ich lese es auch aus dem letzten Absatz. Dein Schmerz hört erst auf, wenn ich aufhöre zu leiden und wieder anfange, zu leben und wenn ich dich wirklich loslasse. Ich lasse dich gehen, denn ich liebe dich!
Und gleichzeitig nimmst du eine Last und jedes Schuldgefühl von mir! Denn ich will leben! Ich verspreche dir zu leben! Intensiv zu leben, zu lachen und zu lieben, bewusst, leidenschaftlich, begeistert, mutig, in Freude, glücklich …
Und ich verspreche dir, dass ich das alles irgendwann Jona erzähle, aber eigentlich spürt auch Jona es bereits, da sind wir uns sicher, oder?! Unser Kind wird von deiner Liebe begleitet und getragen, denn es hat sich seinen unerschütterlichen Glauben an das Gute und Positive bewahrt.

Dein übermitteltes Bild des Gartens mit dem Obstbaum beschreibt deinen jetzigen Aufenthaltsort, denke ich, und ich sehe dich bereits an diesem wunderschönen, farbigen, zauberhaften Ort, die Stille der Natur zeitlos genießend, im vollkommenen Frieden. Geh deinen Weg, ich lasse dich frei, mein Herz. Wir werden uns wiederfinden!
In Liebe – Dana

Das Tor zwischen Himmel und Erde

Was passiert denn eigentlich mit mir? Intuition, Visionen, Geistesblitze, Gänsehaut, Engelkraft, Energie, Botschaften aus der geistigen Welt ... Damit hatte ich bisher absolut nichts am Hut und auch sonst niemand in meinem Bekanntenkreis. Das dachte ich zumindest, aber vielleicht traut sich nur keiner darüber sprechen. Tatsächlich beschäftigen sich eine Menge Menschen mit dem Übersinnlichen, das bestätigt auch die Vielzahl der Literatur und das große Angebot an spirituellen Seminaren, Klangschalen, Meditationsgruppen, Yoga, Reiki, Reinkarnationshypnose, Orakelkarten-Legungen usw. Viele Menschen finden auf ihrer spirituellen Suche etwas, das in der >>normalen<< Welt der Hektik, des Leistungsdrucks, des Egoismus und Machgehabe abhandengekommen ist. Dennoch ist es unheimlich schwer, einen Zugang zur höheren, lichtvollen Bewusstseinsebene zu erreichen.
Wieso funktioniert es also bei mir?
Gefühlt kommt alles von außen auf mich zu, ich habe nichts erwartet und nichts von all dem gewusst; ich finde meistens

erst im Nachhinein eine Erklärung für meine veränderte Wahrnehmung, meine Erkenntnisse oder übersinnlichen Erlebnisse in der spirituellen Literatur, insbesondere in den alten Weisheitslehren:
Ich befinde mich im Bewusstseinswandel, in einem Aufwachprozess!
Und ich beginne langsam zu verstehen, wie die Verbindung entstanden ist: Die Sprache der geistigen Welt besteht nicht aus Worten und Gesten, wie in unserer materiellen Welt. Es ist die Sprache der Gefühle, die mich mit Volker verbindet und damit das Tor geöffnet hat! Meine Verbindung zur höheren Bewusstseinsebene ist durch unsere gegenseitige Liebe entstanden, über das Spüren unserer Seelenverbindung und meinen Rückzug aus der lauten, ablenkenden Außenwelt!
Was genau tue ich die ganze Zeit?
Ich gehe nach Innen und spreche mit Volker – von Seele zu Seele. Ich schreibe ihm, was ich fühle und habe damit einen Kanal geöffnet, als hätte ich die Frequenz eines Radios neu justiert und einen Kanal entdeckt, auf dem ich senden, aber auch empfangen kann! Mich erreichen plötzlich auch Botschaften und Hinweise, in Form dieses plötzlichen Wissens, Empfindungen, Geistesblitze und Bildern, die ich vorher nicht wahrnehmen konnte. Logisch eigentlich, denn Kommunikation erfolgt üblicherweise in beide Richtungen. Es kommt etwas zurück! Erst von Volker und nun auch von … der höheren Führung? Von Gott? Dem kosmischen Geist? Sind es Informationen aus dem universellen Energiefeld des reinen Bewusstseins, dem Bewusstseinsozean, der Weltenseele? Alles das Gleiche, würde ich sagen, nur unterschiedliche Begrifflichkeiten. Aber definitiv

existiert eine höhere, intelligente Bewusstseinsebene, die über unsere fünf Sinne - die dreidimensionale, verstandesorientierte, materielle Welt - hinausgeht.
Das ist das Geheimnis: Diese andere Welt hat eine eigene Sprache - die stille Sprache der Intuition und Bilder! Und nur dort, auf dieser höchsten, göttlichen Ebene, existiert das wahrhaftige Wissen - die Wahrheit. Sobald die Verbindung hergestellt ist, kann auch der verborgene Schatz der inneren Weisheit aus der Tiefe der Seele gehoben werden, denn unsere Seele ist unsere Verbindung zur wissenden Quelle allen Seins!
Und der Empfänger dieses alten Wissens ist nicht der Kopf, sondern das Herz, unsere Seele wohnt in unserem Herzen.
Der Kurs in Wundern und diese Herzenskommunikation, die in mein Leben eingezogen sind, haben etwas in mir bewirkt, das so viele andere Bücher zuvor nicht vermochten.
Das Öffnen dieses Kanals ermöglicht mir ein bewusstes Ausbrechen aus meinen alten Denk- und Verhaltensmustern, diesen unsichtbaren, mental begrenzten Mauern meines Ego-Verstandes!
Halt Stopp! Es funktioniert nur anders herum:
Wenn wir unsere Ängste loslassen, entdecken wir dahinter unser wahres Selbst und diese wundervolle Welt mit all ihren Möglichkeiten!
Die Liebe ist der Ursprung der Schöpfung und damit der Schlüssel zum Öffnen des Tores in die höheren Dimensionen.
Die Liebe ist der Verbindungskanal zwischen Himmel und Erde – die Brücke von der materiellen zur geistigen Welt!
Liebe und Angst schließen sich gegenseitig aus, genau wie Licht und Dunkelheit, daher kann immer nur ein

Bewusstseinszustand anwesend sein, der Ego-Denker oder das wahre, weise Seelenselbst! Deshalb fühle ich mich so oft hin- und hergerissen zwischen Zweifel und gefühltem Wissen ... und die einzige Lösung ist, diesen höheren Bewusstseinszustand – die höhere (Liebes-)Schwingung – auf Dauer zu halten bzw. zu lernen, die niedrige Schwingung (der negativen Emotionen und Gedanken) in eine hohe Schwingung zu transformieren.
Je mehr ich mich von negativen Gefühlen und Energien löse, desto empfänglicher und intuitiver werde ich, und desto besser nehme ich die höhere (göttliche) Führung wahr, die mir den Weg leuchtet. Eine Rückkopplung aus dem universellen Bewusstseinsfeld sozusagen.
Und wenn es eine höhere Intelligenz gibt, die uns steuert und über uns wacht, muss es auch einen höheren Plan geben und das bestätigt mir erneut, dass alles, was geschehen ist, einen tieferen Sinn hat.

Beobachterrolle

Es ist die erste Aprilwoche und ich fühle mich erneut emotional aus der Bahn geworfen. Schon wieder?! Herrgott, das Ego ist aber auch eine lästige Dauerherausforderung! Deshalb heißt es wohl Lebens-aufgabe, weil wir unser ganzes Leben brauchen, es zu schnallen und uns zu entwickeln ...
Mein Kollege Tom ist nun, nach Ablauf seiner sechsmonatigen Kündigungsfrist, endgültig gegangen und es zerreißt mir wider jeglicher logischer Erklärung das Herz, insbesondere da er sich in den letzten Wochen immer mehr von mir

distanziert, und sich nicht einmal von mir verabschiedet hat. Wir arbeiteten an verschiedenen Standorten und ich fand es selbstverständlich, dass wir uns zum Abschied noch einmal sehen. Mein Arbeitsplatz ist an seinem Wohnort, daher ist er früher des Öfteren morgens vorbeigekommen und wir haben uns unterhalten, dienstlich und auch privat. Ich verstehe die Welt nicht mehr und es tut mir so sehr weh, dass ich es kaum auszuhalte. Ich muss mich sehr zusammenreißen, damit mir niemand etwas anmerkt und bin total konfus, vor allem weil ich diese unerträglich schmerzhaften Gefühle nicht verstehe! Wir waren nur Arbeitskollegen und hatten nie privaten Kontakt. Und doch hängt mein Herz so sehr an diesem Menschen, dass es sich heftig gegen eine Trennung wehrt. Verstand und Gefühl arbeiten entgegengesetzt, und das schon seit einem halben Jahr, seit ich weiß, dass er geht.

>>Völlig normal in deiner Situation<<, sagt meine (Innere-Kind) Therapeutin Fiona, >>das nennt man: Rehtraumatisierung. Du hast den Verlust deines Mannes noch gar nicht verarbeitet, da ist es viel schwerer, erneut jemanden zu verlieren. Und Tom macht aus seiner Perspektive alles richtig: Derjenige, der geht, muss sich rechtzeitig und bewusst emotional lösen, damit er selbst klarkommt und nicht von den eigenen Gefühlen überrollt wird. Das ist eine gesunde Vorgehensweise.<<

Ja, das verstehe ich. Mit dem Verstand, aber nicht im Herzen.

>>Sag es ihm doch einfach<<, schlägt Fiona vor.

>>Das habe ich, hat aber nichts genützt.<< Ich hatte schon Anfang des Jahres alle Mut-Ressourcen mobilisiert und ihn gefragt, ob er sich einen Kontakt auf privater Ebene vorstellen könnte, vielleicht einmal im Monat essen gehen und sich

austauschen. Das wäre mir eine Hilfe gewesen, aber mein Outing wurde höflich abgelehnt und das habe ich akzeptiert, zu einer Freundschaft gehören immer zwei und da er sich in einer Beziehung befindet, ist es vielleicht auch schwierig.
>>Na gut<<, dachte ich damals, >>wenigstens war ich ehrlich und brauche mir später nicht vorwerfen, nichts gesagt zu haben.<<
Leider funktionierte es zwischen uns nicht mehr so richtig in unseren letzten gemeinsamen Arbeitswochen: Je emotionaler ich ihm entgegenkam, desto mehr zog er sich zurück, als hätte ich ihm einen Teller Spinnen unter die Nase gehalten. Der eine kommuniziert auf der Gefühlsebene, der andere auf der Verstandsebene, und ich schaffe es einfach nicht mehr, meine Gefühle komplett zu unterdrücken. Obwohl ich das erkenne, irritiert mich zusehends, ihn nicht loslassen zu können.
Ich frage in meiner Verzweiflung sogar Seraphina, ob sich diese starke emotionale, aber offensichtlich einseitige Verbindung irgendwie kappen lässt und sie bejaht das. Es gibt durchaus karmische Verstrickungen aus Vorleben, die uns heute das Leben schwer machen können und diese alten Verstrickungen lassen sich durchaus lösen. Also versuchen wir es und … es ist tatsächlich eine karmische Verbindung, aber sie lässt sich nicht kappen und auch nicht hinterfragen. Unsere Seelenverbindung hat einen höheren Sinn, es ist eine wichtige Beziehung für mich, eine schützende. >>Ein Schutzengel sozusagen<<, sagt Seraphina, selbst überrascht.
Na, herzlichen Dank auch! Da hätte ich doch lieber einen Schutzengel, der sich auch um mich kümmert! Okay, auf die Vergangenheit bezogen, mag das sogar zutreffen, denn Tom hat ja seinen Teil dazu beigetragen, dass ich arbeitstechnisch

aufgeblüht bin, denn wir waren zusammen ein unschlagbar gutes Team. Unsere Zusammenarbeit hat riesigen Spaß gemacht. Und deshalb war meine Arbeit im letzten Jahr auch mein Trost und Auffangbecken. >>Denkst du, das war`s dann auch oder reicht unsere Verbindung auch in die Zukunft?<<

>>Das weiß ich nicht<<, antwortet Seraphina.

Ich nehme das alles ziemlich verwirrt zur Kenntnis und versuche es abzuhaken.

Das ist allerdings das zweite Mal in dieser Woche, dass ich die Wörter >>mein Schutzengel auf Erden<< höre, zuvor sprach bereits Martha von Volker als Schutzengel: Er sei eine alte Seele, ein Guide, ein Schutzengel ... und hat mich vierundzwanzig Jahre lang begleitet.

Was soll ich davon halten?

Während dieser ersten traurigen und verwirrenden Apriltage unterhalte ich mich mit zwei Kolleginnen und schon während der Gespräche bemerke ich meine eigenen Projektionen: Die eine Kollegin spricht meine Ego-Gedanken aus, die andere meine angstfreien Seelen-Gedanken.

Es geht um Toms klanglosen Abschied und sein Nicht-Beantworten meiner WhatsApp-Nachricht, wie sein Einstieg beim neuen Arbeitgeber war. Ich deute das als endgültigen Kontaktabbruch und überlege seit Tagen, was ich falsch gemacht habe und ob ich mich jahrelang in ihm getäuscht habe. Ich fühle mich wie im falschen Film und versuche seine (ehemalige) Kollegin, die vor Ort mit ihm zusammengearbeitet hat, auszuquetschen, ob sie etwas weiß oder mir sein Verhalten erklären kann.

Alles, was sie antwortet, tut mir sehr weh: Vielleicht war es für Tom nun eben nur eine berufliche Verbindung aus der er seine Vorteile zog, und nur ich habe eine, ins Freundschaftliche gehende Beziehung hineininterpretiert und deshalb deutlich zu viel Energie und Arbeit in unsere Zusammenarbeit gesteckt. Vielleicht war es ihm nicht recht, dass ich eine eigene Seite in dem Abschieds-Fotobuch der Kollegen vor Ort, zu denen ich ja nicht gehöre, bekommen habe, ergänzt sie. Es war nicht meine Idee, sondern wurde mir vorgeschlagen, weil ich so wörtlich >>eigentlich an engsten mit ihm zusammen gearbeitet habe<<.

>>Habe ich was Blödes geschrieben?<<, frage ich verunsichert, obwohl ich mir eigentlich sicher bin, dass es nicht so ist.

>>Weiß nicht<<, antwortet sie, >>ich habe es nicht gelesen.<<

Falsche Antwort! Natürlich lasse ich mir nichts anmerken.

Im Laufe den Tages werde ich aber ziemlich sauer auf die Kollegin, weil ich ihre Aussagen sehr gefühllos und verletzend finde, so etwas hätte ich selbst niemals zu jemanden gesagt, dem es eh schon schlecht geht! Blöde Nuss!

Kurz darauf kommt meine andere Kollegin ins Büro, fragt mich, warum ich weine, hört sich das Dilemma an und interpretiert die Situation völlig anders: >>Du hast nichts falsch gemacht! Du kannst hervorragend und berührend schreiben, ich muss mir deine Abschiedsworte an Tom nicht durchlesen, um das zu wissen. Schreiben ist dein Talent, Dana. Und er wird sich melden! Wahrscheinlich hat ihn der Abschied auch emotional sehr zu schaffen gemacht und wer hätte das besser merken können als du? Welcher Mann will sich damit schon outen<<, sagt sie schmunzelnd. >>Wenn du ihm egal wärst, hätte er doch einfach kurz anrufen oder eine kurze Nachricht schreiben können und dann nach mir die Sintflut. Es ist definitiv sein Problem und nicht deins! Der wird sich bestimmt melden, wenn er sich wieder gefangen hat und dir erzählen kann, dass alles gut läuft.<<

Mir wird bewusst, dass ich selbst alle diese Gedanken hatte, sowohl die ängstlichen als auch die beruhigenden, und sie eins zu eins nach außen projiziert habe, in zwei verschiedene Personen. Und das Schöne ist, dass ich bereits so weit bin, es zu erkennen. Und schon entspanne ich mich und Frieden flutet mein Bewusstsein. Alles ist gut.

Weder Tom noch meine erste Kollegin, von der ich mich früher (vor meiner Ego-Reflektion) aus Groll distanziert hätte, sind doof und unsensibel, sondern ich selbst war in meiner Unsicherheit und meinen Selbstzweifeln - im mentalen Gedankenkarussell - gefangen. Es liegt in meiner eigenen Verantwortung, ob mir ängstliche oder liebevolle Worte im Außen begegnen, die Wahl liegt bei mir! Die anderen sprechen nur meine eigenen Gefühle und Gedanken aus. Sie sind ein Spiegel meiner selbst, in diesem Fall, meiner tiefsitzenden Verlustangst. Ich bin stolz auf mich, denn ich habe mein Ego ertappt und damit hat es für heute seine Macht über mich verloren.

Die Beziehung zu Tom hat sich immer gut und vertrauensvoll angefühlt und ich habe vor seinem Aufbruch versucht ihm zu sagen, dass mir viel an ihm liegt und ich ihn vermissen werde. Mehr kann ich nicht tun, ich habe alles gemacht, so gut ich es konnte. Und er auch. Tom darf so sein, wie er ist und muss nicht meinen Erwartungen entsprechen. Er braucht Raum, um sich selbst zu finden, es geht nicht immer nur um mich. Wenn es sein soll, kreuzen sich unsere

Wege wieder und wenn nicht, hatten wir eine schöne Zeit. Während ich den letzten Satz schreibe, pfeift mein Handy (mein Klingelton: Engel von Rammstein): Nachricht von Tom - ein für seine Verhältnisse recht langer Kurzbericht über seine ersten Arbeitstage … geht doch.

Ein Jahr …

Ein zusätzlicher Auslöser meiner emotionalen Befindlichkeiten in dieser ersten Aprilwoche ist natürlich Volkers Todestag. Ein Jahr geschafft, dafür bin ich dankbar. Jona ist gerade auf Klassenfahrt und ich beginne ein Erinnerungsalbum zu gestalten, in das ich kurze Geschichten und Anekdoten über Volker schreibe, als Nachlass für Jona. Ich klebe Fotos, Konzertkarten und Erinnerungsstücke hinein, Notizzettel, die wir uns gegenseitig geschrieben haben, und freue mich über jedes noch vorhandene Schriftstück mit Volkers Handschrift. Ich male einen gelben Spongebob in das Album (Volkers und Jonas Lieblingsserie) und verewige Basteleien von Jona für Volker. Ich möchte einen Raum zum Erinnern und Trauern schaffen, denn Jona verdrängt immer noch sehr und geht den Weg der Ablenkung und Aktivität. Nicht zur Ruhe kommen. Vielleicht der einzige erträgliche Weg für einen Teenager. Es ist gut so.
Ich finde ein Gedicht, das Jona gemeinsam mit Volker in der fünften Klasse geschrieben hat und der Beginn einer vertrauensvollen Basis zu Jonas damaligem Deutschlehrer war:

Mutmach-Gedicht
Menschen mit Mut, denen geht es gut.
Bist du auch noch so klein,
kannst du trotzdem sehr mutig sein.
Du musst dir selbst vertrauen und auch nach anderen schauen.
Stehst du oft für andere ein,
muss dein Mut sehr groß wohl sein.

Wie schön! Und typisch Jona und Volker. Tränen fließen still meinen Wangen hinunter.
Mir kommt die Idee, unsere Freunde mit einzubeziehen und bitte um Beiträge. Hier sind drei kleine Geschichten, die Volker so wunderbar beschreiben.
Von seinem Neffen:
Etwa als ich acht Jahre alt war, hab ich mit meinem besten Freund in unserem Garten gespielt. Es war Samstagvormittag und Volker hat in der Firma nebenan gearbeitet. Er hat uns spielen gehört und meinte, wir sollten mal rüberkommen. Er wollte uns etwas zeigen. Wir gingen in die Werkstatt und er tat geheimnisvoll, nahm einen Luftballon und füllte Sauerstoff und Wasserstoff hinein. Das ergibt Knallgas und heißt nicht ohne Grund so! Volker legte den Luftballon auf ein Taschentuch, sagte uns, wir sollten Abstand halten und zündete das Taschentuch an. Uns standen wirklich die Haare Berge! Mama und Papa kamen aufgeregt angelaufen und dachten, die Werkstatt sei explodiert! Wir fanden es super!

Von meiner allerliebsten Freundin Carina:
Es gibt viele Bilder in meinem Kopf, die kleine Momente mit Volker beschreiben. Oft auch im Alltag. Eure Triathlon-Wettkämpfe, unsere Ausflüge, regelmäßige Reifenwechsel mit leckerem Kuchen und gemütlichem Sitzen in der Küche, Grillabende, Silvester mit Bowle und einem knallfreudigen Volker … Oder die Lesenacht in der Grundschule. Volker und ich bestritten gemeinsam mit den Kindern abends die Rallye. Das war lustig und ich konnte mich um 20.30 Uhr verdrücken. Volker blieb und schlief mit der gesamten Klasse in einem Raum. Morgens war er zwar müde, aber deutlich dankbar für diese Erfahrung. Volker hatte Spaß! Das merkten natürlich auch die Kinder und er hatte ihre Herzen erobert. Oder wenn ich heute in meinen kleinen Flitzer steige, höre ich Volkers Worte: >>Keine Frau pflegt ihr Auto so wie du, Carina. Da bist du echt die Ausnahme.<<
Ich habe mich immer über sein Lob gefreut.

Von einem anderen lieben Freundespaar:
Ich erinnere mich an unsere Silberhochzeitsfeier: ihr beide steht neben uns an der Wand, kurz bevor das Gedicht von allen vorgetragen wird. Volker steht hinter dir, Dana, er hat seine Arme nach vorne um dich gelegt und ihr Zwei seid in einem Raum voller Menschen auf eurer kleinen Insel. Ich sehe Liebe, Geborgenheit und Vertrauen. Zwei, die zusammen gehören.

Nachdem meine Tränen versiegt sind, notiere ich zum Abschluss noch schnell Volkers Lieblingslied im Erinnerungsalbum und erst beim Niederschreiben des Titels, erfasse ich die wundervolle

Bedeutung des Songs und die Botschaft aus einer andern Welt: >>Love ist stronger than death<< von The The, frei von mir übersetzt:

Ich und mein Freund gingen im kalten Licht der Trauer.
Tränen können die Augen verblenden, aber die Seele nicht täuschen.
In dieser Welt ist selbst der Winter nicht wie er scheint.
Hier kommt der blaue Himmel, hier kommt der Frühling.
Wenn die Flüsse fließen und die Tränen zu trocken beginnen,
wenn alles, was stirbt sich erhebt,
ist die Liebe stärker als der Tod.
In unseren Leben hungern wir nach allem, was wir nicht berühren können.
All die unausgesprochenen Gedanken und all die unausgedrückten Gefühle leben weiter in unseren Herzen und hinter dem Schleier unseres Atems.
Aber aufgeweckt von der Trauer spricht unser Geist:
Wie kannst du glauben, dass der Samen des Lebens,
der Arme sich öffnen ließ, ein Herz zum Schlagen und
Augen zum Weinen brachte, jemals sterben könnte?
Liebe ist stärker als der Tod, sie wird aufsteigen …

Lektorin nicht gesucht aber gefunden

Liebe Sofie,
Fiona hat mir gestern deine Email-Adresse gegeben und glaubt, dass wir uns unbedingt kennen lernen sollten. Hier bin ich also und weiß nicht so recht, wo ich anfangen könnte. Vielleicht damit, wie du in meine Therapiesitzung mit Fiona geraten bist, denn das war genauso verrückt, wie so vieles, was mir in den letzten Monaten wiederfahren ist.
Fiona kam mit dem Vorschlag um die Ecke, ich könnte mich doch mal in Internet-Datingportalen umzuschauen und mir ein bisschen Spaß gönnen, also einen Mann - wahrscheinlich weil in meiner Kabbalah steht, dass ich mich nur weiter entwickele, wenn ich meine Lebens- und Liebeslust lebe ... oder ich sehe schon so ausgehungert aus, was weiß ich ...
>>So etwas kann ich mir gar nicht vorstellen. Bin auch noch nicht so weit<<, war meine Antwort.
>>Du musst dich ja nicht gleich treffen. Erstmal schreiben und kennenlernen, das wäre doch schön und schon mal ein Anfang. Gönn dir doch mal wieder ein bisschen Spaß.<<
Mmm, da kam ich doch ins Grübeln: >>Ich schreibe total gerne, auf eine intelligente Brieffreundschaft hätte ich (erstmal) vielleicht schon Lust. Kennst du das Buch: Gut gegen Nordwind?<<, fragte ich Fiona.
Nein, das kenne sie nicht, aber jemanden, der Autorenworkshops gibt.

>>Vielleicht ist das was für dich! Hast du den Film *SMS für dich* gesehen? Die Sofie hat das Buch und die Filmvorlage dazu geschrieben. Ich frag sie mal gleich, ob ich dir ihre Kontaktdaten geben darf.<<

Ob ich den Film gesehen habe? Ja und zwar fünf Mal! Die Geschichte war wunderschön, berührend und für mich zutiefst bedeutungsschwer. Ich habe völlig weggetreten im Kino gesessen und gedacht: >>Das kann doch nicht sein!<< Ich habe mich sozusagen selbst auf der Kinoleinwand gesehen, denn mein Mann ist vor einem Jahr bei einem Verkehrsunfall tödlich verunglückt *(Anmerkung: zu Beginn des Films stirbt der Verlobte der Hauptdarstellerin).* Und nicht nur das, Kinderbuchillustratorin war schon immer mein (illusorischer) Traumberuf, ich male sehr gerne. Und auch die grandiose Rolle der Katja Riemann als esoterische Liebesbotschafterin ... verrückt, diese vielen Parallelen.

Am 6. April 2016 ist meine Welt, mein Leben zerbrochen. Volker und ich waren fast vierundzwanzig Jahre lang gemeinsam glücklich. Wir waren das Traumpaar. Verbundene Seelen.

Ich konnte mich nicht mit dem Gedanken abfinden, dass Volker einfach so >>weg<< sein soll. Für mich war er immer noch da. Ich habe ihn doch noch gefühlt, irgendwie. Unmittelbar nach seinem Tod verspürte ich bereits das Bedürfnis, ihm zu schreiben (auch eine Parallele zum Film). Das hat mir damals sehr geholfen und somit habe ich meine vielen Gedanken und Gefühle schriftlich festgehalten, ohne darüber nachzudenken. Auf diese Weise konnte ich immer noch alles mit Volker besprechen und viel Trauer und Schmerz transformieren, indem ich sie aus meinen Kopf heraus aufs Papier transportiert habe, anstatt mich unendlich im Gedankenkarussell zu drehen. Gleichzeitig begann ich zu lesen. Ich bin völlig versunken in der Welt Metaphysik und den spirituellen Weisheitslehren, habe Bücher verschlungen über Nahtoderfahrungen und den Sinn des Lebens, die geistigen Welten und vieles mehr. Ich wollte das alles verstehen und unbedingt wissen, ob es Volker gut geht. Je mehr ich mich mit meiner Trauer und dem Verstehen auseinander gesetzt habe, umso stärker wurde meine Intuition und es begann sich etwas in mir zu verändern. Ich hatte eigenartige Geistesblitze, es waren plötzlich so andere wohltuende Gedanken in mir, eine neue innere Stimme. Zufälle haben sich gehäuft und irgendwie bin ich immer bei den richtigen Menschen gelandet, die mir weiterhelfen konnten und mich bei meiner Suche weiter gebracht haben. Genau das, was ich gerade erlebt oder gedacht hatte, habe ich oft anschließend in einem Buch gelesen, das mir zufällig in die Hände gefallen ist, wie eine Bestätigung des vorab Erschlossenen.

Heute weiß ich, dass es keine Zufälle gibt (deshalb schreibe ich dir auch gerade) und viele meiner Gefühle und Vorahnungen haben sich im Nachhinein bestätigt. Ich habe bei meiner Suche Antworten gefunden, Wundervolles entdeckt und meine zerbrochene Welt wieder zusammengesetzt (zumindest das meiste davon). Allerdings ist meine neue Welt ganz anders als die alte. Es ist eine Welt, in der jeder, der sich für die Liebe und Verbundenheit entscheidet, sicher und beschützt durchs Leben geleitet wird, alles, was passiert, einen tieferen Sinn hat und Unvorstellbares auf einmal möglich ist.

Das Wissen ist da, zugegebenermaßen hapert es noch stellenweise an der praktischen Umsetzung. Ich arbeite daran.

Sollte ich auf positive Resonanz deinerseits stoßen, fange ich wirklich langsam an zu glauben, dass ich einen Draht nach oben habe und mir meine Zukunft durch meine zielgerichtete Gedankenkraft selbst erschaffen kann.
Manchmal kommt es mir so vor, als würde Volker umringt von einer Engelschar schmunzelnd auf seiner Wolke sitzen, sich die Hand vor die Stirn schlagen und sagen: >>Meine Güte, wann rafft sie es denn endlich? Wie viele Hinweise und Bestätigungen sollen wir ihr denn noch senden? Hab doch Vertrauen mein Herz! Alles ist gut!<<
Womit wir nun beim eigentlichen Thema wären. Um es kurz zu machen: Zu meinen intuitiven Downloads gehört das mehr als starke Gefühl inklusive diverser Hinweise, dass ich ein Buch über meine Erfahrungen des letzten Jahres schreiben soll … puh, jetzt ist es raus.
Vorsichtig ausgedrückt habe ich diese Ahnung ziemlich lange als völlig bescheuerte Idee abgetan, aber die Anstubser nehmen echt kein Ende und als Krönung nun auch noch der Kontakt zu dir?! Über das Thema Sex bei der Autorin des für mich bedeutungsvollsten Filmes aller Zeiten landen?! Das muss man erst mal schaffen! Fiona kenne ich auch erst seit kurzem, der Weg zu ihr war genauso verrückt, aber genau darum geht es ja in meiner ver-rückten Geschichte.
Sie handelt nicht nur vom Umgang mit der Trauer, sondern um viel mehr. Ich weiß heute, dass mein Leben, unser gemeinsames glückliches Leben und auch Volkers Tod in gewisser Weise vorbestimmt war. Wir beide haben uns vor sehr langer Zeit auf Seelenebene dafür entschieden, mir die Chance zu geben, aufzuwachen und mich zu erinnern. Jeder

Mensch trägt diese Erinnerungen in sich, aber die wenigsten finden bedauerlicherweise den Zugang, weil sie so fest verstrickt und gebunden sind in der hektischen, gefühlskalten, leistungsorientieren, lauten Welt.
Ich glaube, es ist meine Aufgabe, durch die Veröffentlichung eines Buches, ein zwar vorhandenes, aber viel zu unbekanntes Wissen mittels meines persönlichen Weges in die Herzen der Menschen zu tragen.
Den Titel weiß ich schon lange: Ich erinnere mich, dass ich träume …
Wenn sogar ich, ein völlig normaler, bisher absolut verstandesorientierter Kopfmensch, es geschafft habe aufzuwachen und den Zugang zu meiner intuitiven, übersinnlichen Wahrnehmung zu finden, dann kann es jeder andere auch! Erst wenn wir uns entschließen, aus unseren unbewussten Träumen zu erwachen, können wir unsere wahren Seelenträume verwirklichen!
Meine Hoffnung ist, dazu beizutragen zu können, dass die Welt ein Stückchen besser wird. Ich möchte Menschen, die Schlimmes erlebt haben oder die einfach schon lange auf der Suche sind, Mut machen und Vertrauen geben, indem ich meine Erkenntnisse teile. Wie und ob ich das hinbekomme, weiß ich ehrlich gesagt noch nicht, denn da meldet sich doch gleich mein Ego und flüstert mir ein: >>Was bildest du dir überhaupt ein?! Du machst dich lächerlich!<<
Pfeif drauf, wenn ich dazu bestimmt bin, schaffe ich es und bekomme Hilfe.
Meine Idee war ursprünglich, erstmal alles aufzuschreiben und anschließend weiter zu sehen. Fiona findet es allerdings sehr viel

schlauer, dich jetzt schon zu kontaktieren. Das habe ich hiermit getan! Magst du den Beginn meiner Geschichte vielleicht lesen? Ich bin allerdings noch bei dem sehr traurigen Anfang. Für mich ist damit das Schlimmste jedoch überstanden, nämlich die ersten, furchtbaren Wochen erneut emotional zu erleben.
Vieles kann ich einfach übertragen. Es ist kein Fließtext in Romanform, sondern beschreibt den chronologischen Ablauf meiner inneren Gefühls- und Gedankenwelt in Form von Tagebucheinträgen, Briefen und Emails, also kommunikativ.
Neben dem Buchentwurf, der Aufarbeitung meiner alten Tagebücher, führe ich parallel weiterhin Tagebuch, denn es erfüllt mich, meine Gedanken, meine neue Wahrnehmung und verrückten Erlebnisse festzuhalten.
Wie das Buch endet, weiß ich noch nicht, ich stecke ja noch mittendrin, in meiner Geschichte. Vielleicht endet sie (vorerst), wenn ich mich selbst beim Schreiben in der Gegenwart eingeholt habe. Vielleicht damit, dass ich meinen sicheren Job kündige und mein Leben komplett neu ausrichte? Ich weiß es noch nicht.
Also was sagst du, liebe Sofie? Völlig bescheuerte Idee? Oder bekommst du gerade eine lichtvolle Eingebung?
Ich schicke das jetzt einfach ab, bevor mich der Mut verlässt, beanspruche meine schöpferische Macht und erschaffe mir ein Date mit dir in naher Zukunft.
Ganz lieben Dank für deine Zeit! Ich wünsche dir ein schönes, langes und erholsames Osterwochenende,
herzliche Grüße - Dana

Schon am nächsten Tag erhalte ich folgende, unerwartet herzliche Antwort:

Liebe Dana,
hab herzlichen Dank für dein Vertrauen und deine offenen Worte, die mich sehr berühren.
Es tut mir sehr leid, was passiert ist. Auch wenn alles so vereinbart sein mag, ist der Schmerz ja trotzdem allzu oft unerträglich. Umso schöner, dass du im Schreiben offenbar so hilfreichen Trost findest.
All das, was du bezüglich deiner Aufgabe und Erkenntnisse schilderst, hätte so auch von mir kommen können. Ich fühle mich auch zu Höherem berufen und muss aber trotz des Erfolges durch meine Buchverfilmung immer noch lernen, mehr und mehr dazu zu stehen. Insofern hast du meine volle Unterstützung und wir können sehr gerne bei einem Kennlerntreffen besprechen, wie diese aussehen könnte. Es gäbe verschiedene Möglichkeiten: ein individuelles Coaching oder die Teilnahme an einem meiner Workshops, ein Lektorat oder die Betreuung beim Selfpublishing.
Mir scheint, du müsstest zunächst eine Entscheidung treffen, ob du dein Buch in erster Linie für dich schreiben und sekundär der Öffentlichkeit anbieten möchtest oder aber, das Veröffentlichen im Fokus steht. Im ersten Fall würde ich dir raten, es dir einfach erst einmal von der Seele zu schreiben und danach zu lektorieren. Bei der zweiten Variante wäre es sinnvoll, vorher ein Konzept zu erarbeiten.
Nun aber wünsche ich dir und deinem Kind erst einmal schöne Osterfeiertage und freue mich, wieder von dir zu hören!
Herzlich, Sofie

Ich schaue auf ihre Internet-Seite und brauche natürlich nicht mehr zu überlegen, fetteste Gänsehaut aller Zeiten, bei Sofie bin ich definitiv richtig.
Was sagen die Engelkarten von Doreen Virtue?
Beim Mischen springt folgende Karte aus dem Stapel:
Kreatives Projekt
Deine Seele sehnt sich danach, auf kreative Weise Ausdruck zu finden. Wir leiten dich an, dein Leben mit künstlerischen Aktivitäten und Kreativität zu bereichern. Schöpferischer Ausdruck schenkt dir Begeisterung und ein Gefühl gesteigerter Lebendigkeit und entzündet aufs Neue deine Leidenschaft.
Zusätzliche Bedeutung:
Arbeiten Sie an einem sinnvollen Projekt, das Sie immer wieder aufgeschoben haben. Ihre Lebensaufgabe und eine sinnvolle Karriere werden auf eine schöpferische Weise zu Ihnen kommen, die Sie sich momentan noch nicht vorstellen können, daher machen Sie sich keine Sorgen. Folgen Sie einfach nur dem vor Ihnen liegenden Weg.

Dieses Engelkartendeck besteht aus vierundvierzig Karten und das Thema Kreativität gibt es nur ein einziges Mal. Wenn eine Karte beim Mischen >>herausspringt<<, hat sie eine besondere Bedeutung, heißt es.
Ich schüttele nur schmunzelnd den Kopf über diesen >>Zufall<< und fühle mich wie Alice im Wunderland und dort lebt es sich eindeutig besser als in meiner alten Welt. Meine Wirklichkeit manifestiert sich langsam aber sicher, es funktioniert! Bisher war alles nur in meinem Kopf und nun wird es im physischen Leben und zur Wirklichkeit.
Fang an, dich darüber zu freuen, Dana! Sei dankbar für alle

Geschenke und diese wunderbare Führung bezüglich der Veränderungen! Lass dein altes Leben los! Befreie dich von deinen Ängste und Selbstzweifeln! Deine Wünsche sind bereits Realität. Es ging alles leicht und das wird es bleiben, weil du nun das Richtige - aus dem Herzen heraus - tust. Die Kraft des Universums unterstützt jeden, der auf dem lichtvollen Weg ist … woher kam das denn?

Woran erkennst du im Umkehrschluss, dass du den Weg des Herzens - deinen Seelenweg - gefunden hast?

Wenn du Freude empfindest bei dem, was du tust!

Wenn alles leicht geht und nur so flutscht.

Wenn unerwartet Hilfe auftaucht.

Wenn verrückte Dinge passieren.

Wenn du bei dem, was du tust, die Zeit verlierst und deine Gedanken einzig und allein in der Gegenwart, in dieser Tätigkeit ruhen.

Wenn du unglaublich viel getan und geschafft hast und immer noch energiegeladen und entspannt bist … oder wohlig müde.

Wenn es dir gut geht.

Wenn du den Mut hattest, einen Stein ins Rollen zu bringen und sich in der Tiefe deines Herzens ein warmes Gefühl von Sicherheit und dem Wissen, dass nun alles seinen Gang geht und genauso richtig ist, ausbreitet.

Wenn du merkst, dass du dich entschieden hast.

Wenn du plötzlich weißt, wer du wirklich bist …

So ist mir also unverhofft und spontan meine Lektorin in den Schoß gefallen. Nachdem sie den ersten Teil dieses Buches vorab gelesen hat, vereinbaren wir einen Termin, und ich kann

nicht fassen, was für einem wunderbaren Menschen mir das Universum zur Seite gestellt hat. Diese erfolgreiche Autorin ist tatsächlich so bodenständig, herzlich und liebenswert, wie unser Emailkontakt bereits vermuten ließ. Und sie ist weder schockiert von meiner völligen Ahnungs- und Erfahrungslosigkeit, was das Schreiben anbelangt, noch davon, dass ich noch keinen Plan habe, was genau eigentlich dabei herauskommen soll. Und auch meine Art der Darstellung in Form der Herzenskommunikation findet sie gut.
Sie bietet mir die Begleitung durch ein Lektorat und bei der Veröffentlichung des Buches an, einfach so. Herzensprojekte sind ihr Steckenpferd und ihr Beitrag für eine bessere Welt. Wahnsinn ... nein, es ist ein Wunder.
Das ist verrückt! Ohne zu suchen, ist sie da, einfach so. Wie ein Engel.
Im September müsste Sofie ihre laufenden Projekte beendet haben und könnte mit meinem Lektorat beginnen. Ich fahre nach dem Gespräch völlig benebelt durch den strömenden Regen nach Hause und kann nicht glauben, was hier vor sich geht. Eigentlich müsste ich überglücklich sein und doch bin ich einfach nur völlig fertig und auch erschrocken angesichts meines kühnen Vorpreschens und der daraus resultierenden Entwicklung. Sich einen Wunschtraum in Gedanken auszumalen ist ja noch ganz schön, aber wenn er plötzlich in die Tat umgesetzt werden muss … kann ich das überhaupt? Mein Kopf ist plötzlich so schwer … das schaffe ich doch niemals!
Es schüttet wie aus Eimern und plötzlich tut sich am Horizont eine Wolke auf und Sonnenstrahlen vereinen sich mit den Regentropfen zu dem farbintensivsten Regenbogen, den ich je

gesehen habe. Ich spüre Volker in meinem Herzen und seinen sanften Zuspruch: >>Alles ist gut, mein Schatz!<<
Erlösend sprengen meine aufgestauten Tränen den Damm und fließen analog zu dem strömenden Regen.
Ich schaffe das! Ich erschaffe mir ein neues Leben!

Wie manifestiere ich Hugh Jackmann?

Mein Hochgefühl verleitet mich dazu, Fionas Dauer-Ratschlag mit dem Datingportal aufzugreifen. Warum nicht auch noch gleich eine neue Beziehung manifestieren?
Vielleicht sehe ich ja ein Foto im Internet und spüre sofort: >>Das ist der Richtige!<< Ich wusste es bei Volker ja damals auch sofort …
Schauen wir doch mal:
Wie doof, da muss ich mich ja erst anmelden, bevor ich stöbern kann. Okay, was schreibt man denn da so? Gibt es denn keine Mustertexte? Nein, leider nicht. Also schnell etwas aus den Fingern saugen …
Also, suche: Seelenpartner
Beschreibung: Ich glaube an Magie und die Liebe auf den ersten Blick, ob sich die über das Internet finden lässt, weiß ich nicht. Aber Versuch macht klug …
Für den Anfang reichen mir gelegentliche Dates, ich würde sehr gerne einen schönen Abend oder Tag mit einem sympathischen, humorvollen und wahnsinnig attraktiven Mann verbringen (ein Anfangsfunken Magie sollte vorhanden sein), tanzen wäre auch super. Ich liebe Rockmusik von POD, Three Days Grace,

Papa Roach bis Rammstein. Höre aber auch Soundtracks und Klassik (bin also kein Kunstbanause!) und bin Reiki-Anwender und Freizeitsportler (Schwimmen, Laufen und Mountainbike- und Rennradfahren). Gemeinsam Radeln und Wandern fände ich toll!
Ansonsten bin ich wohl eher der künstlerisch, kreative Typ: male, spiele Akkordeon und lese gerne und viel (mein Gott, bin ich vielseitig, das war mir noch gar nicht so bewusst!). Für den Alltag bin ich jedoch eher nicht so zu gebrauchen, für eine langfristige Beziehung solltest du besser Lust haben zu putzen, zur Garten- und Hofarbeit und Auto- sowie Radpflege … oder Kohle für Personal haben. Aber ich koche gerne! Puh, wenigstens ein Pluspunkt in Haushaltstätigkeiten.
Vielleicht hätte ich besser vorab recherchieren sollen, wie man ein Datingprofil schreibt.
Egal, melde dich einfach Hugh Jackmann!
Deine Trinity

Jawohl, da würde ich mich doch sofort melden, wenn ich Mann wäre! Und schon gehe ich online …
Mmh, naja … Vielleicht hätte ich bei meinem Alter schummeln sollen, Männer interessieren sich anscheinend nur für jüngere Frauen. Und was ist mit den Frauen, die gerne einen jüngeren, charmanten, athletisch gebauten Typ wollen?
Ey, ständig ploppt irgendwelche Werbung auf, das macht mich ganz wuschig und raubt mir Energie … keine Lust mehr, ich lösche mein Profil wieder!
Es wird für mich nicht klappen, einen Seelenpartner über das Internet zu finden, fürchte ich. Das ist mir zu hektisch. Dann

warte ich halt, bis das Universum ihn mir schickt. Moment, ich muss es dem Universum auch genau sagen, was ich will, soll ja kein Quasimodo ankommen, also:
Liebes Universum,
mein lieber Schutzengel und wer sich sonst noch dafür zuständig fühlt in der geistigen, lichtvollen Welt,
ich danke euch, für meinen neuen Seelenpartner, der mich durch meinen nächsten Lebensabschnitt begleitet. Es ist jemand, der das Licht in mir sieht und es selbst in sich trägt. Wir teilen unsere Liebe und genießen gemeinsam die Abenteuer des Lebens und trotzdem darf jeder für sich ganz und vollständig sein und bleiben. Ich bin dankbar für eine wundervolle Beziehung, in der jeder den anderen mit und wegen seiner Ecken, Kanten und Unvollkommenheiten liebt. Ich danke für eine sinnliche, leidenschaftliche Beziehung mit Spaß, Freude, Romantik und Zärtlichkeit und gegenseitiger Wertschätzung.

Volker, könntest du bitte von dort oben die Augen offen halten, du willst doch bestimmt nur das Beste für mich! Wie immer …

Logik statt Liebe?

Meine Freundin holt mich einige Tage später wieder auf den Boden der Tatsachen zurück. Sie findet die Idee mit dem Internet deutlich besser, als darauf zu hoffen, dass einfach so, aus dem Nichts, ein Prinz auf seinem Einhorn angehoppelt kommt, weil … und das ist sehr ernüchternd:
>>Dana, kein Mann der um deine Geschichte weiß, wäre so

verrückt, sich auf eine Beziehung mit dir einzulassen! Der zählt seine Schäfchen doch lieber im Trockenen. Volker und du, ihr hattet DIE Beziehung, ihr wart eins und seid es noch, was soll denn da noch kommen? Dagegen anzutreten, das traut sich keiner! Die Gefahr >>zu versagen<< wäre für ihn doch viel zu groß, ist doch einfacher, sich auf eine >>normale<< Beziehung einzulassen, im Sinne von: suche mir eine möglichst attraktive, vorzeigbare Frau, die mich am besten noch bewundert, wir mögen uns, passt schon. Wen interessiert schon die wahre Liebe?!<<

>>Häh? Aber damit wird doch keiner glücklich! Denkst du, so läuft das?<<

>>Natürlich! Wo lebst du denn? Die meisten Beziehungen entstehen genau so, aus dem Ego heraus. Das, was ihr hattet, war etwas ganz besonders. Und Volkers Präsenz ist hier in deinem Haus immer noch so stark, da ergreift jeder Mann sofort die Flucht. Hier schau mal, da hängt ein Bild von Volker mit Jona, das ist okay, aber dort: Bild von dir mit Volker und da auch.<<

Und zur Bestätigung erzählt mir einige Tage später eine andere Freundin völlig entsetzt, dass ihr dreißigjähriger, durchaus attraktiver Bruder beabsichtigt, eine Vernunftehe mit einer Frau, die er erst sehr kurz kennt, einzugehen. Er hat Sorge, sonst keine Frau mehr zu finden, die Liebe wird sich dann schon einstellen, meint er. Unfassbar, finden wir beide.

>>Ja, aber das hieße ja, dass ich mir eine neue Partnerschaft generell abschminken kann. Das sich keiner traut? Oder wie?<<

>>Such dir doch jemanden, der selber gerade eine Trennung hinter sich hat, der weiß, wie sich das anfühlt und auch in den Arm genommen werden und kuscheln möchte, das müsste funktionieren.<<

Was hat das denn mit Liebe zu tun? Ich will nicht nur Trost und Gesellschaft, beides kann ich mir inzwischen selbst geben, denn einsam bin ich längst nicht mehr - ich kann gut alleine sein.

Ich will Liebe und Freude teilen … mich mit und in einem besonderen Menschen wieder zuhause fühlen!

Sein Zuhause sein …

Entscheiden wirklich die meisten Menschen so? Vielleicht auch unbewusst? Nicht dahin zu gehen, wo es sich richtig anfühlt, sondern vorsichtshalber den Weg des Verstandes wählen? Danach, was gut ins Gesellschaftsbild passt? Sich lieber mit weniger begnügen, damit man auf der sicheren Seite ist?

Wahrscheinlich werden tatsächlich Entscheidungen auch in Liebesdingen oft aus dem Verstand heraus getroffen. Klar, gerade dort, denn die wahre Liebe birgt das größte Verletzungsrisiko, sagt das Ego: Wird mich mein Partner genauso lieben wie ich ihn oder trage ich letzten Endes womöglich Wunden davon oder stehe als Verlierer da?! Denn nur jemand, den ich wirklich liebe, aus der Tiefe meiner Seele heraus, kann mich zutiefst verletzen …

Wenn ich nicht das Glück, oder besser die Bestimmung gehabt hätte, Volker zu treffen, hätte ich mich vielleicht unbewusst genauso entschieden.

Hätte ich mich beispielsweise in einen super attraktiven oder vielleicht >>berühmten<< Mann verliebt, hätte ich mich bestimmt niemals geoutet, weil mein Ego sofort gesagt hätte: Unerreichbar für dich! Du genügst nicht, du bist zu klein, zu unattraktiv, zu dick, zu unbedeutend, nicht auf Augenhöhe. Keine Chance, du blamierst dich nur!

Entschuldige Schatz, attraktiv warst du natürlich auch! Aber auf eine normale Weise …

Oder in einen deutlich jüngeren Mann?! Das Gleiche, was sollte der an mir finden?! Und dazu käme auch noch die Angst, was das Umfeld dazu sagen könnte. Mann deutlich älter als Frau in einer Beziehung: völlig normal und anerkannt in unserer Gesellschaft. Ältere Frau: >>Das kann ja nicht gut gehen!<< Immer ein Grund zum Lästern und Getratsche für die Neider, die ihren Blick lieber nach Außen richten, anstatt auf sich selbst, denn wenn sie zufrieden und glücklich wären, würden sie jedem anderen das Glück auch gönnen. Wer sich in unserer Gesellschaft für Beziehungen außerhalb der Norm entscheidet, muss schon mit viel Mut und einem guten Selbstwertgefühl ausgestattet sein.
Oder die Kraft haben, seinen Gefühlen zu vertrauen.
Ich kann es und ich will nichts anderes.
Ich will wahrhaftig lieben und geliebt werden.
Anders lieben, besser als ich es früher konnte.
Einfach nur lieben und einfach leben … lachen und glücklich sein … grenzenlos …

Geistführer-Reading

In den Tagen danach beanspruchen völlig andere Impulse meine Aufmerksamkeit und überreden mich, folgende Worte zu formulieren:
Liebe Martha,
Sie hatten vor einiger Zeit den Kontakt zu meinem verstorbenen Mann Volker hergestellt. Dafür war ich Ihnen sehr dankbar und es hat mir auch im Nachhinein sehr dabei geholfen,

meine Trauer loszulassen. Daher geht es mir auch inzwischen überwiegend gut und es ändert sich gerade unglaublich viel in meinem Leben.
Ich glaube, dass nun der Zeitpunkt für mein Geistführer-Reading gekommen ist. Eigentlich kommt es mir eher so vor, als wolle mein Geistführer mir etwas mitteilen, als dass die Idee von mir stammt. Zumindest kommt mir der Gedanke, Sie, liebe Martha, zu kontaktieren, seit vierzehn Tagen immer wieder aus heiterem Himmel in den Kopf, ohne dass ich bis jetzt konkrete Fragen hatte. Wie funktioniert es denn am besten? Einfach schauen, was kommt? Oder besser konkrete Fragen stellen?
Liebe Grüße – Dana Anderson

Liebe Dana,
vielen Dank, dass Sie mir vertrauen und mich wieder beauftragen möchten. Meine Lebenssituation ist derzeit angespannt, weil mein Mann sich demnächst einer Operation unterziehen muss. Danach kommt Reha usw. Ich denke, es wird
Oktober, bis ich wieder für einen Reading Auftrag bereit bin.
Die oberste Aufgabe beim Channeln ist, völlig frei von eigenem zu sein, wie ein leeres Blatt Papier. Das kann ich derzeit nicht gewährleisten. Ich freu mich für Sie, dass Ihr Leben in einem positiven Fluss ist. Das zeigt mir (auch ohne meditative Versenkung), dass ALLES in den richtigen und vorgesehenen Bahnen für Sie läuft. Und Sie auch mitmachen!
Der Kontakt zu Ihrem Geistführer ist da – IMMER – da gibt es nix herzustellen.
Für den Guide ist es einfach und Sie können den >>Schleier<< zeitweise zur Seite schieben, indem Sie still werden – innen und außen – wie ein leeres Blatt Papier.

Warten auf einen Input – ohne ihn zu erwarten!
So als ob man sich am Abend im Bett vorbereitet, gleich wohlig einzuschlafen. Vielleicht ist es das, was gerade für Sie angesagt ist und mein >>Vor-sagen<< würde Sie nur an der eigenen Entfaltung hindern …
Auch der Guide wird Ihnen NIX (vorher) sagen und Ihre eigene Entwicklung dadurch beeinflussen oder gar blockieren. Nie wird er sagen, was Sie tun sollen. Liebe Dana, nun ist es doch ein kleines Reading für Sie geworden.
Ich wünsche Ihnen alles, alles Gute und wenn Sie möchten, melden Sie sich wieder.
Liebe Grüße - Martha

Oh, eine gute Anleitung … wenn dies zu meinem Weg gehört, wird es irgendwann funktionieren. Und Marthas verantwortungsbewusste Antwort sehe ich erneut als Bestätigung, dass das Universum mir offenbar die ganze Zeit die richtigen Wegbegleiter an die Seite stellt … das Gute kommt zu uns, wir müssen nur aufmerksam sein und die Chance ergreifen.

Klangschalen-Abend

Liebe Seraphina,
vielen Dank für den gestrigen, schönen Abend, da ist etwas ganz Besonderes passiert!
Für mich war deine (ohnehin schöne) Stimme noch sanfter als sonst, völlig verschmolzen mit den Klangschalen-Tönen. Und als du sagtest, es sei eine intuitive Meditation gewesen,

also nicht abgelesen oder vorbereitet, war mir klar, dass du etwas Lichtvolles empfangen und an uns weitergegeben hast. Ich konnte mich die ganzen fünfundvierzig Minuten völlig fallenlassen, ohne gedanklich abzuschweifen. Ich bin noch völlig geflasht von der unglaublichen Bilderflut, die absolut unerwartet vor meinem inneren Auge aufgetaucht ist und das Wissen und tiefe Verständnis, das mir von irgendwoher bildlich übermittelt wurde. Das ist total verrückt, eine solch klare Vision hatte ich bisher nie! Das ist definitiv die Entdeckung eines Schatzes, der mit nichts aufzuwiegen ist. Ich glaube, der gestrige Abend hat mir eine weitere Tür geöffnet, denn heute Morgen hat es erneut funktioniert: ich konnte diese intensiven Bilder von gestern vervollständigen und deren Bedeutung zutiefst fühlen!
Ich danke dir von Herzen für diese wundersame Erfahrung,
liebe Grüße – Dana

Ich liege auf einer duftenden Blumenwiese, höre das Summen der Bienen, spüre das Gras, auf dem ich liege, rieche den Blütenduft. Vor mir befindet sich ein Berg auf dessen Spitze im mystisch-silbernen Nebel ein Schloss mit spitzen Türmen emporragt, es glitzert in der Abendsonne. Ich stehe auf und beginne mit dem Aufstieg. Ich spüre den mit Baumwurzeln durchzogenen Weg, der mich den Berg hinaufführt, höre das Plätschern eines Baches und rieche den Wald. Endlich bin ich oben und stehe vor dem Eingang des Schlosses. Nachdem ich eingetreten bin, sehe ich meinen Schutzengel in Form einer Lichtgestalt und dann Volker, in weißem Licht stehend und lächelnd, und er nimmt mich in den Arm. Wir beide strahlen hell wie Sterne. Er sagt: >>Alles, was du fühlst und glaubst zu wissen, ist richtig! Hab Vertrauen!<<

Dann erscheint das Symbol Kreis mit Punkt in der Mitte vor meinem inneren Auge: der Kreis symbolisiert die Einheit, das Ganze, den Bewusstseinsozean, das All (= alles ist Geist) und der Punkt ist die einzelne Seele, die sich in der Materie verankert und so das Stoffliche auf eine neue Ebene hebt. Der Punkt bin also ich als >>ein Selbst<< und gleichzeitig Teil des Ganzen, also Teil der Schöpfung – ein Tropfen des universellen Bewusstseinsozeans, der alle Informationen in sich trägt.
Plötzlich halte ich ein rot-goldenes Buch in meinen Händen. Das Symbol der Einheit stellt das Emblem des Buches dar.
Ich gehe mit dem, fest an mich gedrückten, Buch den Berg wieder hinunter. Die Landschaft um mich herum hat sich im Vergleich zum Aufstieg verändert, nun ist alles so wunderschön farbenprächtig und zauberhaft und unglaublich lebendig. Auf der Wiese angekommen, werde ich wieder in die Gegenwart zurückgeholt und schlage die Augen auf. Schade, das war traumhaft! Ich fühle mich total weggetreten.
Seraphina erzählt mir, das goldene Buch symbolisiere die innere Weisheit.
>>Also habe ich nun Zugang zu meinem inneren Wissen? Wie finde ich es denn erneut?<<, dachte ich gestern noch.
Oh, verrückt! Während ich das schreibe, denke ich: >>Was sagen denn die Engel dazu, könntest ja mal eine Karte ziehen<<, und was ziehe ich: >>Die Engel sagen Dir, dass nun die Zeit für Dich gekommen ist, den goldenen Mantel der Weisheit zu tragen. Zapfe die Quelle Deiner inneren Weisheit an.<< Das ist echt verrückt, es gibt genau zwei von fünfundvierzig Karten, die sich auf die innere Weisheit beziehen.

Am nächsten Morgen, noch im Bett liegend, stelle ich meine tägliche, gedankliche Verbindung zu meinem inneren Kind her. Das ist Teil der Innerer-Kind-Therapie, die ich diesen Monat begonnen habe.

Kurzer Exkurs:

In unseren Einzelsitzungen wird das >>innere Kind<< in meinem Unterbewusstsein gesucht und geheilt, denn genau dort sind sie abgespeichert, die in der Kindheit geprägten, belastenden und verdrängten Erinnerungen und falschen Verhaltens- und Denkweisen. Aufgrund der Verdrängung ist es kaum möglich, das eigene Verhalten im >>normalen<<, bewussten Zustand zu ändern, selbst wenn wir unsere Macken bereits identifiziert haben. Jeder, der bereits versucht hat seine ungünstigen Verhaltensmuster zu ändern, weiß wie schwierig es ist, gegen seine alte Programmierung anzukommen.

Das ungeliebte innere Schattenkind - unsere falsch konditionierten Schattenseiten und Schutzmechanismen - ist nur ein anderer Begriff für das Ego, mit dem ich mich in Form dieser Therapie bewusst auseinandersetzen möchte. Während der Sitzungen werde ich, angeleitet durch meine Therapeutin Fiona, in einen Trance ähnlichen Zustand versetzt, um das Unterbewusstsein zu erreichen und dort zu arbeiten. Dort werden meine negativen Schlüsselerfahrungen durch positive Erlebnisse überschrieben. Das funktioniert, weil unser Gehirn nicht zwischen dem tatsächlich Erlebten und intensiv gefühltem Vorstellungsvermögen unterscheiden kann! Das ist wissenschaftlich nachgewiesen, und nach allem, was ich in den letzten Monaten erlebt habe, zweifele ich nicht mehr an der Kraft meiner Gedanken und Gefühle. Jeder Mensch trägt seine individuellen, ins Unterbewusstsein verdrängten Ängste in sich und jeder Mensch somit hat die Macht, sein Leben bewusst neu zu gestalten, indem er sie anschaut und erlöst! Zu meinen, man wäre frei von Ängsten und belastenden Themen, ohne sich intensiv damit auseinandergesetzt zu haben, ist Selbstbetrug.

Also nehme ich auch an diesem Morgen Kontakt zu meinem inneren Kind auf, sage ihm >>Guten Morgen<<, indem ich mit gedanklicher und bildlicher Vorstellungskraft die Treppe in mein Innerstes hinuntergehe - ähnlich wie bei der eben beschriebenen Meditation, nur eben nach unten, anstatt nach oben ins Überbewusstsein.

In meinem Kellergewölbe (Unterbewusstsein) treffe ich also wie immer die kleine Dana und siehe da: Sie hat das goldene Buch mit dem Einheitssymbol in der Hand?! Es ist einfach da! Wir klappen das Buch neugierig auf, können aber nichts erkennen. Also beschließen wir, gemeinsam auf den Berg zu gehen. Ich sehe uns beide den Berg (von gestern) hochstiefeln, in das silbrig glitzernde Schloss gehen und mein Schutzengel ist wieder da. Wir öffnen das Buch und warten gespannt … nicht denken, der Kopf ist leer und klar … still und ruhig …

Und nun fehlen mir irgendwie die Worte, um auszudrücken, was dann passiert: ein Leuchtfeuer des Verstehens erreicht mein Bewusstsein, indem die gestrige Vision sich vervollständigt: Ich begreife, dass ich gerade gleichzeitig mit meinem inneren Kind (Unterbewusstsein) und meinem Überbewusstsein verbunden bin. Einzelne Bilder: ich in meinem Schlafzimmer, mein inneres Kind im Gewölbe des Unterbewusstseins und ich als mein höheres Selbst in dem Schloss auf dem Berg, drei Personen, drei Mal >>ich<< und doch ist alles eins. Und dann befinde ich mich plötzlich noch eine Etage höher, aber nicht als sichtbare Person, sondern als funkelndes All an sich, eher >>als übergeordnetes Bewusstsein<<, wie im Universum schwebend - das All seiend - als wenn ich von oben auf die Erde und mich als Mensch bzw. die >>Ganzheit meines Seins<< schaue. Eigentlich sehe ich alles, nicht nur mich, sondern die ganze Welt. Ich bin Teil des reinen, universellen Bewusstseins (dem kosmischen Geist) und gleichzeitig über mein höheres Selbst mit meinem menschlichen Körper verbunden, und mein inneres Kind – mein Ego – ist ein Teil von mir.

Ich sehe und denke von oben aus dem All nach unten auf die Erde hinunter. Ich bin der Kreis und der Punkt des Symbols gleichzeitig. Und da begreife ich erst so richtig, dass ich mein Leben von da ganz oben steuern und erschaffen kann, als reine Bewusstseinsenergie aus der alles besteht, hier ist der Ursprung und die Quelle! Ich bin ein Teil der Quelle der Schöpfung!

Es kommt mir so vor, als wenn nur ich dort oben als Beobachter existiere und niemand sonst.

>>Wo ist denn Volker in diesem Konstrukt abgeblieben?<<, frage ich mich. Volkers Seele ist auch Teil der obersten Bewusstseinsebene, nehme ich wahr. Jeder und alles ist Teil dieses höchsten Schwingungsfeldes. Dort oben ist alles miteinander verbunden. Im Geiste sind wir alle eins. Das Gefühl der Trennung existiert nur auf der physischen Ebene, in der Körperlichkeit, und diese wird im unbewussten Zustand überwiegend vom Ego gesteuert.

Aber dort oben bzw. tief in mir befindet sich das Potenzial der Schöpferkraft, mein höheres Bewusstsein. Ich kann mein Leben, meine Welt, meine Zukunft von hier oben bzw. aus meinem

Inneren heraus beeinflussen, im Einklang mit der höchsten Kraft und Intelligenz - dem Heiligen Geist Gottes.
Es liegt in meiner Macht, wie mir die Außenwelt begegnet und welche Chancen sich mir bieten. Hier oben entsteht aus meinen Gedanken meine gelebte Realität, also die Welt, die ich im Innen und Außen erfahre. Ich bin der Autor meiner Geschichte, der Regisseur meines Filmes.
Nicht ich bin in der Welt, die Welt ist in mir! Die Welt, die ich im Außen sehe, ist meine Projektion in der ich mich nur spiegele!
Das Leben gibt mir das, was ich erwarte und wovon ich überzeugt bin. Hier oben liegt der Schlüssel zu einem glücklichen Leben, es ist meine Entscheidung, welches Leben ich führen will. Durch die bildhafte Darstellung habe ich es nicht nur in die Tiefe gehend verstanden, ich kann es auch fühlen – wahrhaftig und gefühlt wissen!
Wenn eine Seele sich entschließt, wie ein kleiner Funken aus der Einheit, der Weltenseele, herauszuspringen, wird sie zum Punkt in dem Kreis. Das ist dann unser Leben hier auf der Erde. Das Phänomenale ist, dass ich die Verbindung von unten nach oben wieder herstellen kann, denn das passiert mir ja irgendwie gerade bzw. in den letzten Monaten!
Und dann kommt noch eine weitere starke Empfindung: Ich existiere und erschaffe im reinen, universellen Bewusstseinsfeld, kann aber nur als Körper - als Mensch - fühlen, wachsen und mich ausdrücken.
Es ist also ein Privileg, ein menschliches Dasein zu führen und jede Seele sollte glücklich sein und ihr Erdenleben genießen, trotz der zu erlernenden Lektionen und Prüfungen. Es geht darum, die Hindernisse zu überwinden, um in Freude und Glück zu leben.

Mich überrollt seit Wochen immer wieder die starke Sehnsucht, diese lieblose Welt verlassen zu wollen, schnell meine Aufgabe hier zu erledigen und dann: ab nach Hause, zu Volker.
Oft fühle ich mich, als würde ich nicht hierher gehören, ich fühle mich fremd, wie ein Besucher aus einer anderen Galaxie. Daher lautet wohl die Botschaft, das Leben hier als Chance und begrüßenswerte Möglichkeit anzusehen, Freude, Begeisterung und Leidenschaft zu empfinden und hingebungsvoll zu leben! Ein Seelenwachstum in Liebe und Leichtigkeit.
Aber dazu muss ich den ganzen Seelenmüll abwerfen und mich aus den Begrenzungen meines Egos befreien. Genau das beinhalten unsere Lernaufgaben.
Jeder Mensch trägt unterschiedliche Schattenthemen mit sich herum und seine Aufgabe für dieses Leben ist es, sich aus diesen individuellen Prägungen zu befreien. Von der gesamten Palette der Lernerfahrungen, aufgeteilt auf alle Leben, arbeitet jede Seele früher oder später das ganze Spektrum ab. Auch unter diesem Aspekt sind alle Menschen gleichwertig, denn alle Seelen machen früher oder später die gleichen Erfahrungen, keine Seele (kein Mensch) ist mehr oder weniger wert als die andere, höchstens unterschiedlich in ihrer Entwicklung.

Erst Wochen später wird mir bewusst, dass mir in diesen zwei Momenten des Abtauchens in ein höheres Bewusstsein meine eigene Bedienungsanleitung für Meditation und das tiefe Verständnis, was sie überhaupt bedeutet, übermittelt wurde. Meine geschriebenen Worte sind nur ein kläglicher Versuch, den Inhalt der Erfahrung annähernd zu beschreiben. Die eigentliche, individuell erlebte Erkenntnis der Reisen ins höhere Selbst beinhaltet, etwas so tief zu verstehen und in die Seele zu integrieren, dass es mit Worten oder von anderen nicht zureichend ausgedrückt werden kann. Nur dort, in diesem inneren Raum, sind wir völlig frei und unbeeinflusst von Meinungen und Manipulationen anderer. Nur dort finden wir die Wahrheit.

Und noch unbeschreiblicher ist das Gefühl der Sicherheit, das mir diese erleuchtenden Momente der Verbundenheit mit der Quelle vermitteln! Selbst wenn ich keine Bilder sehe, gibt mir die Innenkehr ein unbeschreibliches Gefühl des Friedens und der Ausgeglichenheit, einem Schwebezustand ähnlich.

Vielleicht ist es schon die Ahnung dieses erlösenden Zustandes der Verbundenheit mit allem, was ist. Mit Volker fühle ich mich in diesem Momenten zutiefst eins und sende ihm immer Liebe und Dankbarkeit.

Ich nutze diesen Kanal auch, um mir meine Zukunft auszumalen oder besser gesagt, intuitiv zu manifestieren, wie ein Film, der sich anschließend verselbständigt. Nicht jedes Detail oder der ganze Weg, sondern nur das Ergebnis und vor allem wie ich mich dabei fühle: glücklich und dankbar. Zum Beispiel stelle ich mir vor, wie ich im Buchladen stehe und mich freue, mein Buch dort vorzufinden. Oder wie mir jemand sagt, meine Worte hätten ihn zutiefst berührt und ihm geholfen, sich von seinen eigenen Schatten zu befreien und sein wahres Selbst dahinter zu entdecken – und dass er nun glücklich sei und frei.

Ich bin davon überzeugt, dass sich großartige Wünsche mit Hilfe des Überbewusstseins manifestieren lassen, wenn sie mit der höchsten Kraft - dem universellen Bewusstsein, der Weltenseele, Gott - im Einklang stehen. Und nicht mehr vom

Unterbewussten und unserem Ego-Verstand blockiert werden. Das Überbewusstsein lässt sich nur erreichen, wenn wir uns unseren, im Unterbewusstsein gespeicherten Ängsten stellen und uns von allen destruktiven Emotionen, Täuschungen und Manipulationen befreien.
Der Aufstieg ins Überbewusstsein geht immer mit dem Abstieg ins Unbewusste einher!
Das Erkennen und Lösen unserer Schattenthemen erfordert Mut, Willensstärke und Geduld.
Aber wenn wir uns dafür entscheiden, arbeitet das Universum für uns und synchronisiert unsere Wünsche und unser Leben genauso, wie wir es uns bewusst erträumen.
Solange uns das nicht klar ist, synchronisiert das universelle Bewusstseinsfeld uns ein Leben, das wir unbewusst und vom Ego gesteuert, erschaffen.
Wir bekommen immer das, was wir gesät haben, eben leider auch die Ernte unserer unbewussten Saat.
Da macht es doch Sinn, mal darüber nachzudenken, was genau wir eigentlich möchten und die bewusste Wahl zu treffen.

Mein Selbst ist Herrscher des Universums.
Es ist unmöglich, dass irgendwas zu mir kommen könnte, was nicht von mir erbeten wurde. Sogar in dieser Welt bin ich es, der mein Schicksal beherrscht. Was geschieht, ist das, wonach ich verlange. Was nicht geschieht, ist das, wovon ich nicht will, dass es geschehe. Das muss ich akzeptieren.
(Kurs in Wundern, ÜB, L 253)

Was ist Liebe?

Gestern Abend hat Jona herzzerreißend geweint, wollte aber nicht darüber sprechen und eigentlich auch nicht, dass ich es sehe. An Schlaf ist in dieser Nacht nicht zu denken, ich grübele unentwegt, wie ich helfen kann? Beschäftige ich mich zu viel mit mir selbst? Mache ich etwas falsch? Keine Mutter hält es aus, wenn ihr Kind leidet.

Ich verbinde mich mit der Reiki-Energie, um mich zu beruhigen. Während der Reiki-Selbstbehandlung, nehme ich folgende Bilder und Empfindungen wahr: Ich sehe Jona und schicke meinem Kind Liebe. Gleichzeitig spüre ich meine Sorge und meine Ratlosigkeit, plötzlich empfange ich in Sekundenschnelle bruchstückhafte Sequenzen aus der Vergangenheit, einen Lebensrückblick:

Jona im Krankenhaus nach der Geburt - ich traue mich nicht mein Baby in den Arm zu nehmen, nachher mache ich etwas falsch und lasse es vorerst in der Obhut der Krankenschwester. Zu Hause, Baby Jona auf meiner Brust liegend, es geht ihm gut, aber es ist unruhig und zappelig - ich denke beunruhigt, hoffentlich ist alles in Ordnung und vergewissere mich sogar bei unserem Kinderarzt.

Ich blicke in die Kinderwiege auf mein schlafendes, süßes Baby, kein Geräusch zu hören – atmet es noch? Ich lege meine Hand auf seinen Bauch und spüre beruhigt die Atembewegung … Jona mit fünf Jahren, die Haare selbst abgeschnitten – Gott sei Dank ist nichts passiert! Aber die schönen langen Locken, Enttäuschung.

In der Grundschule die erste Vier geschrieben - Gymnasial-

empfehlung in Gefahr? Was ist zu tun, damit mein Kind gut in der Schule ist? … gute Leistungen erbringt?!
Das erste Mal eine Autospritztour mit einem Schulkameraden, der gerade erst den Führerschein gemacht hat - kommt Jona heile wieder nach Hause? Die Angst, dass sie verunglücken könnte übermannt mich …
Es kommen noch mehr Sequenzen und immer habe ich mich unnötigerweise geängstigt und gedacht: Wird mein Kind klarkommen? Wird es ihm immer gut gehen? Habe ich alles dafür getan?
Wir glauben, wir sorgen uns aus Liebe um unsere Kinder, aber mit sorgenvollen Gedanken begrenzen wir sie nur. Die wahre Liebe ist angstfrei und bedingungslos!
Hör auf zu denken!
Und dann bin ich plötzlich völlig frei. Mein Kopf ist leergefegt. Schwebezustand. Zeitlupe. Befreit aus meinem Gefängnis der Angst … für wenige, unbeschreibliche Sekunden:
Ich sehe Jona lachen und empfinde reine Liebe und Frieden, ohne eine Spur eines sorgenmachenden Gedankens oder Gefühls, völlig frei und erlöst. Ich bin und fühle für einen kurzen Moment den himmlischen Zustand der Ewigkeit, die reine Liebe! Mein Ego hat sich aufgelöst.
Ich durfte erfahren, wie es sich anfühlt und habe in diesem kurzen Moment der vollständigen Verbindung verstanden, dass ich Jona einfach nur lieben darf. Einfach nur lieben heißt: einfach nur sein, in mir ruhend, ohne Sorgen, ohne zu urteilen, ohne zu werten, ohne zu vergleichen - ohne zu denken. Alles ist wie es ist. Alles ist Liebe.
Mein Kind ist traurig: Ich liebe es. Sonst nichts. Kein Lösungs-

vorschlag, keine Analyse der Situation, nur lieben und da sein, mit meiner vollen Aufmerksamkeit.

>>Müssen wir denn immer darüber sprechen?<<, antwortet Jona heute Morgen genervt, als ich nach dem Grund der gestrigen Tränenflut frage.

Nein. Natürlich nicht, mein Schatz. Sei traurig oder wütend und zeige es! Indem ich denke, diesen Zustand möglichst schnell beheben zu müssen, gebe ich dir das Gefühl, nicht in Ordnung zu sein. Jetzt verstehe ich es: Mit Sorgen und Überfürsorglichkeit überschüttet zu werden, ist belastend und einengend und schafft Schuldgefühle. Das kommt mir bekannt vor.

Mein Kind hat sich blöd verhalten oder sogar Mist gebaut: Ich liebe es. Punkt.

Eltern wollen immer nur das Beste für ihre Kinder.

Jedes Problem möchten wir sofort beheben. Wir möchten unsere Kinder >>in Ordnung<< bringen, nach unserer Ordnung, weil wir ja nur das Beste und gute Voraussetzungen schaffen möchten – ein genormtes Kind für unsere genormte Standardgesellschaft. Was können wir tun, damit das Kind gut in der Schule ist? Nachhilfe - Liebe für Leistung.

Aber vielleicht wollen unsere Kinder einfach nur so sein dürfen, wie sie sind. Wie wir auch!

Jeder Mensch möchte einfach nur geliebt werden, so wie er ist. Danach sehnen wir uns alle. Und noch mehr sehnen wir uns danach, perfekt zu sein, weil wir uns nicht vorstellen können, liebenswert zu sein, ohne etwas dafür tun zu müssen.

Aber niemand ist perfekt, stattdessen ist jeder Mensch einzigartig und besonders, so wie er ist. Und das dürfen wir erkennen und in uns selbst finden! Und wenn wir dieses

Besondere und Einzigartige - den Wert unseres Seins - in uns nicht selbst sehen, kann es sich auch nicht im Außen spiegeln, in Form von Menschen, die es uns zeigen oder sagen ... uns seelentief lieben.

Bevor andere uns so annehmen können, wie wir sind, müssen wir es erst einmal selbst tun. Wir sollten uns selbst mögen, unsere Schattenseiten bewusst anschauen und annehmen. Manchmal gehen sie dann sogar, sie lösen sich auf oder verwandeln sich plötzlich - bewusst wahrgenommen - in eine Stärke, denn jede Schwäche beinhaltet auch einen positiven Aspekt. Sobald wir das erkannt haben, können wir unsere Schatten im positiven Sinne nutzen. Dann brauchen wir diese einst ungeliebten Eigenschaften auch nicht mehr unbewusst auf andere zu projizieren, damit wir uns in diesem selbst erschaffenen Spiegel erkennen – wir haben uns bereits erkannt und erlöst.

Einfach nur lieben ist verdammt schwer.

Lieben ohne Erwartungen zu haben oder Forderungen zu stellen. Lieben, ohne etwas haben zu wollen.

Ich weiß nicht, warum und woher diese wundervollen Visionen kommen, diese Bilder und Gefühle, die so viel mehr erklären als Worte, aber ich bin unglaublich dankbar. Diese gefühlte Erfahrung, kann mir nie wieder genommen werden und geht weit über meinen Verstand hinaus. Kein Buch kann diese erlebten, auf meine persönliche Realität bezogenen Seelenerkenntnisse aufwiegen oder erklären. Es ist unbeschreiblich.

Das tiefe Klarwissen bleibt mir erhalten und ich kann es mit in meine Alltagswelt nehmen, auch wenn diese schönen Gefühle der Meditationstrance leider schnell wieder verfliegen. Aber ich

merke bereits, dass ich grundlegend friedlicher und gelassener werde, mich kaum noch aufrege. Mich immer seltener ärgere oder wütend werde und wenn es doch passiert, versuche ich herauszubekommen, welcher Teil von mir sich gerade in dem anderen, der mich herausfordert, spiegelt und stelle mir folgende Fragen:
Spiegelt sich mein eigenes Verhalten?
Oder das, was ich am meisten verurteile und abgrundtief ablehne?
Oder ist es eine Eigenschaft, die ich nicht an mir mag und verdrängt habe?
Oder ist es eine alte Wunde, in der mein Gegenüber gerade herumstochert und mich dadurch unbeabsichtigt zutiefst verletzt? Und woher kommt diese Wunde, diese alte Verletzung? Was ist die Ursache?
Oder spiegelt sich mir ein Aspekt des Mangels, den ich in mir trage?
Alles, was ich im Außen sehe, ist meine eigene Projektion. Die eigenen Spieglungen zu erkennen ist nicht einfach und bedarf ein wenig Übung, ist aber von höchster Wichtigkeit und die einzige Chance, mich zu verändern – und damit mein Leben, mein Umfeld, die Welt in der ich lebe. Wer das verstanden hat und die Verantwortung für seine eigenen Projektionen - seine Welt - übernimmt, wird nie wieder die Schuld bei jemand anderem suchen. Das ist der Schlüssel zu einem harmonischen, achtsamen Miteinander. Und der Schlüssel zur Vergebung.

Die Selbstreflektion ist ein spannendes Spiel geworden.
Und trotzdem habe ich immer noch das Gefühl, in zwei Welten

zu leben, die schier unvereinbar zu sein scheinen. Denn je tiefer ich in die geistig-seelische, spirituelle Welt eintauche, desto unbegreiflicher und sinnbefreiter erscheint mir die materielle Welt der großen Unbewusstheit – das Massenbewusstsein.

Da ist diese neue Welt in meinem Inneren, voller Liebe und Wärme, in der es keine Angst, keine Trennung und keinen Tod gibt. Sie füttert mich die ganze Zeit mit Bildern, Wissen, Hinweisen und Empfindungen und möchte, dass ich verstehe und endlich vertraue!

>>Hör endlich auf, immer wieder an dir zu zweifeln! Was sollen wir denn noch anstellen, damit du an die Wirklichkeit glaubst?<<

Ich möchte ja! Aber wie kriege ich das alles langfristig in die Welt integriert, in der ich wohne? In die Realität?! In dieses Hamsterrad von Beruf, Karriere, Status, Leistungsdruck, Hetze, Egoismus und Wettbewerb. Selbst wenn ich mein Ego in den Griff bekomme, die meisten anderen Menschen scheinen ja nicht einmal zu wissen, dass sie ein Ego haben und dass ihr unbewusstes Egoverhalten nebst konditionierten Denk- und Verhaltensmustern ihr eigentliches Problem sind, und nicht die anderen, von denen sie sich provoziert, geärgert, unterdrückt oder verletzt fühlen.

Viele merken nicht einmal, dass sie ein Problem haben, weil sie denken, so mittelmäßig und stumpf wie der Alltag eben abläuft, ist es normal. Alles ist wie immer und so, wie es alle machen und schon immer gemacht haben.

Dachte ich doch früher auch. Aber jetzt nicht mehr – jetzt will ich mehr! Ich will nach den Sternen greifen, Träume verwirklichen, frei und unbeschwert sein! Das Leben lieben!

>>Deshalb schreibst du ja dieses Buch.<<
>>Aber ich weiß ja selbst noch gar nicht genau, wie es funktioniert. Habe zwar die Bedienungsanleitung bekommen, aber kaum Praxiserfahrung oder besser gesagt, noch keine Ergebnisse.<<
>>Natürlich hast du die bereits! Mach die Augen auf! Schreib mal schön weiter, alles läuft nach Plan.<<
>>Und dann bin ich der Spinner, oder was?! Na, herzlichen Dank auch!<<

Urteil und Liebe sind Gegenteile. Von dem einen kommen alle Kümmernisse der Welt. Doch von dem anderen kommt der Frieden Gottes selbst. (Ein Kurs in Wundern, ÜB, L 352)

Sonderurlaub

Ein Buch schreiben, na von mir aus ... Da gibt es nur ein Problem: die Zeit! Mein Bedürfnis, mich von der äußeren Welt zurückzuziehen, um weiter in meinem Innersten zu forschen, wird immer stärker. Außerdem stresst mich das akut Realität gewordene Buchprojekt von Tag zu Tag mehr. Ich schwanke ständig zwischen dem tiefen Seelenwunsch, meine wichtigen Erkenntnisse mit anderen teilen zu wollen, und einhundert Prozent Selbstzweifel hin und her ... bis ich irgendwann merke, wie bescheuert das ist (also nicht ich, sondern mein Ego): Ich versuche mir, einen Traum zu verwirklichen und gleichzeitig stresst es mich anstatt mich darauf zu freuen – Selbstzweifel und mangelndes Vertrauen, meine Schattenthemen.

Das Schreiben macht mir Spaß und bringt mich in den Zustand des Fließens (oder auf Neudeutsch: in den Flow), also versuche ich, meine Gedanken völlig vom Ergebnis zu lösen. Es ist egal, ob und wie das Buch veröffentlicht wird und wenn ja, ob es irgendwen interessiert. Vielleicht ist es für Jona später wertvoll oder wenn es auch nur einem anderen Menschen hilft, lohnt sich die Arbeit auf jeden Fall.

Oder ich schreibe es einfach nur für mich, denn in der Zeit des Schreibens und des >>nach Innen gehen<< fühle ich mich gut wie nie zuvor, frei von Traurigkeit, Schmerz oder sonstigen Sorgen – nicht allein, nicht einsam.

Mir hilft es definitiv bei meiner eigenen Trauerverarbeitung und Selbstfindung und mir wird beim Schreiben erst richtig bewusst, dass ich eine sehr gute Führung von oben habe. Was soll mir noch passieren? Irgendwer wacht über mich. Nichtsdestotrotz bleibt das Zeitproblem. Wie schön wäre es, für ein paar Monate eine Auszeit zu nehmen! Finanziell könnte ich es mir leisten, aber unvorstellbar, dass es von meinem Arbeitgeber bewilligt wird. Bei uns herrscht wie überall Stress und Überlastung. Ich versuche den Gedanken wieder zu verwerfen, aber er lässt mich nicht los. Um wen oder was geht es hier eigentlich? Bin ich verpflichtet, unsere Bank zu retten? Wieso fühle ich mich bei dem Gedanken an eine Auszeit den Kollegen gegenüber verpflichtet? Bin ich verantwortlich für die Personalknappheit? Ego, ich habe dich ertappt! Ich darf Wünsche haben und ich bin es wert, sie zu äußern und im Zweifelsfall auch einzufordern. Sobald ich mir von meinem Ego kein schlechtes Gewissen mehr einreden lasse, werde ich Verständnis empfangen, davon bin

ich fest überzeugt. Ich hatte bereits sechs Wochen nach Volkers Unfall wieder gearbeitet und war seitdem nur ein einziges Mal für eine Woche krankgeschrieben. Von meinem innerlichen Schuldgefühl befreit, spüre ich nun Frieden und die Gewissheit, dass meinem Sonderurlaubswunsch entsprochen wird.
Und tatsächlich: ich brauchte mich nicht einmal zu erklären, es reicht der Satz: >>Ich möchte Sie bitten, mir für vier Monate unbezahlten Urlaub zu bewilligen. Ich brauche jetzt Zeit für mein Kind und mich.<< Und erhalte die verständnisvolle Antwort meines Bereichsdirektors: >>Ich habe Ihnen versprochen, dass Sie immer zu mir kommen können, wenn Sie etwas brauchen. Selbstverständlich kümmere ich mich darum.<< Hochachtung! Ganz toll. Selbstverständlich finde ich es nicht, aber sehr entgegenkommend. Und die Reaktion der Kollegen war genauso mitfühlend. Vier Monate Zeit, wie wunderbar. Und ich bin so stolz auf mich, die Verantwortung für meine Wünsche übernommen und sie ausgesprochen zu haben.

Wissenschaftliche Bestätigung

In meiner Euphorie starte ich zu Urlaubsbeginn den lange vernachlässigten Hausputz und dabei entdecke ich einen kleinen Stapel nagelneuer, ungelesener Bücher im Stubenregal. Volker hat sie sich in unserem letzten gemeinsamen Kurztrip nach Berlin im März 2016 gekauft (vor vierzehn Monaten), das erkenne ich am Preisschild. Zum Lesen ist er nicht mehr gekommen …

Gebannt starre ich auf den Titel des ersten Buches:

Im Einklang mit der Göttlichen Matrix – Wie wir mit Allem verbunden sind von Gregg Braden.

Ich blättere weiter und lese:

Alle Materie entsteht und besteht nur durch eine Kraft (…) so müssen wir hinter dieser Kraft einen bewussten, intelligenten Geist annehmen, dieser Geist ist der Urgrund aller Materie.

Mit diesen Worten beschrieb Max Planck, der Vater der Quantentheorie, ein universelles Energiefeld, welches die gesamte Schöpfung miteinander verbindet: die göttliche Matrix.

Die göttliche Matrix ist unsere Welt. Sie ist auch alles in unserer Welt. Wir selbst und alles, was wir lieben, hassen, erschaffen und erfahren: Alles ist göttlicher Urgrund.

Im Urgrund lebend sind wir wie Künstler, die ihre innersten Leidenschaften, Ängste, Träume und Sehnsüchte auf einer geheimnisvollen Quantenleinwand zum Ausdruck bringen.

Doch wir sind *die Leinwand - und auch die Bilder darauf.*

Wir sind *die Farbe und der Pinsel.*

Im göttlichen Urgrund sind wir das Gefäß, in dem alles existiert, das Bindeglied zwischen unseren inneren und äußeren Welten und der

Spiegel, der uns unsere Schöpfung zeigt. Dieses Buch ist für alle, die sich danach sehnen, ihre tiefsten Leidenschaften und höchsten Ziele zum Leben zu erwecken. Im göttlichen Urgrund seid ihr die Samen des Wunders und das Wunder selbst.

Das gibt es doch nicht! Mir klappt sinnbildlich die Kinnlade herunter.
Weitere Textstellen:
Gefühle sind offensichtlich die Sprache, durch die wir mit der göttlichen Matrix Kontakt aufnehmen können, doch nicht jedes Gefühl taugt dazu. Schöpferisch wirksam werden nur Gefühle, die frei von Urteilen und Ego sind.
Wir müssen Heilung, Fülle und Frieden zuerst in unserem Herzen so empfinden, als wären sie bereits vorhanden, bevor sie sich in unserem Leben verwirklichen können.
Die göttliche Matrix spiegelt uns die Ereignisse in unserem Leben ständig durch unsere Überzeugungen, Gefühle und Emotionen wider. Unser persönlicher Spiegel zeigt uns, was wir wirklich lieben und was wir am meisten fürchten. Es ist nicht immer einfach, in diesen Spiegel zu schauen, denn er ist ein absolut ehrlicher Einblick in das, woran wir glauben. […] In unserer Kultur trägt die Angst viele Masken. Obwohl sie in fast allem, was wir tun – von unseren Beziehungen über unsere Karrieren bis zu unserer Gesundheit – eine wesentliche Rolle spielt, erkennen wir die Muster der sich praktisch täglich zeigenden Angst in der Regel nicht.

Krass! Die göttliche Matrix ist eine andere Bezeichnung für meinen >>universellen Bewusstseinsozean<<. Ansonsten sprechen wir (Gregg und ich) über das Gleiche und benutzen sogar ähnliche Formulierungen. Das ist verrückt! Wieso habe ich dieses Buch ein Jahr lang nicht gesehen und entdecke es ausgerechnet jetzt, sozusagen zur abschließenden Bestätigung meiner neuen Wahrheit? Genau deshalb – zur Bestätigung! Und um nicht kurz vorm Ziel womöglich das Handtuch zu werfen angesichts meiner scheinbar wilden Theorien und Visionen, und meiner Unsicherheit.

Physik und Quantenphysik war Volkers Hobby, das wusste ich, er hat viel darüber gelesen. Allerdings hat es mich nicht die Bohne interessiert. Ich hatte keine Ahnung, was Quantenphysik bedeutet. Nach dem intensiven Lesen des Buches verstehe ich, dass mir gerade die wissenschaftliche Grundlage für meine eigenen, gefühlten Erfahrungen serviert wurde. Jetzt weiß ich wenigstens, dass ich nicht spinne!

Danke Universum, für deine vorbildliche Synchronisation, mir immer genau das Puzzlestück vor die Nase zu werfen, das ich gerade brauche. Danke Volker! Das nenne ich mal einen Gruß aus dem Jenseits!

Eine weitere ultimative Erkenntnis aus meiner Forschungsreise der vergangenen Monate ist, dass ein unglaublich wichtiges Wissen vorhanden und sogar wissenschaftlich bewiesen, aber leider viel zu unbekannt ist! Insbesondere bei uns, in der westlichen Welt. Es gab in den Neunzigern bereits eine Welle der literarischen Aufklärung über den Kurs in Wundern, diese ist aber offenbar wieder verebbt. Unbegreiflich! Und ganz schön traurig für den ach so fortschrittlichen Westen. Unsere Gesellschaft richtet sich auf die falschen Werte aus.

Vielleicht liegt es aber auch daran, dass ein Sachbuch vom Verstand absorbiert wird und nicht bis in die Tiefe der Seele durchdringen kann, das kann nur die bewusste Selbstreflektion und Schattenarbeit im Alltagsgeschehen. Vielleicht muss jeder Mensch seinen eigenen Weg finden, seine eigene persönliche >>Reise ins Ich<< antreten, um die Wahrheit fühlend greifen zu können, frei von äußeren Einflüssen. Ja, so ist es, es gibt keinen Standartweg und keine einheitliche Bedienungseinleitung. Wo bliebe da die Selbstverantwortung, die vollständige Übernahme der Verantwortung für die eigene Wahrheit und das eigene Glück?

Hätte ich dieses phantastische Buch von Gregg Braden vor Jahren oder auch vor einem Jahr gelesen, hätte es wahrscheinlich keine langfristige Wirkung auf mich gehabt, denn ich hätte es noch nicht verstanden, aber jetzt ist es eine überwältigende Bestätigung all dessen, was ich gerade erlebe und empfinde. Es stärkt mein Selbstvertrauen und gibt mir den Mut, meinen Weg weiterzugehen und mich mitzuteilen. Es kommt genau zur richtigen Zeit, was für eine Fügung!

Vielleicht schreibe ich deshalb dieses Buch: um über meine persönliche Geschichte ein Interesse in den Lesern zu erwecken, die sich sonst nicht auf die Reise begeben hätten, weil sie bisher keine Berührungspunkte mit der Spiritualität hatten, genau wie ich vor Volkers Tod.

Vielleicht erreiche ich etwas oder irgendwen mit meiner Herzenssprache … ich hoffe es … auch das gibt Volkers und meinem Schicksal einen Sinn.

Ich hoffe, andere Menschen inspirieren zu können, damit sich nicht nur mein eigener kleiner Kosmos ändert, sondern von kleinen, bis hin zu großen Schritten, die ganze Welt. Ich glaube daran, dass das möglich ist …

Ich weiß es!
Ich glaube, unsere Zukunft steht bereits in gewisser Weise fest. Aber es gibt immer zwei Varianten: die des Egos (der Angst) und die unseres wahren, kosmischen Selbst (der Liebe).
Ich habe für meine erste Lebenshälfte unbewusst die erste, beschwerliche Variante gewählt, aber für mich war genau das der richtige, vorbestimmte Weg. Unser Weg, für den Volker und ich uns auf Seelenebene, bevor wir in dieses Leben gekommen sind, entschieden haben, um mir die Möglichkeit zu geben, mich zu erinnern. Mich zu erinnern, dass ich mein halbes Leben lang in einer Illusion und Unbewusstheit gelebt habe – in der materiellen Welt der dritten Dimension.
Jetzt bin ich wach und entscheide mich bewusst für ein licht- und liebevolles Dasein, das über diese alte Welt hinausgeht. Ich erschaffe es mir, denn ich bin ein Teil der Weltenseele, der Quelle der Schöpfung.
Der Himmel ist die bewusste Entscheidung, die ich treffen muss. Ich treffe sie jetzt, weil er das Einzige ist, was ich will.
Entscheidungen sind das Ergebnis deines Lernens, denn sie beruhen auf dem, was du als die Wirklichkeit über das, was du bist und was deine Bedürfnisse sein müssen, akzeptierst hast.
(Ein Kurs in Wundern, ÜB, L 138)

Die Befreiung meines Sonnenkindes

Meine Innere-Kind-Therapie ist beendet und ich fühle mich unheimlich geklärt und gereinigt und bin darüber hinaus sehr stolz, dass ich mich den frühsten Schlüsselerinnerungen meiner

Kindheit gestellt habe. Eine sehr bereichernde und interessante Erfahrung, denn letztlich konnte ich mich an fast alle Szenen, die aus dem Unterbewusstsein hochgekommen sind, bereits vorher schwach oder fragmentarisch erinnern, aber ich hatte nie die darin verborgenen, als belastend abgespeicherten Emotionen verstanden. Wie auch? Genau das zu verdrängen, ist die Schutzreaktion des Egos, weil die damalige Situation, im gelebten Moment der Kindheit, nicht verstanden oder als zu schmerzhaft empfunden wurde. Meine persönlichen Kindheitserfahrungen waren relativ harmlos und dennoch wirken sie blockierend und belastend in mein Erwachsenenleben hinein. Ich möchte mir nicht vorstellen, wie es in Menschen aussieht, die wirklich schlimme Kindheitstraumata erlebt haben wie Missbrauch, Verlust, emotionale Kälte oder Gewalt.

Aber gerade weil meine Kindheit so normal und typisch für meine Generation war, habe ich mich entschieden, meine persönlichen Erkenntnisse mitzuteilen, um die Projektionswirkung zu verdeutlichen und aufzeigen, wie prägend und einschränkend sich unsere Konditionierung in unser Erwachsenenleben hineinspiegelt. Dabei geht es NICHT um das Verhalten oder die Erziehung unserer Eltern, denn sie haben nichts falsch gemacht! Es geht für jeden Menschen ausschließlich darum, sich aus seiner Falschprogrammierung zu befreien, eine Wahl zu treffen und sein wahres Selbst zu finden und zu leben. Nur deshalb sind wir hier, weil wir lernen und unsere Seelen vervollständigen wollen!

Interessanterweise ist mir erst nachträglich, erst beim Korrekturlesen dieses Buches, etwas sehr Bemerkenswertes buchstäblich ins Auge gesprungen: Die meisten meiner falschen

Glaubenssätze habe ich - ohne mir dessen bewusst zu sein - selbst niedergeschrieben, in meinen Tagebucheinträgen und Briefen des vergangenen Jahres! Meine Seele hat sie regelrecht herausgeschrien und dennoch mein Wachbewusstsein damals noch nicht erreichen können.

Ein sehr großer Teil des Schmerzes, den ich nach der Trennung von Volker fühlte, hat mit meinen falschen Glaubenssätzen zu tun, das ist die erleuchtende Erkenntnis! Und da sich meine Prägungen in meiner Lebenszahl, der Numerologie und Kabbalah wiederfinden, muss unsere Kindheitskonditionierung zu unserem Seelenplan gehören.
Und ich wiederhole es nochmal: ich habe (wie jeder Mensch) die Entscheidung, falsch über mich zu denken, mit der Wahrnehmung eines Kindes im Alter von vielleicht ein bis sechs Jahren getroffen! Meine Eltern haben diese Sätze niemals direkt zu mir gesagt und es lag nie in ihrer Absicht, dass ich ihr Verhalten und ihre Worte so interpretiere. In allen Eltern steckt natürlich auch ein inneres Kind und auch sie können nur entsprechend ihrer alten Denkmuster handeln und sein. Und meistens tun wir - also auch ich als Mutter - das mit dem Vorwand der Sorge oder einer gut gemeinten Absicht, aber tatsächlich belasten wir unsere Kinder häufig mit unserem nicht erkannten Ego, anstatt einfach nur für sie da zu sein und sie zu lieben. Gut gemeint ist leider nicht immer gut gemacht.
Einer meiner, in der Therapie identifizierten, falschen Glaubenssätze war:
>>Ich zähle nicht! Ich habe nicht das Recht eigene Wünsche und Gefühle zu haben und sie auszusprechen!<<

Genau diese Sätze: >>Ich zähle nicht, was ich empfinde ist unbedeutend, ich muss funktionieren, selbst in dieser Ausnahmesituation<<, sind mir plötzlich beim Korrekturlesen aufgefallen, sie standen da, wortwörtlich in meinen Tagebuchaufzeichnungen. Es waren unbewusste Überzeugungen, die mir viel Schmerzen verursacht hat. Ich habe nicht erkannt, dass diese Glaubenssätze subjektiv geprägt und einfach falsch sind, denn alle mir nahestehenden Menschen interessierte aufrichtig, wie es mir geht, allen voran meine Eltern.

Falsche Glaubenssätze führen zu negativen Emotionen, und diese alten Emotionen fühlen sich auch heute noch echt an, aber sie sind es nicht, sondern lediglich uralte Interpretationen unserer kindlichen Wahrnehmung: Falschprogrammierungen!

Als Kleinkind habe ich verinnerlicht: Ich zähle nicht, ich werde nicht gesehen, es interessiert niemanden, wie es mir geht. Ich kann nicht aussprechen, was ich fühle. Ich werde nicht verstanden.

Und mein Erwachsenen-Ich war irrtümlicher Weise immer noch davon überzeugt, dass dies der Wahrheit entspricht.

Auch der falsche Kernglaubenssatz >>Ich bin nicht wichtig!<< zieht sich durch meine Tagebucheinträge der ersten Wochen meiner Trauer.

Selbstverständlich war ich im vergangenen Jahr vielen Menschen wichtig, und dennoch konnte mir nichts und niemand Halt geben oder mich emotional auffangen, aber die Ursache lag IN MIR - ausschließlich in mir, in meiner Vergangenheit, die Ursache reicht sogar weit über dieses Leben zurück, wie ich erst sehr viel später herausgefunden habe.

Ich habe mich die ganze Zeit so verhalten, als hätte ich alles bestens im Griff, immer Haltung bewahren und Stärke zeigen, damit ich nicht noch mehr verletzt werde, wenn ich keinen Halt im Außen finde. Aber innerlich fühlte ich mich einsam und verlassen. Niemand konnte mir das Gefühl geben, mich bis in die Tiefe meiner Seele zu verstehen und zu sehen. Aber das lag daran, dass ich selbst mich nicht sah. Ich hatte Angst, nicht mehr klar zu kommen, nicht mehr dazuzugehören, wenn ich nicht schnell wieder in den Alltag zurückfinde, mich anpasse und immer funktioniere. Aber mein Leidesdruck wurde zu groß. Deshalb hat sich ein Teil in mir – meine Seele – gegen mein konditioniertes Verhalten aufgelehnt und eine andere Richtung eingeschlagen: den Weg der Bewusstwerdung und Selbstfindung. Meine Seele hat angefangen, alles Alte in Frage zu stellen – angefangen zu hinterfragen was wahr ist und was nicht … und wer ich wirklich bin.
Was ist die Wahrheit und was die Täuschung?!
Die Antwort liegt immer in uns selbst.

Heute erkenne ich, dass alles was geschehen ist mich lehren möchte, dass ich selbst meine >>Wichtigkeit<<, die Bedeutsamkeit und Wahrhaftigkeit meines Seins – meinen Selbstwert – erkennen darf. Erst dann, wenn ich meinen eigenen Wert sehe, mich als wertvoll und damit liebenswert erachte, so wie ich bin in meiner vollkommenen, einzigartigen Unvollkommenheit, wird sich dieses gefühlte Sein in meinen Beziehungen spiegeln können. Es nützt nichts, wenn mir jemand sagt, ich sei ihm wichtig, solange ich nicht selbst daran glaube. Volker hat mich so geliebt, wie ich bin, aber ich selbst

konnte mich nicht so lieben wie ich war. Und manchmal war es mir unbegreiflich, warum der er mich überhaupt liebt und ich hatte Angst, dass er seine Meinung eines Tages ändern könnte. Heute weiß ich, dass er mich - die Wahrheit - besser kannte und tiefer sehen konnte, als ich selbst. Er konnte durch mein Ego hindurchsehen.
Was auf der Ego-Ebene stattfindet ist unbedeutend und dient nur unserem Wachstum und der Erkenntnis, dass sich alle (Selbst-)Täuschungen und Illusionen der irdischen Ebene durch (Selbst-)Vergebung auflösen. Unsere Seelen sind so viel mehr als die physische-materielle Welt der unbewussten Egodramen.

Unsere komplizieren, festgebrannten Denk- und Verhaltensmuster, die wir ständig wiederholen, sind so unglaublich machtvoll und so schwer zu erkennen, deshalb sieht ein neutraler Außenstehender oft klarer als wir selbst. Die meisten Menschen denken aufgrund ihres mangelnden Selbstwertgefühls und Selbstvertrauens regelmäßig viel schlechter von sich, als sie es sind und erschaffen aus dieser Not heraus ein scheinbar besseres, den äußeren Erwartungen angepasstes, möglichst eindrucksvolles und vorzeigbares Selbstbild. Und sobald es ihnen gelungen ist, einen tollen Schein zu vermitteln, setzen sie sich innerlich unter Druck, diese Fassade aufrecht zu erhalten: >>Hoffentlich merkt keiner, dass ich ein bisschen bluffe … bloß nicht anmerken lassen, dass ich mich überfordert, unglücklich, ungenügend oder einsam fühle, selbst in meiner Beziehung oder innerhalb meiner Familie … immer schön Keep Smiling … da verstelle ich mich doch lieber oder stürze mich in die Arbeit und Aktivitäten, bevor ich den

Grund meiner schlechten Gefühle ausgrabe, aus Angst, was ich dort finden könnte … wenn die anderen, oder der besondere Mensch in meinem Leben merkt, dass ich gar nicht so toll bin, wie ich tue, werde ich womöglich zurückgewiesen und verlassen.<<
… das ist Selbstsabotage und letztlich ein Trick unseres Ego um zu verhindern, dass wir die Wahrheit herausfinden.

Verlassen werden, isoliert und getrennt sein von der Liebe, von unserer Quelle, von unserem Zuhause … das ist unsere stärkste Urangst! Und wir sind hier, um sie aufzulösen – um UNS zu erlösen. Denn genau diese Urangst ist die größte Illusion, denn nichts Wirkliches kann bedroht werden, nichts Unwirkliches existiert …

Das Ego will stets und um jeden Preis die Kontrolle behalten und uns davon abhalten, uns unseren Ängsten zu stellen. Aber jede belastende oder schmerzhafte Emotion ist unwirklich, entstanden aus unwahren Gedanken und Interpretationen, aber das können wir nur herausfinden, wenn wir uns mit ihnen beschäftigen! Sobald wir uns schlecht, ungeliebt, unzureichend, abgelehnt, betrogen, verlassen, traurig, einsam, ausgenutzt, belogen, manipuliert, ungerecht behandelt, nicht anerkannt, wütend, schuldig, im Stich gelassen oder einfach grundsätzlich falsch fühlen und diese Emotionen hinterfragen und ergründen, woher sie kommen, so ist das die beste Chance, sie - und damit uns - zu erlösen, die Wahrheit dahinter zu entdecken und etwas Wesentliches in unserem Leben zu verändern. Und unser neues, erlöstes Bewusstsein spiegelt sich wiederum im Außen als neue Realität.

In dem Brief, den ich wenige Wochen nach Volkers Tod aus der Not heraus meinen Eltern schrieb, stehen die Sätze: >>Bitte gebt mir die Freiheit und den Segen, alles so machen zu dürfen, wie ich möchte<< und >>Ich wünsche mir sehr, dass ihr respektiert, dass ich alleine für meine Angelegenheiten zuständig und verantwortlich bin.<< Die Kernaussage ist zweifelsfrei: >>Lasst mich doch bitte einfach so sein, wie ich bin!<< Ich bin auch bereit, die Verantwortung zu übernehmen. Genau das wollen aber viele Menschen nicht tun, denn es ist bequemer, Schuldige im Außen zu suchen, Verantwortung und Entscheidungen auf andere abzuwälzen und sich wiederum zu beschweren, wenn nicht das dabei herauskommt, was sie sich wünschen.

Ein anderer falscher Glaubenssatz, der meiner Angst etwas falsch zu machen zugrunde liegt, ist: >>Ich bin nicht richtig, so wie ich bin. Ich bin nicht liebenswert<<, denn sonst gäbe es ja nichts an mir zu kritisieren. Kritik, Bewertungen, Verurteilungen oder Ablehnungen die mir begegnen, sind aber wieder nur meinen eigenen Projektionen und bedeuten, dass ich mich selbst verurteile, ablehne oder verunsichert bin!

Den Satz >>Ich bin nicht liebeswert – der Liebe nicht wert<< trägt wohl, ganz tief verankert, jeder Mensch in sich. Allerdings können weder unsere Eltern noch sonst wer uns aus diesem Irrglauben befreien, das können wir nur selbst.

Meine Falschprogrammierung >>Ich habe nicht das Recht eigene Wünsche zu haben<<, hat mein halbes Leben dafür gesorgt, selbst nicht zu wissen, was ich eigentlich möchte - eigene Wünsche und Ziele zu erkennen und zu wissen, dass sie mir zustehen und ich ihre Verwirklichung verdiene! Wie zum Beispiel meine Berufswahl, ein unbezahlter Urlaub, mein Recht auf Privatsphäre in meinem eigenen Haus, >>Nein<< sagen zu dürfen, mich aus Freundschaften zurückziehen zu dürfen sowie Grenzen zu setzen oder ein Buch zu schreiben, egal was andere davon halten. Ich darf meine Meinung frei zum Ausdruck bringen, auch wenn sie nicht dem vorgebebenen Standard, dem Mainstream, entspricht.

Und auch das Aus- und Ansprechen von Konflikten fiel mir immer verdammt schwer und ich bin dem auch oft genug aus dem Weg gegangen ... und dann immer wieder nach langem, geduldigem Ertragen, unerwartet explodiert. Das ist ein Muster, das ich schon sehr früh erkannt habe, und lange nicht ändern konnte.

Wer in der Kindheit gelernt hat, offen seine Meinung aussprechen zu dürfen, wird dieses Problem nicht haben und auch nicht verstehen, warum andere nicht einfach den Mund aufmachen, wenn ihnen etwas nicht passt. Dafür haben diese Menschen eben andere Schattenthemen. Es gibt unglaublich viele verschiedene falsche Glaubenssätze und Verhaltensmuster und zum Glück hat jeder nur einige verinnerlicht, aber jeder hat sein Päckchen zu tragen. Das gehört zu unseren Lernaufgaben, sonst wären wir nicht hier. Und wir sind dermaßen gut darin, unsere inneren, verleugneten Schattenanteile zu unterdrücken, dass wir sie selbst sehr lange nicht bemerken oder wahrhaben wollen.

Gerade Männer sind häufig durch negative Glaubenssätze belastet wie: >>Ich darf keine Schwäche und keine Gefühle zeigen<< oder >>Ich muss leisten und erfolgreich sein, sonst bin ich nichts wert.<<.

Die Liste der falschen Glaubenssätze ist sehr lang: ich bin nicht

gut genug, ich bin zu dick, ich darf nicht fühlen, ich bin dumm, ich komme zu kurz, ich werde nicht gesehen, ich bin für deine Laune verantwortlich, ich kann niemanden vertrauen, ich bin ohnmächtig, ich enttäusche dich, ich werde immer ausgenutzt oder belogen und ganz viel Schreckliches mehr.
Und meine qualvollsten, unbewussten, falschen Glaubenssätze waren: >>Ich bin völlig allein! Ich muss etwas falsch gemacht haben, sonst wäre ich nicht verlassen und alleine zurück gelassen worden!<< Denn nachdem Volker mich verlassen hatte, wandte sich auch noch der einzige Mensch von mir ab, dessen Halt ich mir ersehnte.

Die alte Weisheitslehren bezeichnen die Lebensphase, in der unsere alte, heile Scheinwelt zerbricht und wir uns unseren tiefsten, innersten Ängsten und Erinnerungen stellen und sie fühlen müssen als >>Die dunkle Nacht der Seele<<. Diese Prüfung kommt in der Regel völlig unerwartet, und sie kommt nur dann, wenn unsere Seele bereit dafür ist. Die dunkle Nacht der Seele bewirkt in den meisten Menschen, die von ihr heimgesucht werden, ein spirituelles Erwachen – so auch bei mir. Ich konnte plötzlich sehen und wahrnehmen, dass da noch mehr ist, hinter dem Schleier der Täuschung unserer materiellen Welt: Alles was ist, entsteht auf der geistig-seelischen Ebene und spiegelt sich nur in die physische Ebene hinein.
Der Geist erschafft Materie.

Die dunkle Nacht der Seele ist zu mir gekommen und hat mir meine tiefsten Ängste offenbart, alte Ängste, die mir vorher nicht bewusst waren, denn auch ich war ein unbewusster Meister der Selbsttäuschung, wie alle Menschen bevor sie erwachen.

Mich hat das Fühlen des Trennungsschmerzes, meiner größten Urangst, auf eine höhere und klarere Ebene gehoben und mir dabei geholfen zu erkennen, dass alle Schattenmonster, Ängste und Schmerzen nur Illusionen sind - und dass die Liebe über und hinter allem steht und alles miteinander verbindet.
Die bedingungslose Liebe erlöst den Schmerz und die niederen Emotionen und heilt alle Wunden. Die Liebe ist die stärkste Kraft im Universum und der Urgrund, aus dem alles besteht.

Ein besonderer Tag

Juni 2017: Seit einer Woche freue ich mich diebisch auf diesen Tag, auf meinen Termin bei Seraphina, die mich seit einem Jahr mit ihren alternativen Heilmethoden und ihrem Wissen über die geistige Welt liebevoll und heilsam unterstützt. Sie ist mir als Wegbegleiter in meiner schwersten Zeit zur Seite gestellt worden, daran habe ich nie gezweifelt. Wir haben uns ein halbes Jahr vor Volkers Unfall kennen gelernt … Zufall?

Und heute, an diesem besonderen Tag, sitze ich vor ihr und sage strahlend: >>Es geht mir richtig gut! Nach vierzehn Monaten und zwanzig Tagen geht es mir wieder gut und ich bin so dankbar dafür und richtig stolz auf mich!<<

Seraphina freut sich sehr für mich, das sehe ich und berichte begeistert weiter: Ich genieße jeden freien Tag, der mir durch meinen viermonatigen Sonderurlaub geschenkt wurde, ohne Gedanken an den morgigen Tag oder wie es sein könnte, wenn ich wieder in die Bank zurückkehre. Und wenn ich doch mal kurz an die Arbeit denke, dann stelle ich mir vor, dass es gut sein wird und dass mir alles leicht von der Hand geht und ich Freude und Licht an diesen Ort trage. Vielleicht habe ich dort noch Aufgaben abzuarbeiten, wer weiß.

Ich bin gespannt auf meine Zukunft. Im Moment fühlt sich das Leben wunderbar an.

Ich genieße die Ruhe am Morgen und tue das, worauf ich gerade Lust habe. Wenn sich Verabredungen ergeben, freue ich mich darauf und genieße das Zusammensein. Gestern war ich mit einer Freundin im Harz wandern, es war total schön und kraftschöpfend in der Natur.

Wenn meine Eltern mit mir erzählen, höre ich zu und schätze diese Momente, anstatt wie früher unkonzentriert mit meinen Gedanken abzuschweifen – und es ist jetzt so schön mit Ihnen und so harmonisch, obwohl ich all die Dinge, die ich herausgefunden habe, nie mit Ihnen besprochen habe; die Heilung der Situation hat ausschließlich in meinem Inneren stattgefunden, in meinem Bewusstsein! Heute freue ich mich über ihre Hilfe und weiß sie sehr zu schätzen, ich fühle mich nicht mehr kontrolliert oder gestört, nur noch dankbar.

Und sogar das gelegentliche Putzen und Aufräumen, was mir zuvor immer so verhasst war, geht mir nun gut gelaunt von der Hand, zu lauter Musik durch die Räume hüpfend. Der Haushalt hat allerdings wenig Priorität … na und?! Wenn mich etwas stört, bringe ich es in Ordnung, aber erst dann und selten eher.

Wenn nichts anliegt, setze ich mich morgens auf meine Terrasse und schreibe und es fühlt sich so gut an, als täte ich das Sinnvollste aller Zeiten. Es fließt einfach durch mich hindurch.

Nachdem mir so unerwartet und plötzlich meine Lektorin in den Schoß gefallen ist, hatte mich vor sechs Wochen zunächst der Leistungsdruck extrem überrollt, so sehr, dass ich vor lauter Selbstzweifel fast aufgeben wollte - das Ego halt:

>>Du musst es hinbekommen, aber was eigentlich genau? Wen will ich erreichen? Worauf läuft das Ganze überhaupt hinaus? Wen interessiert`s was du erlebt hast? Mach dich nicht angreifbar, indem du dein Innerstes offenbarst!<<

Ich habe mich entschieden, diese Gedanken aus meinem Kopf zu streichen und meiner Intuition zu vertrauen, ohne Gedanken an ein Ergebnis, stattdessen einfach abwarten, was kommt. Und dadurch habe ich dieses lang ersehnte, glückselige Gefühl des erfüllten Augenblicks kennengelernt - einfach die Gegenwart leben und genießen, ohne Gedanken an die Zukunft oder das Warten auf das Endergebnis. Nicht der (Buch-)Erfolg, ist wichtig, sondern mein erfülltes Sein beim Schreiben und das Genießen der einzelnen Schritte meines Seelenweges. Das ist das Geheimnis.

>>Tschüss Ego, mach dich von Acker! Meine Innere-Kind-Therapie ist beendet und ich habe noch eine Ausbildung zu diesem Thema hinterhergeschoben, bin also inzwischen Ego-Experte. Ich erkenne dich, wenn du dich anschleichst und ich freue mich darauf, künftig bewusst zu üben, anders zu agieren und zu reagieren. Und vor allem lasse ich mir keine Schuldgefühle mehr einreden, wenn es mal nicht klappt. Ich habe ja noch mein ganzes Leben Zeit zu üben.<<

>>Das Buch muss schnell fertig werden, dafür habe ich schließlich unbezahlten Urlaub genommen<<, war auch so ein stressiger Gedanke. Inzwischen sehe ich es jedoch anders, der Urlaub ist sicher dafür bestimmt, konsequent zu beginnen und regelmäßig aufzuarbeiten, aber vor allem, um in die innere Ruhe zu kommen und um mich selbst zu finden.

Es ist ein bewusster Rückzug von der Außenwelt, um das Geschehene und meine Bewusstwerdung zu reflektieren. Durch das Ausschalten der äußerlichen Eindrücke, insbesondere meiner Arbeitswelt, verstummt allmählich der permanente innere Ego-Druck und es entsteht eine Leere, die sich gerade mit etwas Neuem und Wunderbarem füllt. Der Urlaub schenkt mir Zeit für Aufenthalte in der Natur, um Kraft zu tanken. In der Natur und in meinem nun friedlichen Zuhause ist die Quelle der Inspiration und dort spüre ich die Verbindung am stärksten. Ich schreibe gerne draußen oder bei geöffneter Terrassentür. Erst das Aufarbeiten meiner Erinnerungen des vergangenen Jahres hat mir die grundlegende Erkenntnis gebracht, dass eine Welt hinter der materiellen Spiegelwelt existiert. Volker hat mir das Tor in diese andere Schwingungsebene geöffnet.

Die Liebe ist der Schlüssel zur Verbundenheit.

Mein Tor zum universellen Bewusstseinsozean, zur Weltenseele, zur Quelle der Wahrheit, hat sich über meine Gefühlswelt und die Herzenskommunikation - von Seele zu Seele - geöffnet und sicherlich auch aufgrund meiner, durch den Kurs in Wundern geschärften Bereitschaft, über die dreidimensionale Ebene hinaus wahrzunehmen ... Die wirkliche Welt wahrzunehmen – die höhere, geistige Ebene – die unsere materielle Welt der Dichte durchdringt und erschafft!

Mir wird erst jetzt so richtig das Ausmaß und die Großartigkeit meiner >>verrückten<< Erlebnisse bewusst und ich erkenne eine sehr gute höhere Führung und Synchronisation, alles Wichtige kam von allein und zur richtigen Zeitpunkt zu mir. Das Universum regelt alles, sobald ich mich für den richtigen Weg entschieden habe. Es ist wichtig, eine bewusste Entscheidung zu treffen und loszugehen, von nichts kommt nichts. Wenn wir uns nicht trauen, bleibt alles ein imaginärer Traum.

Sobald die eigenen Wünsche mit der höchsten Kraft im Einklang sind, orchestriert das Universums alles weitere, insbesondere an Stellen, die wir selbst niemals beeinflussen könnten. Es gibt keine Glücksfälle und keine Zufälle, nur die bewusste, aber eben auch unbewusste Manifestation. Jeder erntet, was er säht ...

Ich konnte diese vielen besonderen Erfahrungen wegen meiner

starken Zweifel in den erlebten Momenten oft nicht richtig würdigen. Vielleicht ist das langsame Begreifen aber auch völlig normal, wie sollte es - der innere Wandel - auch funktionieren, wenn nicht langsam und Schritt für Schritt?

Fühlen, klarwissen, zweifeln, nach Beweisen Suchen und dabei „zufällig" im Nachhinein auf die richtigen Bücher oder Menschen stoßen, die das Erlebte, die innere Wahrnehmung oder die gefühlten Erkenntnisse bestätigen, verstehen und annehmen was ist, und als echte Erfahrung ins neue Sein integrieren. Vielleicht ist auch nur meine Analystennatur so kompliziert und anderen fällt das Glauben und Wissen leichter.

>>Nein, ich spinne nicht. Alles echt! Das ist die wirkliche Welt! Meine alte, unbewusst entstandene Welt der Trennung war eine Illusion.<< Der Kurs in Wundern spricht von Illusion, weil wir in jeder Sekunde die Wahl haben, uns und unsere Welt zu ändern. Es gibt immer zwei Varianten, zwei Wahrheiten, zwei Seiten der Medaille, zwei Möglichkeiten, uns zu entscheiden und es ist nie zu spät!

Es ist immer meine Entscheidung, mein freier Wille, es liegt in meiner Macht ob ich mich von meinen unbewussten Ängsten steuern lasse oder herausfinde, wer ich wirklich bin!

Genau das ist der Sinn unseres Daseins auf der Erde: Wir dürfen lernen, Herzensentscheidungen zu treffen. Und es ist völlig egal, ob und wie oft wir uns früher falsch entschieden haben, jeder Augenblick ist eine neue Chance. Liebevoll handeln heißt, seine Kräfte zum Guten zu nutzen, zum eigenen Wohl und gleichzeitig zum Wohle aller Lebewesen und darüber hinaus.

Mein Herz - meine Seele - hatte es ganz schön schwer, sich gegen meinen Verstand durchzusetzen und ihn zu überzeugen;

und ohne die scheinbare Trennung von Volker hätte es keine Chance gehabt. Ich hätte es in diesem Leben nicht kapiert.
Deshalb weiß ich nun, dass meine Seele in dieses Erdenleben gegangen ist, um die Wahrheit zu finden.
Jedes Kontrolldenken und jede Zukunftsangst ist nutzlos. Jede unangenehme Situation, jede persönliche Katastrophe und jeder Schicksalsschlag hat einen Sinn, auch wenn wir ihn nicht sofort erkennen. Es sind Aufforderungen, eine andere Richtung einzuschlagen – den Seelenweg – und nach dem Sinn unseres Daseins und nach Antworten zu suchen – in uns.
Es tut trotzdem noch sehr weh, Volker physisch nicht mehr hier bei mir zu haben und das wird sicher noch lange so sein. Aber aus dem Unbegreiflichen und dem unerträglichen Schmerz ist inzwischen Dankbarkeit und Frieden geworden, meine Wunde beginnt zu heilen und ich fühle und sehe auf eine Art, wie ich es zuvor weder konnte noch kannte. Und ich glaube, das ist längst noch nicht alles, es ist erst der Anfang …

Urlaub am Meer

Das mystische Meer in Zeeland befindet, dass die beste Zeit, mich zu verbinden morgens um 5.00 Uhr ist. Ich richte mich nach den Zyklen der Natur, trinke meinen Kaffee und setze mich anschließend in meine Bettdecke gekuschelt auf meinen Urlaubsbalkon, während die Morgendämmerung heraufzieht.
Ich verbinde mich mit meinem inneren Sonnenkind und wir gehen gemeinsam zum Schloss des höheren Selbst. Es steht mitten im Meer und glitzert in der Morgensonne, genau wie die

Wasseroberfläche. Es gibt keinen Steg, aber das macht nichts, wir gehen einfach über das Wasser, jeder Schritt wird von einer Sanddüne, die unter mir entsteht, gehalten. Der Innenraum des Schlosses sieht noch zauberhafter und wärmer aus als beim letzten Mal, es liegt an den schönen, bunten Fenstern, durch die goldenes Sonnenlicht hineinfällt. Das rot-goldene Buch liegt leuchtend auf dem Altar, ich schlage es wie immer auf, mein glückliches Sonnenkind sitzt in mir und meditiert bereits. Und während folgende Botschaft durch meine Gedanken fließt, genau wie die dazugehörigen Bilder, springt mein Blickwinkel gelegentlich ins >>All<<, von wo aus ich >>von ganz oben<< auf die Erde, auf mich, wie ich eingekuschelt auf dem Balkon sitze, und auf die Szene im Schloss hinunterschaue: Ich sehe Volker in seinem zauberhaften Garten (aus dem Reading) und er steigt eine, an einen riesigen Obstbaum anlehnte Leiter hoch, klettert durch eine Wolkendecke und landet in der farbigen Welt der bunten Lichterscheinungen und Engeln. Solange ich ihn in seinem Garten wahrnahm, sah er körperlich genauso aus wie früher, wie ein Mensch. Alles war wie in der materiellen Welt. Nun ist er in eine höhere Ebene gestiegen und sieht nun selbst wie ein Engel in Lichtgestalt aus, aber (noch) ohne Flügel. Sein Gesicht erkenne ich aber deutlich.

Mein Neubeginn ist endgültig, Volker weiß es und ist deshalb weitergegangen. Und so fühlt er sich auch an, weiter entfernt, aber gut. Ich habe die Absolution für ein neues Leben. Es ist Zeit zu gehen …

Aber da ist noch etwas anderes: Volker hat seine Rolle, mich zu begleiten, weitergegeben. Ich muss meinen Weg nicht alleine gehen, es gibt jemanden, der mich in meinem neuen Leben und

bei meiner Aufgabe begleiten wird. Und Volker gibt mir seinen Segen für eine neue Liebe - wie wunderbar!
Und was ich dann sehe, kommt mir vor wie ein Kurzresümee: Nach der Trennung von Volker suchte ich sehnlichst Menschen, bei denen ich mich anlehnen und ein bisschen ausruhen konnte. Menschen, die mich so nehmen und sein lassen, wie ich bin. Ich suchte Halt und Liebe im Außen. Da ich mich - meine Seele - aber selbst im Stich gelassen hatte und mich von meinen Ego-Ängsten und falschen Glaubensätzen vereinnahmen ließ, spiegelte sich genau dieses Gefühl in der Außenwelt. Je mehr ich mich selbst verlassen habe und Zuwendung von außen haben wollte, desto mehr wurde ich verlassen, bis ich nur noch Leere empfinden konnte. Und diese Leere hat sich mit etwas Neuem gefüllt: Mit der IN MIR wohnenden Liebe. In meiner neuen, inneren Welt spüre ich den lang ersehnten Halt, und dauerhaften Schutz und Geborgenheit. Ich habe inzwischen keine Angst mehr, fallengelassen zu werden und auch nicht, mich fallen zu lassen. Es fühlt sich so an, als stehe immer jemand hinter mir und breite seine Arme aus. Das Universum wird mir immer alles geben, was ich brauche, genau zur richtigen Zeit. Und bereits jetzt strahle ich dieses innere Licht nach außen und mein Spiegel wirft es zu mir zurück. In letzter Zeit höre ich oft Sätze wie: >>Du siehst toll aus! Wie du strahlst!<<
Durch die Arbeit mit meinem Schattenkind, die direkte Konfrontationen mit meinen Eltern (Innere-Kind-Arbeit an der Quelle sozusagen), die kinesiologische Unterstützung beim Aufspüren und Lösen meiner seelischen Blockaden, die Innere-Kind-Therapie und insbesondere durch das Schreiben, konnte

ich meinen Keller des Unterbewusstseins kräftig entrümpeln. Ich bin dabei, mich selbst anzunehmen und zu mögen und Frieden mit dem Geschehenen zu schließen.
Durch meine Erkenntnisse ist mein Ego bestimmt nicht komplett verschwunden, aber immerhin identifiziert. Das Ego ist unsere Lebensaufgabe, könnten wir es endgültig besiegen, würden wir auf der Stelle verpuffen und direkt in die höhere Sphäre aufsteigen. Aber durch meine kontinuierliche Innenkehr und Selbstreflektion sind mir meine ungünstigen Verhaltensweisen und verdrängten, falschen Denkmuster bewusst geworden und ich kann mich jetzt anders - bewusst - entscheiden.
Vor wenigen Tage habe ich selbst, die von Seraphina bereits vor Monaten wahrgenommene Kurz-Vision gesehen, in der ich lachend aus einem See auftauche: Es war eine bildliche Darstellung der Befreiung meines Sonnenkindes! Erst jetzt verstehe ich diese wunderbaren Bilder und registriere wieder einmal, dass Raum und Zeit nicht existieren. Visionen zeigen uns eine mögliche Zukunftsvariante in verschlüsselten Eingebungen, Impulsen und Sehnsüchten, aber wir müssen uns für diesen Weg entscheiden und ihn gehen.
Sehr beeindruckend finde ich, dass Seraphina vor einem Jahr das Schreiben dieses Buches vorhergesehen hat.
Parallel zu meiner Selbstbeobachtung bin ich in die Handlung gekommen und habe angefangen zu schreiben. Es reicht nicht, Gedanken- und Luftschlösser in der Phantasie aufzubauen, sie müssen auch in Handlung umgesetzt werden … eine Vereinigung der Intuition und Vorstellungskraft (empfangenden Passivität) mit der Handlung und Willenskraft (Aktivität).
Mein Sonderurlaub hat mir die wunderbare Möglichkeit

eingeräumt, mich auf die Zyklen der Natur einzustellen und die Energien zur richtigen Zeit zu nutzen. Morgens ist meine Zeit zum Schreiben.

>>Im Fluss des Lebens zu sein<< bedeutet, die Dinge zur richtigen Zeit zu tun, den Fluss der Energien zu nutzen und meinen Seelenweg zu gehen, das verstehe ich erst jetzt.

Darüber hinaus bewege ich mich ausbildungstechnisch weiter, der Entschluss zur Coachingausbildung steht fest, die Innere-Kind-Arbeit ist abgeschlossen, Termine für Quantenheilung und Reiki-Meister stehen. Was daraus mal wird? Keine Ahnung, aber es fühlt sich gut und richtig an. Ich beschäftige mich einfach mit den Dingen, die mich interessieren und die meine Begeisterung wecken. Ich tue all das, was mir gut tut und was meine Seele erfreut. Alles Weitere wird sich zeigen, ich bin achtsam und folge meiner Intuition.

Alles, was in meinem Inneren stattfindet, manifestiert sich zum richtigen Zeitpunkt in der Außenwelt und spiegelt sich auf der physischen Ebene, davon bin ich überzeugt. Die Energie muss sich irgendwo entfalten, das habe ich an diesem Morgen am Meer verstanden.

Eine Vereinigung der Gegensätze im Inneren - von Seele und Verstand, des weiblichen und männlichen Aspekts in uns - muss sich in der Vereinigung von Gegensätzen im Außen spiegeln, Vervollständigung im Inneren führt zur Vervollkommnung im Außen. Energetisch unausweichlich, sofern keine unbewussten Ängste und Blockarden oder Ungleichgewichte dazwischenfunken. Ich sehe den gespiegelten energetischen Ausgleich in Form einer Partnerschaft von zwei Menschen, die in der Außenwelt eher gegensätzlich sind, also auf den ersten

Blick nicht unbedingt zusammenpassen und erst lernen müssen, gemeinsam zu wirken. Anders als Volker und ich, wir waren schon immer gleich, schnell einer Meinung und eine ruhende Einheit. Ich sehe eine Aufgabe auf mich zukommen und eine neue Beziehung, eine weitere Verbindung auf Seelenebene, die in der materiellen Ebene gelebt werden will und einen höheren Sinn hat. Ich weiß nicht welchen, aber ich bin zutiefst dankbar, noch eine Chance zu bekommen, bewusst lieben zu dürfen.

Das Leben ist Veränderung. Es fließt und wenn wir mit dem Strom fließen, ist es ganz einfach. Dann wird es uns automatisch die Richtung weisen, wir müssen nur achtsam sein und die Hinweise und Wegweiser wahrnehmen. Und den Mut zur Schattenarbeit und Selbsterkenntnis aufbringen, um die verdrängten Ängste und unsere Falschprogrammierung überwinden zu können, da sie unserem Glück sonst im Weg stehen.

Wenn wir jedoch mangels (Selbst-)Vertrauen die Veränderungen nicht wahrhaben wollen oder ablehnen, und im strömenden Fluss stehen bleiben oder in die Gegenrichtung schwimmen, wird das Leben zum Kampf - zu einem aussichtslosen Versuch, etwas zu kontrollieren, was sich nicht kontrollieren lässt. Warum nicht einfach loslassen und mitschwimmen, sich intuitiv und vertrauensvoll mitreißen lassen, geschmeidig durch den Strömungskanal gleiten … gespannt, offen, neugierig und lebensfroh …

Volkers Tod war eine Veränderung, die ich als schlecht, falsch und ungerecht bewertet habe und erst durch mein Urteil kam der unerträgliche Schmerz. Aber dieser Schmerz hat mir geholfen, den Zugang zu meinen tiefen Gefühlen und inneren Wissen zu öffnen, zur Liebe, die ich in mir trage, meinem tiefsten Wesenskern, und er hat mich gelehrt, den Sinn in Allem zu erkennen. Und diese Entdeckung hat mir das Tor zur Wahrheit geöffnet. Die Wahrheit ist IN MIR, genau wie auch jeder andere Mensch sie in sich trägt und für sich entdecken kann.

Ich weiß inzwischen um die göttliche Kraft, die mich umgibt, denn ich habe sie kennen- und schätzen gelernt. Und ich weiß um meine eigene Kraft, denn ich bin Teil dieses universellen Bewusstseinsozeans, der in uns und um uns herum ist, aus dem alles besteht und der uns alle verbindet – die allwissende und allliebende Quelle der Schöpfung.

ICH BIN die Quelle. Die Welt, die ich sehe, habe ich erschaffen mit meiner Gedanken- und Gefühlswelt, meinen Überzeugungen und Erwartungen, mit meinem Bewusstsein. Jede Begegnung hat eine Bedeutung, aus der ich lernen kann. Jede Veränderung in meinem Leben hat einen Sinn und es ist meine Entscheidung, wie ich darauf reagiere, mit Angst und Schmerz ODER Liebe und Vertrauen in den göttlichen Plan und Hingabe. Jede Veränderung ist auch ein Neuanfang.

Ich danke dir von Herzen, Volker, für jeden Tag, den du mich geliebt hast und den ich dich lieben durfte, und für jeden Tag, den du mit mir gegangen bist und den du mich vorbereitet hast! Wir lassen uns jetzt los, damit wir uns irgendwann wiederfinden können …

Dieser Kurs ist ein Beginn, kein Ende, mit diesen Worten endet der Kurs in Wundern. Und genau dort stehe ich gerade: wo es beginnt.

Ich möchte lernen, das Leben zu lieben!
Ich bin neugierig auf das Leben. Auf ein bewusstes Leben!
Ein Leben ohne Angst und Kontrolle.
Ich bin neugierig auf die freie Liebe.
Auf die wunderbare, befreite Welt, die ich mir bewusst erschaffe!
Ich bin die Welt, denn die Welt ist in mir.
Ich bin frei!

Ich bin zuhause, die Angst ist hier der Fremde.
(Ein Kurs in Wundern)

Epilog

Anderthalb Jahre später, es ist der 20. Dezember 2018: Meine Schwester Hannah und ich sind auf dem Weg nach Hannover zum Maybebop-Weihnachtskonzert, als mein Auto beschließt den Geist aufzugeben. Zum Glück befinden wir uns in der Nähe des neuen Arbeitgebers meines Schwagers, der die Lage checkt und mir die frohe Botschaft verkündet: >>Bis nach Hause schafft es dein Auto noch im Notlauf, aber die Reparatur wird sich bei der alten Kiste wohl nicht mehr lohnen. Ich bringe Euch jetzt zum Bahnhof, ins Konzert schafft ihr es ja noch locker.<<
Na was für ein Zufall, dass Hannah vor drei Tagen noch eine Karte bei Ebay ersteigern konnte und mit im Auto saß, ansonsten hätte ich in dieser Ausnahmesituation wohl nichts anderes gewusst, als den ADAC zu rufen und das Konzert verpasst. Ich wäre nicht auf die Idee gekommen, meinen Schwager anzurufen.
Das A-Capella-Konzert ist natürlich phantastisch und ich genieße den Abend. Ein Zuschauer hat einen Gastauftritt, indem er auf der Bühne seiner Freundin einen zauberhaften Heiratsantrag macht, mit meinem Lied >>Ich seh dich<<
Ohne Worte.
Am nächsten Morgen stehe ich etwas geknickt in dem Autohaus, in dem Volker gearbeitet hat, und schaue mich schon mal um. Was soll`s, dann schenke ich mir halt ein neues (gebrauchtes) Auto zu Weihnachten. Allerdings bin ich sehr verunsichert, denn vor einem Jahr hatte ich für Jona zum achtzehnten Geburtstag auch ein gebrauchtes Auto gekauft, das in den letzten Monaten leider einige teure Reparaturen und damit

Ärger verursacht hatte. Ich bin es nicht gewohnt, viel Geld für Autos und Reparaturen zu bezahlen, denn Volker konnte ja alles selbst reparieren.

>>Ich würde diese wichtige Entscheidung eines Autokaufs, etwas von dem ich keine Ahnung habe, jetzt gerne in Volkers Hände geben<<, denke ich gerade missmutig, als mir ein bestimmtes Exemplar ins Auge fällt: >>Oh, das finde ich schick<<, denke ich, und registriere unvermittelt zutiefst benommen und erstaunt: >>Das Auto ist rot!<< Weinrot genaugenommen. Sofort ist mir das, von Martha vor anderthalb Jahren empfangene Verstorbenen-Reading präsent: das übermittelte Bild, in dem Volker vor zwei Autos steht, einem roten und einem weißen und sagt: Das nicht. Seraphina und ich waren uns einig: nicht das weiße. >>Dann bekommt Jona wohl ein rotes Auto<<, meinte Seraphina damals. Das wollte Jona aber nicht, sondern ein schwarzes, und es stand weder ein rotes, noch ein weißes Auto zur Auswahl. Ich dachte damals: >>Naja, Volker hatte halt viel mit Autos zu tun, war sein Job, dann hat es eben keine tiefere Bedeutung.<<

Der Verkäufer der Firma reißt mich aus meinen Erinnerungen.

>>Hallo Harry, ich brauche ein neues Auto, was kannst du mir denn empfehlen? Es soll kleiner sein als mein alter Astra-Caravan, und größer als Jonas Auto, und vor allem nicht so reparaturanfällig!<<

>>Pass auf, hier hab ich ein wirklich gutes Exemplar, es war regelmäßig bei uns in der Werkstatt und entspricht deiner Preisklasse. Wirklich unwahrscheinlich, dass bei dem Wagen in nächster Zeit Reparaturen fällig sind, ist alles in Schuss, aber garantieren kann das bei einem Gebrauchtwagen natürlich

keiner.<< Er zeigt auf das weinrote Auto, das mir bereits ins Auge gesprungen war und ergänzt: >>Falls dir die Farbe nicht gefällt, ich habe einen genauso guten Wagen in der gleichen Preisklasse und gleicher Qualität dahinten auch in weiß stehen.<<
Mein ganzer Körper vibriert, Gänsehaut pur. Natürlich habe ich ohne zu zögern das rote Auto gekauft, aber diese wunderbare Geschichte bedeutet mir viel mehr, als >>nur<< ein Zeichen von Volker oder eine weitere Bestätigung dafür, dass Zeit und Raum nicht wirklich existieren. Sie bedeutet, dass ich niemals eine schwierige Entscheidung alleine treffen muss, ich werde immer Hilfe haben, wenn es drauf ankommt. Ich werde immer intuitiv und göttlich geführt (wissen, was zu tun ist). Denn ich bin nicht alleine. Ich war es nie und werde es niemals sein.

Ich bin sicher und geschützt
im Licht und in der Liebe.

Danksagung

Ich bedanke mich aus tiefsten Herzen bei

… >>Jona<<, dem wundervollsten Menschen aller Welten: Ich liebe dich bis zu den Grenzen des Universums und darüber hinaus!

… meinen lieben Eltern und meiner Schwester, die in den letzten Jahren gemeinsam mit mir gewachsen sind und mir die Freiheit geschenkt haben, so sein und leben zu dürfen, wie ich möchte und mir trotzdem stets mit Rat und Hilfe zur Seite stehen.

… Heidi Goch-Lange und Sandy Mokros, ohne die ich niemals den Mut aufgebracht hätte, mein Innerstes in die Welt zu tragen.

… dem Greuthof-Verlag und der weltbesten A-Capella-Band Maybebop für die Zitaterlaubnis.

… allen meinen erwähnten und unerwähnten Freunden, Wegbegleitern und Schutzengeln, die bei mir sind und mir Halt geben auf meiner Reise durch den Zeitenwandel, sei es auf der irdischen oder auf der Seelenebene, und die mich unterstützen, mir zuhören, mich bereichern und mich verstehen - die mich so schätzen und lieben, wie ich bin.

Literaturempfehlungen

>>Ein Kurs in Wundern<<, Greuthof (www.greuthof.de)

>>Betrachtungen über Ein Kurs in Wundern<< von Kenneth Wapnick, Greuthof

>>Aus der Tiefe des Herzens<< von Paul Ferrini, Schirner Verlag

>>Im Einklang mit der Göttlichen Matrix<< von Gregg Braden, Koha

>>Jenseitige Welten<< von Jana Haas, Knaur

>>Die Lebenszahl als Lebensweg<< von Dan Millman, Ansata

>>Das Tor zu vollkommenem Glück<< von Deepak Chopra, Knaur

>>Das Kind in dir muss eine Heimat finden<< von Stefanie Stahl, Kailash

>>Focusing – Der Stimme des Körpers folgen<< von Ann Weiser Cornell, rororo

>>Warum gerade du?<< von Barbara Pachl-Eberhart, Integral

>>Das Engel-Orakel für jeden Tag<< von Doreen Virtue, Allegria

Über mich

Mein Leben war fünfundvierzig Jahre lang völlig >>normal<<, vielleicht auch ein bisschen mehr als normal, denn ich lebte in einer glücklichen Ehe, in einem kleinen, idyllischen Dorf in der Lüneburger Heide mit Kind, Haus und Katze, und wir beide, mein Mann und ich, hatten unsere sicheren Jobs. Ich war als Bankangestellte ein sehr verstandesorientierter Kopfmensch und hatte keinerlei Berührungspunkte zur Spiritualität, Medialität oder Religion. Erst der plötzliche Tod meines Mannes im Jahr 2016 katapultierte mich aus meiner alten, bis dato heilen Welt hinaus, und hinein in einen rasanten Bewusstwerdungsprozess, der deutlich über die Trauer hinausging. Ich habe lange nicht verstanden, was innerlich mit mir geschah und warum ich mich so sehr verändere und konnte mich nur über das Tagebuchschreiben ausdrücken, meine Gedanken klären und Antworten finden. Aus diesen Aufzeichnungen sind vier Bücher in den letzten vier Jahren entstanden und meine Intuition sagt mir, dass es jetzt wichtig ist, meine gewonnenen Erkenntnisse und Erfahrungen in die Welt zu tragen. Ich glaube, dass es in dieser besonderen Zeit sehr vielen Menschen so ergeht, wie mir vor vier Jahren: sie erwachen und wissen nicht, was mit ihnen passiert und wie sie damit umgehen sollen, fühlen sich falsch, fremd und unverstanden, und misstrauen ihrer neuen, über das alte Verständnis hinausgehende Wahrnehmung und ihrer zunehmenden Feinsinnigkeit.

Aber was du spürst und bereits tief in dir weißt, ist die Wahrheit! Ich hoffe sehr, dass dir meine Offenheit dabei hilft, deinen eigenen Weg in dieser Zeit des großen Wandels zu finden und ihn zu gehen – mit Liebe, Mut, viel Durchhaltevermögen und Willenskraft … solange, bis du ankommst … in dir selbst und in deiner neuen, bewusst erschaffenen Welt. So sei es.

In tiefer Verbundenheit - Dana Andersen